JULIO CORTÁZAR,
UNA BIOGRAFÍA REVISADA

MIGUEL HERRÁEZ

ALREVĖS

BARCELONA 2011

Primera edición: febrero de 2011

Publicado por:
EDITORIAL ALREVÉS, S.L.
Passeig de Manuel Girona, 52   5è 5a
08034 Barcelona
info@alreveseditorial.com
www.alreveseditorial.com

Printed in Spain
ISBN: 978-84-15098-03-4
Depósito legal: B-XXXXX-2010

Diseño de portada: IZQUI

Impresión:
Novagràfik, S.L.
Vivaldi, 5
08110 Montcada i Reixac (Barcelona)

ÍNDICE

NOTA PARA LA ÚLTIMA EDICIÓN

DOS CASAS Y UN AMIGO

Tomo el *métro* en la estación de la Cité internationale universitaire de Paris, la CiuP. Miro el plano y compruebo que el transbordo es en Denfert-Rochereau, y de ahí, en sentido Aéroport Charles de Gaulle, tendré que apearme en Sèvres-Lecourbe. He decidido usarlo, en lugar de ir andando, para así apurar y seguir la final del Roland Garros en el televisor de uno de los salones del Colegio de España, donde resido desde hace algunos días. Ha llovido, con viento (he visto muchas hojas de castaño a través de la verja del Parc Montsouris, varios cuervos picoteándolas, dos urracas al acecho), y ha descendido un poco la temperatura. Me fijo en la gente, se nota que es domingo. El peso existencial, insoportable, lacerante, del domingo por la tarde sé que aquí es el mismo que en cualquier otra ciudad del mundo (incluida la mía), o eso me parece. El tren avanza, los rodamientos a veces chillan en las vías de acero, comienza a frenar, se detiene, entran y salen personas del vagón, negros, blancos, dos jóvenes con rasgos asiáticos y con los flequillos muy lisos peinados hacia la frente, cubriéndoles casi los ojos. En Pasteur, sube una mujer de mediana edad con un carrito de la compra, del que extrae un micrófono. Al instante conecta un amplificador que lleva dentro y comienza a cantar de una manera lamentable. No reconozco la melodía nostálgica, pero se me antoja que debe de ser de Edith Piaf.

En Lecourbe hay *brocante* en ambos lados. Como es pronto,

recorro el derecho y luego el izquierdo. Me paro en un puesto donde descubro dos cerditos de hierro forjado, esas tradicionales huchas de la Francia de posguerra que no sé por qué me remiten, igual que otros objetos (un viejo rompecabezas con el dibujo de las colonias francófonas de África, un parchís de madera desgastada, un bote de tabaco de pipa Caporal), a películas de mi infancia, como *La guerra de los botones* o *Juegos prohibidos*. El vendedor, que pide por cada uno de los cerditos veinticinco euros, se empeña en explicarme que, con un destornillador, se pueden desmontar las dos piezas para recuperar el dinero ahorrado. Le respondo que sí, que lo sé, pero él vuelve a decirme que ahí es donde hay que meter la punta del destornillador, y me fijo en su uña larga que roza la ranura pintada (como el resto del cerdito) de color ocre. No me gusta regatear, e ignoro cómo hacerlo con mi francés de superviviente, además de que leí en un libro de Barbara Hodgson que, en los puestos de *brocante* y de *puces* de París (prefiero el de compra y venta de Vanves al más selectivo de Saint-Ouen), si el vendedor te tipifica en la categoría de listillo, corres el riesgo de que se niegue muy dignamente a partir de ese momento a continuar tratando el tema. Me decido por fin y adquiero los dos cerditos. Después de todo, casi sin intercambiar palabra, el hombre me los ha dejado por treinta euros. Como un gesto de deferencia me los ha envuelto —lo normal en estos reinos— en una manoseada hoja de papel de periódico. Se lo agradezco, me los guardo en mi macuto y me dirijo hacia Cambronne.

Lecourbe y Cambronne, y a ellas vengo esporádicamente desde hace ya más de diez años, son dos calles que me atrapan. En especial en su cruce, donde por las mañanas, aun en domingo pero nunca en festivo, abren sus puertas varias pescaderías, puestos de carne de vaca y de caballo, pastelerías de escaparates estrechos, mostradores japoneses con sushi para llevar, urnas con comida también preparada (*poulet au basilic, boulettes de porc, boeuf aux oignons*), una floristería que muestra en su entrada margaritas y rosas y altas plantas de adelfa en macetas (¿les resultará exótica la adelfa en París?). Este es un punto de alfiler, permítaseme la metáfora, alegre y bastante luminoso del mapa de esta ciudad. Sé que este paisaje ya pertenece a Julio Cortázar, por eso recalé en aquella inicial ocasión en esta zona. Sé que esta cartografía ya forma parte de su mundo interior y exterior, de su cotidianidad, porque son las aceras, las calzadas, los balcones, los árboles, el espacio por el que él transitaba a diario, ese espacio que él compartió mientras vivió con Aurora Bernárdez en la place du Général Beuret (placita más bien, placita deliciosa), que se encuentra exactamente a una manzana de esa intersección que señalo con el dedo. Aurora fue su primera mujer y esta casa fue la «primera» que tuvo Cortázar en París.

Ayer fui por su última, en la rue Martel, en la que vivió con su segunda mujer, Carol Dunlop. Opté por ir caminando desde la CiuP, con un tirón de sus buenos seis u ocho kilómetros de ida y otros tantos de vuelta, trayecto que podría haber acortado alguien que no fuese yo, siempre proclive a hallar excusas para un desvío imprevisto y así localizar un león de bronce devorando un pie humano (obra de Henri Jacquemont, en el Jardin des Plantes), un angelote enorme en una fachada de edificio (rue de Turbigo) o el árbol más viejo de París (una falsa acacia de principios del siglo XVII, en el *square* René-Viviani). Pasas del distrito catorce al diez, cambias de la *rive gauche* a la *rive droite*. Establecí el itinerario yendo a la búsqueda del boulevard St. Michel y luego el de Sébastopol. Aquí decidí, en vez de zigzaguear a partir de Poissonnière o de Château d'Eau, continuar por la rue du Faubourg St. Denis (donde ya quedan atrás los modestos y abundantes comercios dedicados a trajes de novia, en su tramo de la rue St. Denis) y doblar por la rue des Petites Écuries, que, como Martel, contrasta mucho en descompresión de bullicio con el *faubourg*.

El *faubourg* también pertenece a Cortázar. Es una calle confusa que me atrae por eso mismo, muy viva, con coches aparcados a uno de sus lados y furgonetas de carga y descarga que maniobran e interrumpen el tráfico, acción que no angustia lo más mínimo a sus conductores. Una calle popular teñida con una cuota justa de turbidez (la dosis precisa para no resultar incómoda), con reducidos y agrupados establecimientos de comida turca, tintorerías donde los clientes esperan sentados en la repisa, pollerías muy iluminadas por tubos de neón cuyo tono vira suavemente al violeta, tiendas de materiales de confección (¿quién compra hoy en día una máquina de coser?), una *brasserie* donde un tipo grueso bebe vino sin quitarte el ojo por pura distracción, y el passage Brady, que huele a especias (curri, comino, cúrcuma), apenas penetras en él y lo atraviesas esquivando las mesas y las sillas de la gente que come a las doce y cuarto del mediodía *chana masala* con arroz o pollo *tandoori*. Hay algunos bares que se pierden tras parabanes de aglomerado, alargadas tiendas regentadas por jóvenes chinos o magrebíes donde puedes comprar algo de fruta y agua mineral Chantereine y quizá un trozo de *chebakia* o pastas de almendra y nueces.

Nunca había accedido por esta zona hasta la rue Martel, que es una calle absolutamente tranquila y sin comercios, aunque sí la conocía. Ayer me dejé llevar bajo la finísima lluvia y de golpe supe que había dado con ella porque divisé el bistrot de la esquina. La vez en que vine a la rue Martel en ¿1999?, cuando preparaba la primera edición de este libro, llovía también. Era de noche, el portalón estaba cerrado y nada en la fachada indicaba que en él hubiese residido Julio Cortázar los últimos años de su vida. Eso ha cambiado. Ahora, desde dos meses atrás, hay un elemento externo que marca lo contrario. Han colocado, tal como les gusta a los franceses, una placa de piedra a la derecha de la puerta según se sale y a más de dos metros del suelo, obstáculo que no habría impedido que Cortázar la alcanzara con la mano si hubiese querido tocar su nombre. Es bonito que este recordatorio se haya concretado a petición del vecindario (sé que ha sido a iniciativa expresa de la persona que adquirió el departamento, si bien ella ignoraba inicialmente que hubiera sido vivienda del escritor, del mismo modo que me consta que la idea primaria era la de rotular el nombre de la calle con el de Julio Cortázar, pero

8

eso ya era un exceso para las autoridades municipales), que se haya puesto este recordatorio por el que se deja constancia de que en la escalera C, en su cuarta altura, derecha, vivió el escritor argentino (pero *naturalisé français*) y autor de «Marelle», *Rayuela*.

Entre los espacios de la place du Général Beuret y el de la rue Martel hubo otras viviendas y otros amigos. Uno de ellos, uno muy importante y que lo fue durante casi treinta años, es Julio Silva, pintor y escultor argentino, y en su casa del distrito catorce, que he visitado esta mañana, pasó muchas horas Cortázar entre las máscaras de madera que abundan en sus paredes y aquella complicidad permanente que siempre se dio entre los dos Julios. No se encuentra lejos de la CiuP, en el mismo Boulevard, aunque este cambia su apelativo de Jourdan a Brune a partir justamente de la avenue du Général Leclerc. He recorrido en paralelo parte del recinto arbolado y tan grato de la CiuP, pues quería fotografiar la Maison d'Argentine (por cierto, por Alejandra H. Birgin, directora de la Maison, vi la semana pasada la habitación en la que se instaló el escritor y la carta peticionaria remitida desde Buenos Aires por la que solicitaba hospedaje el 10 de agosto de 1951; también hay desde hace unos años una placa en la puerta número 40), y luego he salido al Boulevard.

Más o menos a los dos kilómetros y medio —a unos veinticinco minutos desde el Colegio de España— he llegado a mi destino y he pulsado el código en el panel del portal. Mientras reconocía una de sus esculturas ubicada en el jardín posterior del edificio (las esculturas de Silva son muy reconocibles, estilísticamente), he oído su voz por el interfono recordándome que era el piso tercero. Allí, en el rellano, me ha recibido. Lo ha hecho sin protocolos ni ceremonias, igual que si hubiésemos estado charlando apenas hacía una hora. Eso, creo, es un rasgo muy de Julio Silva (cabello largo blanco y barba blanca, polo de manga corta oscuro y pantalón ancho oscuro), esa naturalidad, esa ausencia de convencionalismos. Con él siempre he percibido ese efecto, sea por teléfono, por correo electrónico o sea como hoy en persona. Nos hemos sentado en sendas sillas en el nivel medio de la casa, dado que hay otra altura y una más abajo. Es el *atelier* en el que trabaja, en general hacia la madrugada, sintiéndose fresco, iniciático, en ese lapso aún de quietud en el que la ciudad duerme.

Hemos hablado sin rumbo (de la exposición de Lucian Freud, en el Pompidou, o de la de Edvard Munch, en la Pinacothèque, de su casita en Grecia, de cuando vino a París en el año 1955 y de lo pobre que le pareció en contraste con Buenos Aires, de lo duro que fue al principio, aunque a la vez tan compensable porque uno podía encontrarse en un café y dirigirle la palabra, pongamos por caso, a Samuel Beckett o a André Breton), pero, claro, en seguida la conversación ha derivado hacia Julio Cortázar. En este breve prólogo solo quiero destacar una frase de Silva que implica al escritor, frase que ha dicho sin ninguna afectación, pero con la tristeza de quien se acuerda del amigo, ya que resume al máximo lo que Julio Cortázar (el autor y el hombre) fue para la mayoría de las personas que lo conocieron: «Julio vivió discretamente y murió discretamente».

Cuatro ediciones preceden a la que el lector tiene en sus manos. La primera la publicó la IAM, de Valencia, la cual se agotó en menos de un año, y, por ese motivo, se reeditó en Barcelona (segunda y tercera ediciones, con la editorial Ronsel, 2003 y 2004) y simultáneamente en la traducción rusa de Alina Borisova para la editorial Azbooka (San Petersburgo). En esta nueva edición he revisado todo lo revisable, lo que he interpretado revisable, y he añadido otros datos, a los que en este instante sumo, por ejemplo, que Julio Cortázar era un buen jugador de ping-pong, o que lo primero con lo que se topaba al despertarse y mirar desde su habitación de la Maison d'Argentine era un centenario ciprés azul de Arizona, que aún existe.

De otro lado, hay que destacar que el escritor argentino

continúa, como un clásico que es ya de la literatura, generando noticias (en 2008, un libro suyo con firma de dedicatoria se vendía a ocho mil quinientos euros en un mercado de anticuarios en París). Su obra (la que él no publicó mientras vivía) y su vida (las cartas que se están rescatando, ninguna de ellas publicada mientras él vivía) siguen ensanchándose, extendiéndose. Pero considero que en algún momento hay que detenerse en una investigación, en un viaje especulativo, y yo lo hago con esta nota que redacto esta tarde que todavía es de primavera. Lo hago mientras observo altos árboles (castaños, plátanos, un *févier d'Amerique*: si no fuese por el pabellón franco-británico, que la tapan, asomándome hacia mi derecha, podría distinguir una auténtica secuoya) de más de treinta metros de altura y cuyas ramas casi entran por la ventana de este quinto piso de mi habitación que es un torreón. Veo jóvenes que juegan a bádminton, otros que lanzan un *frisbee* que sobrevuela ingrávido y a cámara lenta por encima del césped y de las cabezas de otros jóvenes que comen sándwiches y ríen, escuchan música con auriculares, escriben mensajes en sus teléfonos móviles, o veo simplemente un trozo de cielo que amenaza (deliciosa amenaza) lluvia para dentro de un rato.

Subrayo que mantengo mi reconocimiento y gratitud a quienes me han ayudado (editores, escritores, amigos y lectores) desde el estreno ya lejano de esta aventura que me ha ocupado años y, con certeza, me ha concedido significativas y, a veces, extrañas satisfacciones.

M. H.
Colegio de España, CiuP.
París, junio de 2010

*En el número 4 de la rue Martel, París,
vivió el escritor sus últimos años.*

Maison d'Argentine, en la Cité internationale universitaire de París.

*Julio Silva, íntimo amigo de Cortázar,
en su estudio de París, en 2010.*

*Habitación número 40 de la Maison d´Argentine, CiuP,
París. La placa de bronce de la puerta recuerda, en español
y en francés, que en ella se hospedó el escritor en 1951.*

PRELIMINAR

EL QUE NUNCA DEJA DE CRECER

Para los escritores de mi generación en América Latina, la década de los sesenta abrió más de una perspectiva, porque fue una década de retos, desafíos e interrogantes como ninguna otra del siglo XX. Entrar en el universo de la escritura precisaba de héroes literarios, como siempre ha ocurrido, y de iconos envejecidos a los que destronar, como siempre ha ocurrido también. Pero más allá de ese ámbito de preferencias y rechazos en la literatura, campeaba la rebeldía frente al orden establecido y frente a los modos imperantes de vida, y el hecho de escribir no se separaba de la idea de acción para trastocar el mundo. Es obvio que teníamos muy de frente a nosotros la realidad de nuestros países marginados donde todo estaba por cambiar, pero aspirábamos no sólo a un cambio de la realidad, sino también de todos aquellos usos de conducta social e individual que eran parte de la realidad de miseria y atraso. Un solo frente de rebeldía.

Los sesenta fueron vertiginosos. Los roaring twenties *se le quedaron cortos. La muerte del Che Guevara en Bolivia en 1967 le dio un resplandor ético a la ansiedad por un mundo nuevo que debía levantarse sobre los escombros del otro del que creíamos despedirnos porque los Beatles le habían puesto la primera carga de dinamita a la aparición de su primer álbum en 1962. Ese mismo mundo nuevo abierto en el horizonte al que Julio Cortázar venía a dar las reglas de juego con la publicación de* Rayuela *un año después, en 1963. Esas reglas consistían, antes que nada, en no aceptar ninguno de los preceptos de lo establecido, y poner al mundo patas arriba de la manera más irreverente posible, y sin ninguna clase de escrúpulos o concesiones.*

Hablando con la nostalgia de toda edad pasada que siempre fue mejor, diría que entonces las causas, aquellas por las que manifestarse y luchar, eran reales, podían tocarse con la mano. Se vivía en una atmósfera radical, en el mejor sentido de la palabra, un radicalismo implacable que compartían viejos como Bertrand Russell, y del que es heredero hoy día José Saramago. Los principios eran entonces letra viva y no como hoy, reliquias a exhumar. La palabra «causa» tenía un aura sagrada.

No es que no existan hoy las causas. Pero siento que las causas capaces de convocar a la juventud tienen un carácter más virtual, y son representaciones un tanto abstractas, como la globalización, por ejemplo. No es tan fácil luchar contra los ajustes monetarios y los dogmas de la privatización, o contra el envenenamiento del medio ambiente, porque se trata de blancos demasiado borrosos. En los sesenta estaba de por medio la lucha por los derechos civiles de los negros en Estados Unidos, la guerra de Vietnam, las dictaduras en Grecia, en América Latina, o en España y Portugal. Un solo gran concierto de rock como el de Woodstock podía interpretar toda esa rebeldía espiritual. Y aun el envejecimiento de las universidades, que se habían vuelto momias crepusculares, era una causa por la que salir a las calles.

Las jornadas de rebeldía en las calles de París en la primavera de 1968, y la masacre de estudiantes en la plaza de Tlatelolco en México ese mismo año, tuvieron como detonante la obsolescencia académica, para transformarse después en reclamos por el cambio a fondo de la sociedad anquilosada y mentirosa. El espíritu de Julio Cortázar flotaba sobre esas aguas revueltas de la historia que los cronopios querían tomar

por asalto, porque los seres humanos quedaban implacable-
mente divididos en cronopios, esperanzas y famas. Y los otros
escritores del boom. *Las crónicas de esos hechos las conocimos*
por testigos de primera mano, Carlos Fuentes que nos hablaba
del París del 68 en un reportaje memorable, y Elenea Ponia-
towska que historiaba la masacre de México en La noche de
Tlatelolco.

La rebeldía juvenil se encarnizaba contra los modos de ser,
y también contra los modos de andar por la vida, porque se
trataba de un cuestionamiento a fondo, no de doble fondo. El
mundo anterior no servía, se había agotado. Sistemas arcai-
cos, verdades inmutables. Patria, familia, orden, la buena con-
ducta, los buenos modales, las maneras de vestir. En Rayuela,
Cortázar seguía colocando cargas de dinamita a toda aquella
armazón. Y no era solamente un asunto de melenas largas,
alpargatas y boinas de fieltro con una estrella solitaria. Todos
queríamos ser cronopios, nos burlábamos de las esperanzas y
repudiábamos a los famas.

Eran esas, al fin y al cabo, categorías éticas que iban más
allá de la patafísica, y que llegarían a tener consecuencias po-
líticas. Cortázar el desterrado se volvió un autor que leían los
revolucionarios clandestinos en las catacumbas, porque plan-
teaba las maneras de no ser, frente a las descaradas maneras
de ser que ofrecían sociedades como las de América Latina
donde no bastaría abolir las injusticias, sino buscar nuevas
formas de conducta personal. Al fin y al cabo, se estaba en re-
beldía no solo en contra de la sociedad, sino en contra de uno
mismo, o de lo que habían hecho de nosotros.

Quizá esto fuese siempre una quimera, tratar de sacar lec-
ciones políticas de un libro que, como Rayuela, *planteaba an-*
tes que nada la destrucción sistemática de todo el catálogo de
valores de Occidente, pero no contenía propuestas. Se quedaba
en una operación de demolición, y no aspiraba a más, porque
en las respuestas estaba el error. Las propuestas políticas de
Cortázar vinieron después, frente a Cuba primero, luego frente
a Nicaragua, y casi nunca estuvieron contenidas en sus escri-

tos literarios, ni siquiera en el Libro de Manuel, pero sí en su conducta ciudadana. La conducta, hoy tan extraña también, de un escritor con creencias, y capaz de defenderlas.

Y mucho tuvo que enseñarnos Cortázar sobre ese viaje en el filo de la navaja, cuando el escritor que se compromete no debe comprometer su propia escritura de invención. «La libertad de escribir era como la de los pájaros que vuelan largas distancias en perfecta formación», dijo en Managua al recibir la Orden de la Independencia Cultural «Rubén Darío» que le otorgaba la revolución. «Cambian de lugar constantemente en la formación, y aunque son los mismos pájaros, siempre estarán cambiando de lugar.» No estoy citando más que de memoria este símil de la libertad del escritor.

A lo mejor, en los tiempos de Rayuela, su propuesta verdadera más valiosa se quedó siendo el terrorismo verbal, que conducía de la mano a la inconformidad perpetua, algo con lo que al fin no podían compadecerse las revoluciones una vez en el poder, porque de todas maneras terminaban buscando un orden institucional que desde el primer día empieza, por ley inexorable, a conspirar contra la rebeldía que le dio vida a ese poder.

Viéndolo bien, la rebeldía perpetua del Che, huyendo de todo aparato de poder terrenal y buscando siempre un teatro nuevo de lucha, venía a parecerse mucho a la persecución que de sí mismo hace con todo virtuosismo Horacio Oliveira en Rayuela. La rebeldía inagotable como propuesta ontológica.

No en balde estos iconos de los años sesenta de que hablo se quedaron jóvenes en la memoria, como sucede siempre con los héroes verdaderos, que nunca envejecen. Jóvenes necesariamente según la más estricta de las reglas de canonización de los héroes, de Joseph Campbell. No hay héroes decrépitos. Los Beatles, ya se sabe que nunca envejecieron y siempre vemos lo mismo en las carátulas de los discos, sobre todo después del asesinato de John Lennon, que lo arrebató a esa categoría imperecedera del olimpo juvenil. Los dioses, que siempre mueren jóvenes. Y junto con los Beatles, el Che mirando en lontananza, el héroe al que el poder ya no puede nunca contaminar, ni disminuir.

Por eso Cortázar es también un joven que nunca enveje-ce, como tampoco, según la leyenda, dejó nunca de crecer. Y es que, en realidad, no ha dejado nunca de crecer. Ni de hacerse más joven. Viene de atrás hacia adelante, botando años por el camino hasta quedarse en una figura de adolescente que se va haciendo niño, como aquel personaje, Isaac McCaslin, de William Faulkner.

SERGIO RAMÍREZ
Managua, agosto de 2001

PRÓLOGO

¿POR QUÉ JULIO CORTÁZAR?

El primer título de los llamados autores del *boom* latino-americano al que me aproximé fue *Cien años de soledad*. Era por 1968 o 1969. Yo tenía once años. Recuerdo que miré la tapa del volumen y luego leí el arranque del texto, que no me dijo nada. Después lo cerré. Era en casa de mis padres, yo estaba enfermo y llovía.

Por entonces en España —era el régimen de Franco, tan largo y tedioso, tan gris— se leía a escritores extranjeros (los permitidos), a los narradores españoles de posguerra y a los de la Generación del 54. En los relatos de estos últimos era manifiesto el yo comprometido del autor, relatos en los que se imponía el deseo de trascender y de proyectar espacios ideológicos referidos a la realidad; presentar, en suma, escenarios sociales desde discursos más o menos utilitaristas. Lo llevaba el contexto. No cabía otra acepción que la del retrato naturalista. A mí me aburría ese perfil de novela y de cuento sujeto a planteamientos reiterativos en los que no se apostaba por alteración alguna de los modelos tradicionales: la construcción de una peripecia, el diseño de unos personajes, la estandarización de una lengua, el cliché de una estrategia. Era una estética declinante. Cierta tarde me cayó entre las manos un volumen de la Biblioteca Básica de Salvat, publicado en la colección RTV, de un autor para mí desconocido, y comprobé que había otros modos de escribir.

Eran cuentos de Julio Cortázar. Ahí me cambió la sensibilidad. Encontré un horizonte distinto y diverso, una propuesta de la realidad por la que supe que uno podía vomitar conejitos vivos en un departamento de la calle Suipacha y seguir como si nada escribiendo a miles de kilómetros de distancia a Andrée, que estaba en París. O uno podía sentirse obligado a salir de una casa compartida con su hermana debido a una fuerza indefinida, invasora, exigente. También supe que uno podía regresar de un sueño y percatarse de que el sueño era en verdad la realidad y la supuesta realidad era su sueño, su pesadilla de sacrificios en una época remota. Con Cortázar aprendí a saber que existía la experimentalidad en el plano formal y descubrí luego qué podía ser una novela abstracta, sin puntos cardinales, de goznes arbitrarios, completamente abierta en su naturaleza. Aprendí, a la vez, que la gente convertida en personajes de ficción no tenía por qué hablar como lo hacía en las novelas de D. Juan Valera. Curioso que aprendiera todo eso por las simples veinticinco pesetas que valía aquella edición heroica en un tiempo por lo demás carente de heroicidades.

Además, por Cortázar llegué a todos los narradores del *boom*. Recuperé a García Márquez. Entonces sí gocé con su Macondo y la fascinación de su magia destilada.

Cortázar desde mi adolescencia, pues, me ha acompañado siempre. Por eso cuando me encargaron este ensayo biográfico dije rápidamente que sí. A lo largo de los años, había entrado en su obra. Hacerlo ahora en su persona, era lo que me faltaba para completar su mundo. No me ha defraudado. Siguiendo su trayecto desde Banfield hasta París, he obtenido una de las conclusiones que ya intuía y que mejor lo definen por encima del resto: su total ausencia de soberbia, de altivez. No hay gestos de embriaguez, que es lo que más molesta de un autor. Los escritores pequeños son los que más vocean. Esa es precisamente la razón que explica que lo hagan. Cortázar creó un universo peculiar y pasó de engolamientos ante los micrófonos y las cámaras porque prefirió la vida, optó por ella.

Placa conmemorativa instalada en el 116 de la
avenue Louis Lepoutre en Bruselas.

Ha sido un tránsito tan absorbente como atractivo. Un recorrido por cientos de cartas suyas, notas de prensa propias y ajenas, volúmenes dedicados a su producción y encuentros directos con personas que lo trataron o con personas que trataron a personas que lo trataron. Quiero decir con ello que el presente libro ha sido posible gracias a una investigación de campo, de la que he obtenido datos en la Argentina, Francia y España, pero también de una necesaria especulación libresca, sin la que el resultado final se hubiera resentido de una manera negativa.

En esta línea me han sido muy útiles determinados títulos, algunos específicamente vinculados con la obra y la figura de Julio Cortázar y otros adheridos, pero no por eso menos eficaces, de ahí que me vea en la grata obligación de citar a sus autores, más aún si me estoy refiriendo a aquellos que se prestaron con paciencia a responder mis propias entrevistas.

Quiero, pues, expresar mi agradecimiento por el uso que he hecho de todos ellos a Aurora Bernárdez, en primer lugar y muy especialmente. Me abrió su mítica casa de Général Beuret y sus recuerdos. Me dejó deambular y fotografiar. Algo que nunca olvidaré.

También a Rosario Moreno, tan amable, en su «castillo» de la Provence. Con los fieles Mapocho, su perro, y el Gran Mainate de Sumatra, su pájaro hablador, que la avisan de los intrusos.

Igualmente, a Sergio Ramírez, que acudió veloz con un preliminar para este libro; a José María Guelbenzu, Dolly María Lucero Ontiveros, Carlos Meneses, Andrés Amorós, Joaquín Marco, Félix Grande, Mignon Domínguez, Omar Prego, Jaime Alazraki, Mario Muchnik, Luis Tomasello, Mario Goloboff, Saúl Yurkievich, Emilio Fernández Cicco, Daniel Gustavo Teobaldi y Ernesto González Bermejo. En la memoria, mi buen recuerdo para Nicolás Cócaro y para el inefable Osvaldo Soriano.

M.H.
Julio de 2001

CAPÍTULO 1
1914-1939

EL PORQUÉ DE UN NACIMIENTO BELGA.
BANFIELD: EL REINO DE UN NIÑO.
BUENOS AIRES. LA ESCUELA NORMAL MARIANO ACOSTA.
EL POETA ESTETICISTA.
BOLÍVAR, LA DOCENCIA Y MADAME DUPRAT.

Por circunstancias laborales de su padre, que era especialista en determinadas materias económicas y que como tal se encontraba al frente de una misión agregada a la Embajada de la República Argentina en Bélgica, Julio Florencio Cortázar Descotte nació en Bruselas en la tarde del día 26 de agosto de 1914 bajo el estallido de los proyectiles de obús del Káiser Guillermo II. La neutralidad de la Bélgica de Alberto I acababa de ser violada por Alemania, merced a la política expansionista de esta. Ello ocurría prácticamente a dos meses (28 de junio) de que la bala del estudiante bosnio Gavrilo Princip hubiera segado la vida en Sarajevo, Serbia, del archiduque heredero del imperio austro-húngaro, Francisco Fernando de Habsburgo, y de su esposa, la duquesa de Hohenberg. Cuatro meses después de su nacimiento, el 31 diciembre, Julio Florencio fue inscrito en la legación como ciudadano argentino.

Ese verano, Europa, a raíz de una hábil política de alianzas, se encontrará inmersa en el inicio de la Gran Guerra, que durará hasta 1918. Las declaraciones bélicas de Guillermo II en contra de Serbia (28 de julio) y Rusia (5 agosto), más las inmediatas respuestas de Rusia (1 de agosto) y de Gran

Bruselas, el 116 de la avenue Louis Lepoutre,
donde vivió la familia Cortázar.

Bretaña (4 de agosto) a Alemania, desarticularán el fragilísimo equilibrio en el que vivía sujeto el continente desde el arranque del siglo xx. No olvidemos como trasfondo los previos conflictos balcánicos, por los que ambos bloques políticos, la Triple Alianza, constituida por Alemania, Austria-Hungría e Italia; y la Triple Entente, con Francia, Gran Bretaña y Rusia, habían tensado al máximo su relación de vecindad. El propio Cortázar hará mención irónica a su nacimiento en un escenario tan bélico y tan confuso, pues este dará lugar, paradójicamente, «a uno de los hombres más pacifistas que hay en este planeta», declarará él mismo en 1977.

La incertidumbre, el temor y la inquietud derivados del desarrollo de los acontecimientos empujaron a la familia Cortázar a buscar protección más allá del teatro de la guerra, guerra que, desde el primer momento, prometía ir en aumento en cuanto a densidad e implicaciones interestatales. Esta previsión, casi de inmediato y por desgracia, empezará a cumplirse, ya que, como una correa de transmisión, a los choques europeos se sumarán al poco tiempo Japón, China y otros países americanos, con los Estados Unidos a la cabeza.

El estatuto de país no beligerante y neutral esgrimido por la República Argentina, presidida entonces por Hipólito Yrigoyen y su Unión Cívica Radical, permitirá que el matrimonio y el recién nacido se refugien en territorio suizo[1], en primer lugar, para posteriormente trasladarse a España, que también quedará al margen de la contienda por idénticas razones de neutralidad. En Barcelona, la familia permanecerá por algo más de dos años, desde finales de 1915 hasta 1918. Por tanto, el niño Cortázar, entre un año y medio y tres y medio, vivirá en la ciudad que, cincuenta años adelante, será sede más o menos permanente de la mayoría de los autores del llamado *boom* latinoamericano, del cual formará parte el propio escritor.

No deja de resultar curioso el hecho de que, en su sentido

---

[1] En Zúrich, en 1915, nacerá Ofelia, Memé, única hermana de Julio.

estricto, ningún cuento ni novela de Cortázar se localicen en España, pero por esa mecánica caprichosa de la memoria, de una manera experiencial, Barcelona acompañará, al menos subcorticalmente, al jovencísimo Cortázar en su adolescencia. A los nueve o diez años, ya residente en el suburbio bonaerense de Banfield, le preguntará a su madre a qué pueden responder determinadas imágenes que, de una manera inconexa, le asaltan de vez en cuando; le llegan del recuerdo como destellos. Especies de baldosas, mayólicas, terracotas, porcelanas de colores, formas sinuosas. Una sensación de colores vivos e imprecisos, pero permanente. Su madre le explicará que eso podía obedecer a que, durante la estancia de la familia en Barcelona, a veces visitaban el Parque Güell, por cuyo jardín y palacio modernistas el pequeño observaba y correteaba con otros niños. De ahí esos efectos cromáticos difíciles de encasillar por él. «Mi inmensa admiración por Gaudí comienza quizá a los dos años», comentará el escritor al periodista español Joaquín Soler Serrano.

También el mar, su impacto, ese mar que poco tiene que ver con el puerto bonaerense, salvo el costumbrismo dominical de sombrillas y cestas repletas de comida que se genera en torno de él. Grandes olas que se acercan como amenazas incontrolables bajo un sol cegador hasta los pies desnudos del niño. El salobre, ese viento salífero, la presencia inmensa y turbulenta, la masa de agua que en agitación constante le reaparecerá en los sueños de adolescente y de adulto. Era el Mediterráneo, de aguas cálidas, con las playas próximas a la Ciudad Condal que visitaba la familia, el desplazamiento en tranvía (el *tramway* de su posterior Buenos Aires), el bullicioso hervidero de personas que, en pleno verano, se mueve a la búsqueda de soplos marinos, la gente que huye del calor húmedo de las altísimas temperaturas del agosto barcelonés, ese verano que en la Argentina, por capricho geográfico, es ya invierno.

Treinta y cinco años más tarde, en escala hacia Marsella, procedente de Buenos Aires, regresó al Parque Güell. Pero ya nada será igual[2]. Aquellos mosaicos tendrán otro mensaje y otro efecto. «Incluso por una cuestión de óptica. Yo miraba ahora el Parque Güell desde un 1,93 y en cambio el niño lo había mirado desde allá abajo, con una mirada mágica, que yo trato de conservar, pero que no siempre tengo, desdichadamente.»[3]

Cortázar, de padres nativos argentinos, era de procedencia franco-alemana por vía materna. Su madre, Herminia Descotte, nacida el 26 de marzo de 1894, tenía entre sus apellidos precedentes los de Gabel y Dresler. Su lado paterno era español. Su padre, Julio José, había nacido el 15 de marzo de 1884. Cortázar, nada aficionado a las genealogías, nunca se preocupó de recuperar información sobre sus ancestros y siempre dijo no conocer muy bien sus antecedentes. Hallamos ahí parte de su negación hacia la endogamia y hacia los círculos restringidos, hacia los etnocentrismos. Algo contra lo que batalló desde siempre: fue contrario a cualquier ideario nacionalista.

Él se reconocía como resultado típico del argentino surgido de la mezcla de identidades. «Cuando la fusión de razas sea mayor, más podremos eliminar los nacionalismos y los patrioterismos de frontera, absurdos e insensatos», señaló el escritor a Soler Serrano[4]. Digamos, no obstante, que sus antepasados llegaron a la Argentina en el tránsito del siglo XIX al XX, que sus abuelos maternos eran originarios de Hamburgo y que su sangre española procedía del País Vasco.

Su bisabuelo español era agricultor y ganadero, había sido

---

[2] En esta ocasión, la ciudad se le antojó lúgubre. Aurora Bernárdez, en 2010, me comentó que a ambos, pues ella también iba en ese viaje, les pareció una ciudad aislada —igual que lo estaba también el resto de España— del mundo, «como si alguien la hubiera cubierta con una enorme manta». Era la manta densa del régimen de Franco.

[3] Entrevista concedida a Joaquín Soler Serrano, *A fondo*, RTVE, 1977.

[4] Ídem.

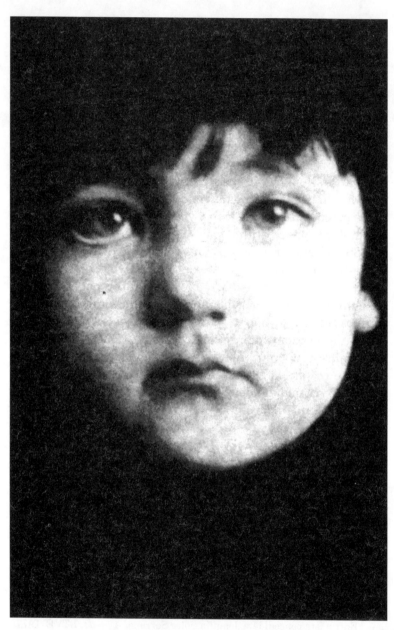

El niño Julio Florencio Cortázar.

uno más de los integrantes de las grandes oleadas migratorias que en el último tercio del siglo XIX se había dirigido a la Argentina, tierra de promisión. Se instaló al noroeste del país, en la provincia de Salta, lugar limítrofe con Chile, Bolivia y Paraguay, a algo menos de dos mil kilómetros de Buenos Aires, aunque como todo recién llegado hiciera presumiblemente escala previa en el Hotel de Inmigrantes porteño, una especie de informal Ellis Island a la argentina, que funcionó desde el primer decenio del siglo XX hasta 1950. Cortázar solo conoció, de sus cuatro abuelos, a su abuela materna.

El país, entonces, era un centro agroganadero receptor de mano de obra al tiempo que horizonte de estímulo para aquel que buscara mejorar sus condiciones de vida. El país tenía posibilidades y brindaba su explotación, circunstancia por la que se decretó la Ley de Octubre de 1876, la cual reglamentaba el acceso de extranjeros. A principios del siglo XX, tres de cada diez habitantes habían nacido en el extranjero. Según Vázquez-Rial, entre 1881 y 1890, llegó una oleada inmigratoria de 841.122 personas (siempre con un porcentaje elevadísimo de inmigración masculina) y, entre 1901 y 1910, el número se duplicó, con 1.764.101 personas, constituyéndose aproximadamente en un 80 % la población inmigratoria ubicada en las ciudades.

La década de 1880 simboliza su gran impulso. El desarrollismo sociopolítico, el crecimiento económico sustentado en la exportación de la carne de vaca, el trigo y la producción de ganado lanar, hacen del país sudamericano, a los ojos de muchas naciones europeas (en primer término, Italia y España, seguidas por ciudadanos ingleses, alemanes y polacos), polo de atracción por sus múltiples posibilidades[5], si bien se-

---

[5] No se puede olvidar que, entre 1869 y 1914, la ciudad pasó de tener 177.787 habitantes a tener 1.576.579, aproximadamente nueve veces más, mientras el número de extranjeros en la población se elevaba en una proporción mucho mayor: de 88.126 en 1869, a 964.961 en 1914, es decir, unas once veces más. Horacio Vázquez Rial, en *Buenos Aires 1889-1930*, Alianza editorial, Madrid, 1996. p. 262.

ría subrayable indicar que ese cosmopolitismo razonablemente vertiginoso que empieza a imponerse en Buenos Aires no será el mismo que veamos en las ciudades del interior del país. Nos referimos a que el diseño de avenidas que imitan los Champs-Élysées y las plazas parisinas, como la calle Florida, Maipú, San Martín, Suipacha, Esmeralda, 9 de Julio, Parque Palermo, Corrientes, plaza de Mayo, etcétera, se circunscribe estrictamente a la capital federal.

Buenos Aires es, en ese momento marcado por el abandono de los débitos coloniales hispánicos y el decidido decantamiento, como decimos, por la imitación de los modelos de vida y sociedad franceses, la ciudad de mayor envergadura de Latinoamérica, y, con Nueva York, la metrópoli más importante del continente americano. Es lógico, pues, que el país fuese núcleo de acogida, y es lógico también ese entrecruzamiento de nacionalidades cuya mezcla hará decir al propio Cortázar en una entrevista que el mestizaje es uno de los caminos positivos de la humanidad. De ese mestizaje procede él, así como la inmensa mayoría de la sociedad argentina que da esa feliz relación de apellidos hibridados por ser de orígenes tan dispares.

A su regreso a la Argentina, tras la guerra, la familia se estableció en Banfield, en la calle Rodríguez Peña, 585, y lo hizo hasta 1931, fecha en la que se trasladaron a Buenos Aires, a un departamento de la calle General Artigas, en Villa del Parque[6], con un Cortázar ya de diecisiete años de edad. En Banfield, Julio y Ofelia (Cocó y Memé, respectivamente), dos niños con marcado acento francés y a quienes les gustaba la música y la literatura, vivirán allí hasta su adolescencia. Allí, en esa casa, se fraguará todo un mundo de sensaciones,

---

[6] En El Oeste: Villa Luro, Villa Real, Floresta Flores, Villa Versailles, Villa Devoto... Es una zona propia de la clase media. Se encuentra acotada por el cordón de la Avenida General Paz, límite del distrito federal.

palpable y recurrente en muchos de sus relatos, y aquella será la casa en que sorpresivamente les abandonará cierto día su padre. Con el alejamiento de este del hogar, el peso completo de la responsabilidad recaerá en la madre, que tenía entonces veintiséis años de edad. La mujer quedó al frente del grupo indefensa y en una muy precaria situación económica, aspecto sobre el que volveremos en seguida.

La casa de Banfield era bastante amplia. La fachada principal, con la puerta y cinco ventanas rectangulares con contraventanas de madera, estaba compuesta por un pequeño acceso ajardinado (Julio sentía una especial inclinación por su enorme gardenia), cuatro peldaños con balaustrada de florones a ambos lados y dos columnas de piedra sobre las que nacía la techumbre de teja oscura. Pero sobre todo lo que más llamaba la atención era el gran jardín posterior. Algo asilvestrado, con rincones olvidados, lo que le imprimía un mayor encanto, veranda cubierta por plantas trepadoras, mecedoras y gatos, será el lugar preferido de Julio. Una casa para perderse y en la que encontrar recuerdos del tiempo. «Viví en una de esas casas en las que se han ido acumulando objetos que pertenecieron a los padres, a los abuelos, a los bisabuelos, objetos que no sirven para nada pero que se quedan ahí metidos en cajones», le confesará el escritor a Omar Prego. Una casa en cuyos recovecos no era difícil sentir la aventura para el niño que exploraba ese mundo y que encontraba tapones de frascos de perfume con facetas, «esos que, cuando los mirás, ves reflejarse cincuenta veces la misma cosa, o cristales de colores que prisman y reflejan la luz, o lentes o cristales de anteojos que te dan una imagen más pequeña o más grande de lo que estás viendo». Una casa, como decimos, reminiscente en bastantes de sus cuentos, muy en especial en aquellos como «Bestiario», «Final del juego», «Los venenos», cuyo eje temático señala el paso entre la infancia y la adolescencia, y en los que se percibe una gran presencia de lo autobiográfico. Una casa en la que ya se anuncia la especial sensibilidad de Cortázar y sus vínculos con lo feérico.

Mi casa, para empezar, ya era un decorado típicamente gótico, no sólo por su arquitectura, sino por la acumulación de terrores nacidos de objetos y creencias, de los pasillos tenebrosos y de las conversaciones de sobremesa de los adultos. Eran éstos gentes sencillas cuyas lecturas y supersticiones impregnaban una mal definida realidad y así, desde mi más tierna infancia, supe que cuando había luna llena salía el hombre lobo, que la mandrágora era una planta mortal, que en los cementerios ocurrían cosas terribles y horrorosas, que el pelo y las uñas de los muertos crecían interminablemente y que en nuestra casa había un sótano al que nadie se atrevía a bajar, jamás.[7]

Banfield, que toma el nombre del antiguo gerente de los Ferrocarriles Ingleses que construyeron la red ferroviaria nacional, Edward Banfield —unámosle la referencia del partido de Lomas de Zamora, al que pertenece—, y cuya pronunciación sus habitantes españolizaban y acentuaban[8], estaba situado en el sur de la capital bonaerense, en los límites de la zona portuaria y a quince kilómetros de aquella. No era uno de los más de 2.460 conventillos que había por entonces en Buenos Aires y en los que se hacinaban miles de residentes provincianos e inmigrantes en condiciones lastimosas (entre cinco y diez personas por una habitación reducida de veintidós metros cúbicos), sino un pueblo, con algo menos de cinco mil almas, hoy unido a la gran urbe capitalina que todo lo fagocita.

Era un pueblo con iglesia, pequeña, escuela de instrucción pública, pequeña también; Municipalidad y club de fútbol local, el Club Atlético Banfield, el Taladro del Sur, este fundado en 1896, uno de los pioneros del fútbol argentino. Si hablamos de instauraciones novedosas, digamos que, con el tiempo, en Banfield se creó la primera agrupación *scout* argentina, Juan

---

[7] Jaime Alazraki, edit. y otros, *Julio Cortázar: la isla final*, Ultramar, Barcelona, 1983, p.65.

[8] Cortázar le añadía tilde.

Galo Lavalle, que fue también una de las primeras del mundo. De igual manera, los banfileños disfrutaban desde 1897 de un periódico local, *La Unión*, impulsado por Filemón Naón, Victorio Reynoso y, en los años veinte, dirigido por Luis Siciliano. Como dijo Cortázar en alguna ocasión, Banfield no era el suburbio de la ciudad como tantas veces se ha dicho, sino el metasuburbio. Sería correcto precisar que se hallaba dentro del denominado conurbado bonaerense, también aceptado como el Gran Buenos Aires Zona Sur. Hay sobradas citas de Banfield en sus relatos y en sus escritos, siendo quizá la siguiente, de uno de los cuentos de su último libro publicado en vida, *Deshoras*, una de las más nostálgicas:

> Un pueblo, Bánfield, con sus calles de tierra y la estación del Ferrocarril Sud, sus baldíos que en verano hervían de langostas multicolores a la hora de la siesta, y que de noche se agazapaba como temeroso en torno a los pocos faroles de las esquinas, con una que otra pitada de los vigilantes a caballo y el halo vertiginoso de los insectos voladores en torno a cada farol.

Banfield era así, con mucho de ese barrio de letra de tango que ha ido diluyéndose en la Argentina actual; encrucijada de situaciones extremas, de violencia latente a la vez que de encanto maldito y romántico, pues carecía de ese toque gris e industrial de lumpen-proletariado más propio del extrarradio urbano de las grandes ciudades. Un lugar muy bien diferenciado de Buenos Aires, que era la auténtica metrópoli; a media hora de tren de este y con otro ritmo social y vital, sin duda más relajado. Banfield venía a ser ese paraíso en el que Julio se convertirá en su primer habitante, el Adán que conocerá bien las hormigas de Banfield, «las hormigas negras que se van comiendo todo, hacen los hormigueros en la tierra, en los zócalos, o en ese pedazo misterioso donde una casa se hunde en el suelo».

Por ese fragmento de «Los venenos», el cual, como es sabido y dicho por el propio Cortázar en diferentes momentos, tiene una gran carga de experiencia propia, imaginamos cómo era la atmósfera de aquel lugar en aquellos años veinte: calles sin pavimento por las que circulaban carretas con mercancías de uso y consumo, viviendas cuyos setos con jazmines, *durazneros* y ligustros se descolgaban hasta la misma vereda del peatón, que era el auténtico propietario de la calzada, un banfileño que socialmente se inscribía en una clase media o media-baja, alguno con ese nimbo que despide el grupo familiar que ha ido a menos (como el de los Cortázar, que, sin embargo, estaba por encima de la mayoría de sus convecinos), pero que conserva específicos tics culturales superiores, como la clase de piano, la lectura de un libro, el café o el mate tomados como un pequeño ritual cotidiano; el lechero que andaba a caballo y vendía la leche a pie de vaca, una escasa iluminación —aunque ya la avenida de Mayo en Buenos Aires, con un trazado inspirado en Haussmann, gozaba por entonces del sistema moderno de alumbrado: la iluminación de gas se mantuvo hasta el decenio de 1930—; o iluminación de esquina, más bien, y que, por tanto, producía sombras, iluminación de cruce de calles que dejaba claroscuros y que, como decía el escritor, venía a favorecer el amor y la delincuencia en idénticas proporciones. Banfield era la cara del reino mágico para el niño y la cara de la comprensible inquietud que todo ello generaba en las madres, lo cual determinó en Cortázar una infancia llena de cautelas y precauciones (sumemos a ello cierta hipocondría crónica de la propia familia), ya que había un clima de alarma y al mismo tiempo un ambiente de placidez. El reino de Artús se extendía sin límites visibles por el propio jardín de la casa que daba sobre otros jardines. Toda una invitación a la aventura diaria. Una invitación a entrar en el perímetro sin fondo de los sueños.

En ese ámbito empezará a adaptarse la familia de tres miembros, que se ensanchará al integrar a la abuela materna, M.ª Victoria, y a una tía segunda de Julio, tía Enriqueta,

*Casa de Banfield. Como dijo Cortázar en alguna ocasión,
Banfield no era el suburbio de Buenos Aires, sino el metasuburbio.
Banfield estaba situado en el sur de la capital bonaerense,
en los límites de la zona portuaria. Lo que más atrapaba
la atención de Julio era el jardín posterior, el cual estará
presente en cuentos como «Los venenos» o «Deshoras».*

que era prima de su madre. Ahí comenzamos a observar ese trasfondo tan reconocible en sus cuentos en los que predomina no tanto el matriarcado cuanto la ausencia de la figura del padre, y que bien podría ilustrarse, por ejemplo, con «La salud de los enfermos», con esa tía Clelia, María Laura, Pepa, Rosa, ese relato del hijo muerto en Montevideo, Alejandro, pero cuya muerte se oculta a la madre en una tensión narrativa espléndida, tan espléndida como que, cuando al poco fallece la madre, Rosa se plantea cómo comunicarle la muerte al propio Alejandro. O los ya citados «Deshoras», con Doro y Aníbal y Sara y «el olor del verano en el aire caliente de las tardes y las noches», y «Los venenos», en el que vemos la referencia explícita de la calle Rodríguez Peña, el protagonista, su hermana, la madre y la abuela, la casa y el descubrimiento de la traición trenzada entre su primo Hugo y la vecinita Lila de la que está enamorado el actante narrador, o sea Julio, pues bien podemos hablar de su *alter ego*.

En Banfield, Julio Florencio comenzó a descubrir el mundo. Es verdad que le regresan de un modo difuso, velado, sus previos pasos en suelo europeo, pero va quedando alejado. Banfield fue el primer peldaño desde el que mirar la vida, ese Banfield en el que Julio será el ser soberano y en el que se sentirá partícipe. Tumbarse a cuatro patas bajo las plantaciones de tomates y de maíz, mirar las sabandijas retorcerse, las larvas, los gorgojos, oler «como es imposible oler hoy la tierra mojada, las hojas, las flores»[9].

¿Y cómo es desde el punto de vista anímico ese mundo? Cortázar se ha referido a él como un universo y una época, pese a la sugerida plenitud, infelices. Un mundo melancólico, suavemente triste. La ausencia del padre, materializada de la noche a la mañana, dejará su huella; una huella que el escritor sabrá interiorizar y cuya traslación, lejos de ser el padre una figura frontalmente rechazada en su narrativa, se convertirá en una elegante eliminación, lo cual tendrá su traducción en un predominio del ambiente familiar de mujeres, como ya hemos señalado. Si podemos aventurarnos en este aspecto, nos atrevemos a decir que el abandono del hogar por parte del padre, desde un motivo difuso que tenía que ver con la aparición en su vida de otra mujer, no responde a un suceso traumático sino a una vicisitud de crisis pasajera. Hay una asimilación del hecho y un mirar hacia adelante.

Seis años tenía cuando su padre se fue de la casa para siempre. No volvieron a saber de él hasta su muerte, que fue en los años cincuenta y en Córdoba. Este será un tema sobre el que Cortázar hablará poco, aunque por una amnesia voluntarista, no por un recuerdo desazonador. Pero, de otro lado, por nuestra parte nos parece absurdo pretender obviar que la huida del padre se redujo a un mínimo acontecimiento. Tanto él como Ofelia, que entonces contaba con cinco años, notaron

---

[9] «De Edades y Tiempos». Revista *Tierra Baldía*.

repentinamente el vacío, intuyeron de qué estaba compuesta la vida, además de las clases de música o de los libros de Verne. Supieron lo que era sentirse relegados. Traicionados. La vida también podía ser desprotección. ¿Cómo compensar la situación? Estaba la madre, quedaba Doña Herminia.

Afligimiento y soledad compensadas, pues, por la madre, la abuela y la tía. Por tanto juego en ese paraíso que es el jardín, por ese encuentro con los animales, los insectos, su preferencia especulativa. Sin intermediarios entomológicos, él y los insectos. Luego los mamíferos, casi exclusivamente el gato. El gato será una elección moral, las plantas solo un trasfondo menor del escenario: «Desde niño el reino vegetal me ha sido profundamente indiferente; nunca he distinguido muy bien un eucaliptus de un bananero; me gustan las flores pero no me ocuparía de tener un jardín. En cambio los animales me fascinan: el mundo de los insectos, de los mamíferos, descubrir poco a poco afinidades y similitudes».

De entre los animales, pues, el gato, animal totémico para él y con el que desde niño siempre mantuvo una relación muy especial, una complicidad tácita, una comunicación directa, porque Cortázar sostenía que los gatos sabían esa opción suya por ellos, algo que podía comprobar cuando iba a casa de amigos que tenían perros y gatos: los perros se mostraban indiferentes con él, pero los gatos le buscaban en seguida. Se le aproximaban y le ronroneaban. Y había ya gato en la casa de Banfield, ese gato que será el antecedente de Teodoro W. Adorno, acerca del que escribirá en ocasiones, y que luego será Flanelle, la última gata de Cortázar, que morirá en 1982 y que está enterrada en el jardín de la casa parisina del pintor Luis Tomasello, amigo íntimo de Cortázar. «El gato sabe quién soy yo, yo sé quién es el gato; no hay que hablar, somos amigos y chao, cada uno por su lado.»

Julio asistió a la escuela, escuelita, situada en la calle Talcahuano número 278, a ocho manzanas de la casa familiar, y

Julio y Ofelia —Cocó y Memé—, dos hermanos nacidos en Europa con acento francés. Ofelia, menor que Julio, murió octogenaria.

El jardín de la casa de Banfiled. Julio, Ofelia y Rudecindo Pereyra Brizuela. Este era un vecino, militar retirado, que emparentará con Julio por tres de sus hijos, ya que uno se casará con Ofelia, otro con la tía Enriqueta y otro más con Herminia, madre de Julio.

hay constancia escrita de que fue un alumno aplicado. Hoy nos recuerda ese paso una placa en la puerta de la misma: «A Julio Cortázar, promoción 1928. Gloria de las Letras Latinoamericanas». La planilla de calificación de ese año resume el grado de aprovechamiento del joven Julio en todas las materias, con calificaciones entre 10 y 9, excepción hecha en la casilla de Labores, con una nota de 6. No hay duda de que esos buenos resultados escolares obedecen a su ya evidente inclinación por la lectura, lo cual le facilitará una muy considerable capacidad de comprensión de las diferentes asignaturas.

Lecturas que serán múltiples. Las páginas por fortuna para él inagotables de *El Tesoro de la Juventud*, una de cuyas secciones, *El Libro de la poesía*, consumirá incansable; predilección también por *Los tres mosqueteros*, de Dumas, o las novelas de Jules Verne, las que reelerá durante toda su vida. Lecturas no controladas por nadie, sin directrices. Lecturas por las que no tardó en devorar toda la literatura fantástica que tenía a su alcance: Horace Walpole, Joseph Sheridan Le Fanu, Charles Maturin, Mary Shelley, Ambrose Bierce, Gustav Meyrink y Edgar Allan Poe, este en la edición española de Blanco Belmonte, que fue un gran descubrimiento. No podía intuir que años más tarde, por un encargo de Francisco Ayala para la Universidad de Puerto Rico, realizaría una traducción definitiva de la obra completa del escritor de Boston, la cual verá la luz en dos tomos de la *Revista de Occidente*, en 1957.

Escuela, lecturas y también enfermedades; algún intento deportivo con el tenis porque este, por la altura del escritor y por el hecho de ser zurdo, le daba una ventaja sobre los demás y le permitía jugarlo más o menos pasablemente, aunque nunca le puso fuerza en lo que hacía. De otro lado, ganglios, problemas respiratorios y fiebre que le obligarán a hacer cama, lo cual le permitirá crecer físicamente, según la idea tradicional y no del todo bien fundada de que las personas crecen en horizontal y nunca en vertical. Aumento, por tanto, de ritmo en el consumo de libros, dado que qué hacer si se está en cama: Longfellow, Milton, Núñez de Arce, Rubén Darío, Lamartine, Gustavo Adolfo Bécquer, José María Heredia. Llegó a leer tanto, que un médico[10] le aconsejó a su madre que se le prohibiera por un tiempo la lectura y que saliera más al jardín a tomar el sol.

Y la soledad, esa soledad en la que Julio se encontraba bien, se movía bien en ella, esa soledad que le hará exclamar en muchas ocasión que él era por naturaleza solitario, que se sentía bien solo, que podía vivir largos períodos solo. Desde muy niño inmerso en la soledad cálida de la casa, sabiendo que andaba por ella Ofelia, oyendo los tangos de Discépolo que su madre localizaba en el dial del aparato de radio. Pero también amigos, muy pocos. Inversamente a lo común, Julio no se sentía hechizado por jugar al fútbol, deporte rey entre los niños, seguidores del Boca Juniors y del River Plate, menos todavía del Club Atlético Banfield, lo que lo limitaba desde el punto de vista social. Jugar a la troya, a las boleadoras o a presos y vigilantes no era una actividad que lo sedujera mucho. Pocos, pero buenos amigos; amigos con quienes compartir, además de gofio en el patio del colegio, intereses e intercambiar títulos de libros, algo que ver con ese Julio Cortázar, amigo al que se referirá Vargas Llosa en su madurez en cuanto a que se era amigo suyo, pero no era posible intimar con él debido «a un sistema de cortesías y de reglas a las que había que someterse para conservar su amistad»[11], lo cual, por misterioso, le daba aún más trasfondo al personaje.

Es frecuente observar, cuando leemos textos autobiográficos de Cortázar referidos a sus vivencias infantiles en Ban-

---

[10] Jorge R. Deschamps sugiere en su volumen *Julio Cortázar en Banfield. Infancia y adolescencia,* Orientación Gráfica Editora, Buenos Aires, 2004, que los responsables de esa recomendación fueron los doctores Carlos J. Pedemonte y Manuel Ricci, además del propio director de la escuela a la que Julio Florencio acudía, José D. Forgione.

[11] Mario Vargas Llosa, *Cuentos completos de Cortázar,* Alfaguara, Madrid, 2000., p. 15.

field, una constante: la presencia de la enfermedad. Aurora Bernárdez, quien fuera la primera esposa del escritor, destaca la hipocondría del grupo familiar, a la que antes ya hemos aludido, como un componente característico del mismo. A este respecto, hay que hacer mención a determinados episodios epilépticos de Ofelia y al hecho de que el propio Julio en su niñez, como hemos señalado, no gozara precisamente de una salud sólida. Muy por el contrario, tenía una salud alterada por períodos de crisis sobre todo disneicas, lo que hay que interpretarlo como cuestiones influyentes. El mismo Cortázar se remite a ellos cuando asocia esa cierta tristeza constante de su infancia con manifestaciones de pleuritis y accesos de asma. En este sentido, en torno a los veinte años, se le diagnosticó una cierta disfunción cardíaca que lo acompañó las más de las veces subclínicamente. Por su lado, Aurora Bernárdez en algunas ocasiones ha subrayado, además de su escepticismo ante tales dolencias, cómo se sintió sorprendida por la previsión de Cortázar respecto a la enfermedad, algo derivado de la familia, partidaria de los botiquines y el almacenamiento de medicinas en casa ante eventuales prognosis de dolencias[12].

Lo cierto es que la enfermedad, en particular desde un registro de temática infantil, es un tema bastante tópico, rastreable, en gran parte de la producción cortazariana. La enfermedad como recurso con el que Cortázar pretende mostrarnos el interior de la vida. Alusiones a ella las hay, entre otros relatos, en el hospital y en el motorista que se debate entre lo onírico y la vigilia de «La noche boca arriba», el coma en que

---

[12] En 2010, en su casa de París, Aurora Bernárdez me comentó esa propensión a la enfermedad dentro del núcleo familiar. «Ofelia —me contó— a partir de la adolescencia sufría episodios epilépticos, motivo por el que apenas salía de casa, hasta que un médico le cambió el protocolo, indicando que se le aplicara la posología por la noche. Además, dijo a la familia que le consiguieran un trabajo externo. A partir de ese momento, Ofelia hizo vida normal, por supuesto bajo el control médico. A Julio, la familia le metió en la cabeza que padecía alguna dolencia, leve, pero dolencia cardíaca, hasta que se percató el propio Julio de que esa sospecha era algo infundado y superó esa situación más o menos traumática.»

se encuentra Mecha en «Pesadillas», la pleuritis de Hugo en «Los venenos», el adolescente pálido en su cama de la clínica de «La señorita Cora», el perro desahuciado de «Liliana llorando», el personaje disneico de «Retorno de la noche», además del ya citado «La salud de los enfermos». Todo ello es parte de su respuesta a la realidad cotidiana. Esa realidad que, en este joven Julio, se apoyaba en la experiencia de la lectura más que en la experiencia misma justamente por esas mañanas en la cama o esas tardes envuelto en una manta junto al cristal que da a los geranios y a las buganvillas.

Como hemos dicho, lector omnímodo y veloz, se sentirá frustrado cuando, siendo aún alumno de quinto de primaria, le interrumpan y le obliguen a que cierre el libro porque debe bañarse, debe arreglar su habitación o porque ha de asistir a su lección de piano; tiene que abandonar a D'Artagnan, Athos y Aramis, y acoplarse a las cuotas que exige lo real, ese peaje que siempre rechazó y contra el que pugnará siempre. Engullía lo que había más allá de sus propios estantes para invadir las lecturas familiares y absorberlas, lo cual quizá explique el carácter que irá conformándose del joven Julio, quien, ya en la madurez, confesará que es un sentimental, de esos que no pueden resistir las escenas delicadas de una película sin soltar una lágrima, consecuencia de su formación lectiva infantil, constituida por tantas dosis de literatura flébil: «Mi familia en general era una familia muy cursi, como todas las familias argentinas pequeño-burguesas. En sus predilecciones de lecturas, mi madre incluía una gran cantidad de literatura que podemos calificar como cursi y que yo leí como todo el mundo»[13].

Pero con los novelones, los folletines y las revistas, *Para Ti, La Novela Semanal, El Gráfico, El Hogar, La Vida Moderna, Maribel*, se colarán, además de lo citado anteriormente, buena parte de Victor Hugo, relatos policiales de Edgar Wallace y

---

[13] Omar Prego, *La fascinación de las palabras,* Muchnik editores, Barcelona, 1985, p. 32.

de Sexton Blake, las aventuras de Buffalo Bill, H.G. Wells, e incluso, con el paso del tiempo, Montaigne o *Los diálogos* de Platón. Una mezcla explosiva y variopinta, anárquica, sugerente, cosa que no lamentará porque «la mala literatura, cuando se lee abundantemente en la infancia y adolescencia te va dejando un material temático, una riqueza de lenguaje, te va mostrando cosas, procedimientos»[14]. Eso se lo deberá a su madre, lectora tan constante como poco selectiva.

Una madre que, para sobrevivir ella y el resto de la familia, ya «huérfanos» de padre (ignorarán, a partir de ese 1920, por dónde estaba el cabeza de familia[15]), tuvo que buscar trabajo. Encontrarlo en una sociedad extremadamente machista, como lo era la sociedad argentina de aquellos años entre las presidencias de Yrigoyen y Alvear, no fue tarea fácil. Estaba mal visto que la mujer laborase fuera del hogar. Nada de profesiones liberales. Estaba mal visto, al menos, en trabajos ajenos a la Administración Nacional. Esto era otra cosa. Trabajar en la Administración tenía otro perfil, aunque se hiciera por sueldos ínfimos, pero eso era íntegro y honrado. Algo así como pertenecer a la milicia, daba apariencia social. Se entendía y aceptaba que una mujer viuda o separada de su marido cobrara nómina por el desempeño de actividades burocráticas del Estado, se consentía. Herminia Descotte, que era políglota, ya que hablaba, además naturalmente del español, inglés, alemán y francés, y que podría haberse desenvuelto como traductora sin problemas, debió reducir esa posibilidad que el dominio de lenguas suponía, en cuanto a ascensos en categorías laborales, a pequeños empleos administrativos.

---

[14] Ídem., op. cit., p. 44.

[15] Con el tiempo se sabrá, tras su muerte en los años cincuenta, que se había instalado en la provincia de Córdoba, en el interior del país, a ochocientos kilómetros de la familia. A ella le notificaron oficialmente la muerte, además de informarles de que, como no había mediado separación entre los cónyuges, les correspondía una pensión económica derivada de las propiedades campestres que tenía él en Córdoba. Julio lo tuvo claro desde el principio: había que rechazar esa herencia. En efecto, no la aceptaron.

Primero en una caja de jubilaciones, en la avenida Callao, y después como maestra de manualidades. El sueldo, pequeño, sirvió para sobrevivir[16].

Asegurado, con dificultades de peso, el sustento, la vida en Banfield se desenvolvió en un ambiente de relativa tranquilidad económica. La presión de la lectura se convertirá en consecuente escritura, y Julio, que no conseguía desprenderse del sonido francés en sus palabras y por el que, según cuenta Saúl Yurkievich, sus condiscípulos le llamaban «belgicano» en la escuela, empezará a escribir.

Escribe sonetos a sus compañeras de colegio, la Escuela Elemental Inferior Número 10, a la que acudirá entre los nueve y los catorce años. Son poemas folletinescos, tristes, deudores de esos discursos manidos en los que se entrecruzan nervios estéticos clásicos con punzadas e imágenes de brillo modernista, y por los que se le acusará en el seno de la familia (un tío lejano) de plagiario, lo cual dará lugar a uno de los dos traumas mayores con que despertará precozmente Cortázar a la vida y al sentimiento de injusticia, además del de la deslealtad del padre: el descubrimiento de la precariedad, de la relatividad, de la caducidad de todo; y la contundente toma de conciencia de que existe la muerte, que en él se manifestará también a muy corta edad. El dolor derivado de ese supuesto plagio le acompañó durante mucho tiempo. Más aún porque su madre, a quien Cortázar adoró y admiró hasta su muerte, andaba por medio, aunque de una manera indirecta.

---

[16] Hagamos notar que la madre de Cortázar se casaría en segundas nupcias con Juan Carlos Pereyra, uno de los hijos del militar retirado Rudecindo Pereyra Brizuela, clan familiar vecino de Banfield. Dicho matrimonio se mantendría hasta el fallecimiento del padrastro de Julio el día 31 de diciembre de 1959, en plena celebración de la llegada del año nuevo. Dos de esos Pereyra entroncarían con la familia de Cortázar: uno se casó con Ofelia, de quien nos referiremos más adelante; y otro, Ricardo, se casó con la tía Enriqueta.

La historia fue que un tío, a quien Herminia le había dado a leer los textos del jovencísimo Julio, dijo que eso no era posible que lo hubiese escrito él, que debía haberlo copiado de alguna antología. La madre, una mujer extremadamente sensible y cariñosa, dudó, no supo qué pensar. Sí sabía que Julio no solía mentir, pero necesitaba preguntárselo. Lo hizo: una noche, no sin cierta vergüenza, porque intuía qué podía representar esa duda y ese interrogante en Julio, fue a su habitación y le preguntó si esos textos eran suyos o si los había copiado. «El hecho de que mi madre pudiera dudar de mí, yo se los había dado diciendo que eran míos, que pudiera dudar de mí, fue uno de esos primeros golpes, como la revelación de la muerte, que te marcan para siempre.»[17] Fue un dolor de niño, enorme y terrible: la confianza quebrada en la persona más querida.

También escribió, a los nueve años, su primera novela. Una novela lacrimógena y romántica, según sus mismas palabras. Y sus primeros cuentos, profundamente cursis y sentimentales. Poemas, cuentos y novela, siempre textos llenos de buenos sentimientos, tragedias espantosas, muchas lágrimas y maniqueísmo decimonónico.

Hay un testimonio de 1982 de estos inicios del propio Cortázar, que además nos vuelve a vincular con Banfield: «Me acuerdo de un tintero, de una lapicera con pluma "cucharita", del invierno en Bánfield, de salamandra, sabañones. Es el atardecer y tengo ocho o nueve años; escribo un poema para celebrar el cumpleaños de un pariente. La prosa me cuesta más en ese tiempo y en todos los tiempos, pero lo mismo escribo un cuento sobre un perro que se llama Leal y que muere por salvar a una niña caída en manos de malvados raptores. Escribir no me parece nada insólito, más bien una manera de pasar el tiempo hasta llegar a los quince años y poder entrar en la marina, que considero mi vocación verdadera. Ya no hoy, por cierto, y en todo caso el sueño dura poco: de golpe quiero ser músico, pero no tengo aptitudes para el solfeo (mi tía,

---

[17] Joaquín Soler Serrano, op. cit.

dixit), y en cambio los sonetos me salen redondos. El director de la primaria le dice a mi madre que leo demasiado y que me racione los libros; ese día empiezo a saber que el mundo está lleno de idiotas. A los doce años proyecto un poema que modestamente abarcará la entera historia de la humanidad, y escribo las veinte páginas correspondientes a la edad de las cavernas; creo que una pleuresía interrumpe esta empresa genial que tiene a la familia en suspenso»[18]. Subrayemos, pues, el dato de que nos hallamos frente a un Cortázar adelantado en el plano de la escritura, si bien no lo será en el plano de la edición, y valga la referencia de la publicación en 1941 de su primer cuento publicado, «Llama el teléfono, Delia», con un Cortázar de veintiocho años.

Ya por entonces Julio descubrirá el juego de las palabras, su descomposición y ductilidad, su ambigüedad, y la presencia de lo que la gente llama azar o destino, accidente, pero que él calificará como «hecho fantástico»; sensaciones de que existe un régimen de preceptos al margen del aristotélico que gravita, entra y sale, se mezcla con este. «Desde muy pequeño, hay ese sentimiento de que la realidad para mí era no solamente lo que me enseñaba la maestra y mi madre y lo que yo podía verificar tocando y oliendo, sino además continuas interferencias de elementos que no correspondían, en mi sentimiento, a ese tipo de cosas», dirá el escritor. En cuanto a la primera de las dos cuestiones, siendo como es que ambas están íntimamente vinculadas, el propio Cortázar se recuerda de niño desmontando los vocablos, algo que reaparecerá en *Rayuela* o en el cuento palindrómico «Satarsa», en el que emplea varias decenas de palabras que solo tienen el sonido «a». Uno de sus recuerdos de infancia era verse enfermo y escribiendo

---

[18] J.C., «Así escribo», en *Etcétera*, núm. 345. Este texto corresponde a la encuesta de escritores argentinos contemporáneos realizada en 1982 por el Centro Editor de América Latina.

con el dedo contra las paredes del cuarto: estiraba el brazo y escribía palabras, las veía aparecer en el aire. Palabras que, según él, ya eran fetiche y eran magia.

La capacidad subyugante de la palabra, pero no por su brillo estético sino por su carga lúdica y connotativa, su sintonía también con lo fantástico por esa magia señalada, cuya afinidad hallamos, de igual manera, en esa relación entre lo fantástico y lo real, sobre lo que más adelante regresaremos, y que ya en este joven Julio estará presente como lo estará en el adulto, tal como observamos en su siguiente comentario, que ilustra uno de tantos sucesos de esta índole vividos por él.

Hace cierto tiempo que me sucedió una cosa, de las que me han sucedido toda la vida, y que para mí es un hecho fantástico aunque cualquier teórico diría que no fue más que el cumplimiento de una pura casualidad, palabrita sospechosa. Para mí esos hechos son signos, indicios, de ese sistema de leyes exterior al nuestro y que, con cierta permeabilidad, se puede sentir y sobre todo vivir. Yo conocía a una mujer con quien no tenía ninguna relación pero hubiera querido tenerla. Y ella también conmigo. Estábamos muy separados geográficamente, y había habido un largo silencio epistolar por razones que podían explicarse por ambas partes. En un momento dado, un día lunes me llega una carta de esta mujer, aquí a esta casa. Me dice que está en París y que ojalá pueda verme. Yo estoy en la ante víspera de la partida de un viaje de tres meses y de ninguna manera quiero que este encuentro sea el típico *rendez vous* en un hotel para luego separarse. Por eso le contesto la carta diciéndole que no nos veremos, que cuando vuelva del viaje podremos encontrarnos. Sé que voy a hacerla sufrir porque ella hubiera preferido un encuentro episódico aunque yo no, porque veo las cosas de otra manera. Mandé la carta a las cuatro de la tarde y ella tenía que recibirla al otro día. Esa noche yo tenía una cita con un amigo en un teatro por el lado del Marais, y caminé mucho vagando por la ciudad porque no quería llegar temprano. En una esquina determinada me crucé con una mujer, era una esquina bastante sombría del Barrio Latino. No sé por qué nos volvimos, nos miramos, y era ella. París tiene unos nueve millones de habitantes, esa mujer había mandado su carta sin saber si yo estaba aquí; si la recibiría o no, mi carta de respuesta debía llegarle al otro día; el domicilio de ella quedaba muy lejos del mío. Matemáticamente analizado, yo creo que esto no se puede defender con las leyes aristotélicas. Hay una serie de cosas, de combinaciones que nos llevaron a los dos a caminar en esa dirección y a cruzarnos precisamente en ese punto.[19]

Francisco Porrúa, gran amigo y editor de Cortázar, destaca que la vida del escritor estaba llena de este tipo de episodios. Al conocido cruce de cartas entre ambos respecto a la portada y contraportada de *Todos los fuegos el fuego*, volumen en el que está integrado «El otro cielo», con el Pasaje Güemes y la Galerie Vivienne como trasfondo, y por las cuales ambos coincidían, sin haberlo comentado antes, en sus ilustraciones, se une una serie de incidentes en los que los azares «y las coincidencias eran siempre extraordinarios y a la vez comunes», comenta Porrúa.

La presencia del azar en la vida de Julio era cotidiana. Todos los días había una señal. Cuando estas señales, o signos, o epifanías, comenzaban a repetirse, parecían formar constelaciones, que él llamaba «figuras». En una ocasión subió a un taxi en París y se puso a hablar con el chófer. Hablaron sobre el azar. Terminó el viaje y después de esa amable conversación se presentaron mutuamente. El chófer dijo: «*Je suis Jules Corta*». El otro dijo: «*Je suis Jules Corta-azar*». Cuando vino a España de Sudamérica o de no sé dónde, le estaban esperando dos escritores españoles. Uno era Rafael Conte; el otro Félix Grande. Y Julio venía en el Conte Grande. Las historias de él con los cuentos son también extraordinarias. Ya publicado *Todos los fuegos el fuego*, donde

---

[19] Ernesto González Bermejo, *Conversaciones con Cortázar,* Edhasa, Barcelona, 1978, p. 45.

aparece «Instrucciones para John Howell», le escribió John Howell, de Nueva York, un individuo a quien le había ocurrido el cuento: le habían subido a un escenario y tuvo que escapar. En *Rayuela* hay personajes que están escondidos. Hay una Berthe Trépat, pianista; un nombre inventado. Ya publicada *Rayuela*, o por publicarse, en un periódico de Buenos Aires apareció el reportaje sobre una señora que había ganado el campeonato femenino de ajedrez. Se llamaba Laura... Colicciani... algo así, un apellido italiano. En el reportaje hablaba de su vocación: «Mi verdadera vocación era el piano, la música». Ahora, se llamaba Laura Colicciani, pero en el medio apareció Berta Trepat: Laura *Berta Trepat* Colicciani. El Berta Trepat estaba escondido ahí, y era la pianista que aparece en *Rayuela*.[20]

De un modo u otro nos encontramos ante la isotopía realidad y fantasía, que en este pasaje solo insinuamos y sobre la que nos ocuparemos más adelante, y que es tan recurrente en Cortázar, si bien aquí, el niño Julio Florencio, solo se aproximará a ella de una manera intuitiva, sin racionalismos, si es que racionalismo es una palabra posible en Cortázar. La fantasía como desdoblamiento de la cotidianidad real o la propia realidad cotidiana que se reversibiliza dando espacio a lo fantástico. Esa impresión de que lo fantástico anida en lo cotidiano y de que su percepción de lo fantástico no era coincidente con lo que pensaba la gente de su entorno, lo descubrirá Cortázar en esta época. En concreto fue en la escuela de Banfield. Él le había prestado a uno de sus compañeros, lector habituado como él, una novela de Verne que le había parecido extraordinaria, y pasados dos días aquel se la restituyó con cierto desdén calificándola de demasiada fantástica. Fue una más de sus tristezas de niño.

Extrañamente en vez de ser una novela de anticipación científica era una novela fantástica, porque tocaba el tema del

---

[20] C. Alvarez Garriga , *ABC cultural,* Madrid, 9 de diciembre de 2000.

hombre invisible, que luego Wells volvió célebre, a mí me había absolutamente fascinado. Entonces la presencia de un hombre invisible a mí me parecía posible en las circunstancias del libro. Ese día, en mi ignorancia de niño, supe que mi noción de lo fantástico no tenía nada que ver con la noción que podía tener mi madre, mi hermana, mi familia y mis condiscípulos. Descubrí que me movía con naturalidad en el territorio de lo fantástico sin distinguirlo demasiado del real.

Será el anticipo de una constatación discerniente que con posterioridad tomará cuerpo definido y cuyo correlato hallaremos en la mayoría de sus cuentos. Esa constitución dual del suceso y su efecto de extrañamiento en el lector, la impresión de que lo fantástico «es algo absolutamente excepcional, de acuerdo, pero no tiene por qué diferenciarse en sus manifestaciones de esta realidad que nos envuelve. Lo fantástico puede darse sin que haya una modificación espectacular de las cosas. Un hecho fantástico se da una vez y no se repite; habrá otro, pero el mismo no vuelve a producirse. En cambio, dentro de las leyes habituales, una causa produce un efecto y, dentro de las mismas condiciones, se puede conseguir el mismo efecto partiendo de la misma causa»[21].

A los trece años, Julio concluyó sus estudios de primaria y se matriculó en la Escuela Normal del Profesorado Mariano Acosta, en el Once bonaerense. Se convertirá así en estudiante de Magisterio, que en la Argentina no tenía ni tiene aún rango universitario, con la intención de obtener el título de maestro normal. Lo alcanzó, tras cuatro años, a los dieciocho de edad. Con tres años más de ampliación, consiguió el título de profesor de letras. Al propio Cortázar le gustaba matizar la función de la preposición, ya que no era un título de profesor «en» letras sino «de» letras. Este título, que no le

---

[21] Ernesto González Bermejo, op. cit., p. 42.

 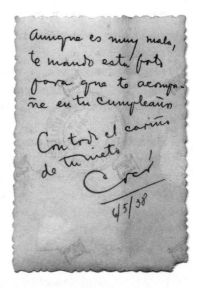

Julio en una fotografía de 1938.
Tiene veinticuatro años.

Palabras manuscritas del joven
Julio en el reverso de la fotografía.

satisfizo en absoluto desde el primer momento, le facultaba para impartir clases en colegios de enseñanza secundaria. Un título que, según palabras del escritor, le convirtió en un hombre orquesta, pues debía enseñar Geometría, Historia, Geografía, Instrucción Cívica, Gramática, Lógica, «realmente un hombre orquesta, y yo no tengo demasiada admiración por los hombres-orquesta en ese plano»[22].

El tiempo transcurrido en la Mariano Acosta no fueron precisamente, en el terreno del aprendizaje, años de crecimiento intelectual; no al menos por lo que le ofrecía la escuela, sí por la lectura de Julio que aumentará día a día y día a día se ampliará y ramificará con nombres y obras. Al año de iniciarse en ella, sabía ya que escasamente aspiraba a conseguir una bibliografía y algunas amistades, como las de Francisco Reta, alias Monito, Eduardo A. Jonquières, Daniel Devoto, Eduardo

---

[22] Joaquín Soler Serrano, op. cit.

A. Castagnino, Adolfo Cancio u Osiris D. Sordelli, estos dos últimos volverán a coincidir con él, ya como profesores, en el Colegio Nacional de Bolívar en 1937, aunque Sordelli y Cortázar, en Bolívar, más que amistad mantuvieron una inevitable (y con el tiempo fría) relación profesional.

El modelo docente de la Mariano Acosta, aun gozando de prestigio y siendo reconocida en el ámbito bonaerense, no le convenció nada a Cortázar, quien calificó la escuela de auténtico camelo. Con una profusión exagerada por el memorialismo y la magistralidad, el cuerpo docente, con más de cien profesores en los siete años en que asistió el escritor como alumno, apenas le descubrirá nada al Cortázar de entonces. Solo dos profesores, Arturo Marasso, que impartía literatura griega y castellana, y Vicente Fatone, que fue su profesor de filosofía y lógica, se salvarán de su juicio frontal e incisivo. Impreso quedará también para la historia el nombre de Jacinto Cúcaro, responsable del área de Pedagogía, a quien, por razones amistosas, le dedicará su cuento «Torito», del volumen *Final del juego*. Los «otros noventa y ocho eran como papagayos, repitiendo lecciones que a nuestra vez nosotros teníamos que repetir»[23]. Marasso y Fatone. Cortázar les será fiel en el recuerdo, los nombrará con cariño y reconocimiento con el paso del tiempo, «porque fueron verdaderos maestros en el sentido de descubrir rápidamente las vocaciones de los alumnos y en tratar de ayudarnos y estimularnos»[24].

También estaba el hallazgo de la ciudad, Buenos Aires. Las ciudades (París y Buenos Aires o Buenos Aires y París; Londres, Roma, por ese orden) que para él eran como mujeres. Y, en esos años, Buenos Aires vivía años de legítima belleza. Una ciudad en la que el joven y ya altísimo y delgado estudiante buceará en casi todos sus rincones y se perderá en ella, la recorrerá igual que recorrerá París desde su primer contacto en 1949.

---

[23] Omar Prego, op. cit., p. 31.
[24] Ídem., op. cit. p. 31.

Palmo a palmo, tarde a tarde entra en ese Buenos Aires de la plaza Constitución con el *subte*, las confiterías (la del Gas, El Pedigree, la del Águila), los vendedores ambulantes de empanadas, *facturas* y alfajores; el canillita voceando la última edición de *La Prensa*, el tráfico de miles de colectivos, la elegante avenida Santa Fe con plaza San Martín de edificios ochocentistas; Diagonal Norte esquina Esmeralda, con almacenes, bares, papelerías (La Puntual), el *tramway*, que corría tan pegado a la acera que se echaba de menos el empleado a caballo que a principios de siglo iba abriendo el paso con una campanilla. Corrientes, desde Reconquista hasta la plaza de la República, que parecía el centro mismo de Manhattan, con El Coloso que hacía esquina; hombres con sombrero, con *canotiers*, mujeres con zapatos blancos y trajes-sastre estrechos. La sobriedad de la avenida Presidente Roque Sáenz Peña y Suipacha («usted se ha ido a París, yo me quedé con el departamento de la calle Suipacha»[25]), con el edificio de Metrópolis que recordaba el Flatiron Building de Nueva York; Bartolomé Mitre esquina Maipú, zona de almacenes de ropa (Muro & Cia) y pequeños comercios, y algún carro tirado por caballos y los peatones que cruzaban sin orden ni control. Los fuegos artificiales nocturnos en el río y los bailes populares en la avenida Costanera amenizados por la Broadcasting Municipal, el Teatro Nacional con la Compañía de Florencio Parravicini, Vaccarezza, el Teatro Colón, el Cómico o el Smart, kioscos, Tiendas Argentinas, Vestidos y Batones La Favorita, alpargaterías, farmacias, fruterías, billares, como el Richmond Buen Orden, La Academia o El Eléctrico, junto al cine de la calle Corrientes (en los años treinta, había más de ciento sesenta cines en Buenos Aires), cuyo portero usaba guantes blancos, librea con botones dorados y quepis; la calle Florida, repleta de oficinas financieras, o la calle San Martín, también con bancos y oficinas de cambio; el Café Tortoni, La Puñalada, La Fragata y el Royal Keller; y el Luna Park en sus sesiones nocturnas

---

[25] J.C., «Carta a una señorita en París», en *Bestiario*.

de los sábados boxísticos. Tiempos de Luis Ángel Firpo, «El toro salvaje de las Pampas», Justo Suárez, «El torito de Mataderos», y Julio Mocoroa, José M. Gatica, o Pascual Pérez, «El León Mendocino», que dajarán su huella en la historia del pugilismo nacional. Pasajes, el Giuffra, el de la Defensa, Alvear, Promenade, Pacífico, pero sobre todo el Güemes, junto al Teatro Florida, un auténtico hervidero de personas a cualquier hora del día y de la noche: «Hacia el año veintiocho el Pasaje Güemes era la caverna del tesoro en que deliciosamente se mezclaban la entrevisión del pecado y de las pastillas de menta, donde se voceaban las ediciones vespertinas con crímenes a toda página y ardían las luces de la sala del subsuelo donde pasaban inalcanzables películas realistas»[26]. Buenos Aires y el acceso a la experiencia, el encuentro solitario con el mundo, siempre con esa soledad que lo neutraliza, que lo marca y a la vez lo estimula, una ciudad que no dejará de acompañarle en los treinta y tres años en que oficialmente estuvo alejada de ella. Una ciudad sobre la que escribió más que si se hubiera quedado en ella y hubiese renunciado a la beca que el gobierno francés le concedió para estudiar «durante el período 1951-1952», en París[27].

---

[26] J.C., «El otro cielo», en *Todos los fuegos el fuego*.

[27] Muy amablemente, Alejandra H. Birgin, directora en 2010 de la Maison d'Argentine, de la Cité international universitaire de Paris (CiuP), me ha permitido acceder al documento de petición de hospedaje. En él, Cortázar, con fecha de 10 de agosto de 1951, se presenta al entonces director del «Pabellón Argentino», Horacio Jorge Guerrico, como escritor que ha publicado dos libros de ficción, *Los Reyes* y *Bestiario*, además de responsabilizarse de un estudio integral de la obra de John Keats. Expresa que el «Gobierno de Francia me ha acordado una beca para efectuar estudios de literatura durante el período 1951-1952, y es mi intención llegar a París en los primeros días de Noviembre; como es natural, tengo el mayor deseo de residir en el Pabellón Argentino de la Ciudad Universitaria». Sostiene en la misiva que le «interesan particularmente la poesía y la novela francesas, y estudiaré bajo la dirección del profesor Jean-Marie Carré algunas líneas de contacto anglo-francesas, sobre las cuales vengo trabajando hace algunos años». Al no obtener respuesta, y transcurrido casi un mes, Cortázar vuelve a escribir-

Ese es el aprendizaje de los años de Magisterio, las lecturas de Roberto Arlt y su discurso fresco como un latigazo por veraz, ese lunfardo que dinamita la estética larretista e impone la palabra viva en el relato. Que será luego Borges, que será también Marechal con su *Adán Buenosayres*, los que recogerá Cortázar como modelos. Se diluirán o permanecerán en las aulas impermeables de la Mariano Acosta la poesía lírica de Leopoldo Díaz y Almafuerte, la narrativa de Miguel Cané y Eugenio Cambaceres, el realismo rural de Roberto J. Payró y el criticismo tradicionalista de un Ricardo Güiraldes o de Guillermo E. Hudson. Todo quedará allí dentro. Todas las rigideces ortodoxas. Porque Cortázar estará por otras miradas, en él ya se preanuncia cuál será la noción de estilo del futuro Julio Cortázar, una noción que no tiene espacio en los diccionarios ni en las ágoras de las Reales Academias de la Lengua, pues el estilo no es un asunto de nivel de escritura, como recordará en muchas ocasiones, sino de captación de la esencia de lo real, de la autenticidad del relato que se hace eco de los giros y las formas en que la gente de la calle se expresa. Lenguaje y estructuras narrativas nuevos, alejados de estereotipos y de expresiones estandarizadas. Esa será su aspiración y hacia ahí se dirigirá su viaje creativo.

Todo eso que algunos años después veremos en Juan, Clara, Andrés y Stella, personajes que vagan por las calles de Buenos Aires en *El examen*[28], novela que tanto tendrá de embrión de la posterior y parisina *Rayuela*, relato que, por las estrechas miras de un editor sin vocación y pacato, no fue precisamente aceptado debido a su lenguaje y a su propuesta de estructura dislocada, aunque a Cortázar siempre le pareció conclusa y digna de ser publicada a principios de los años cincuenta, fecha en que fue redactada (1950-51). No obstante, hemos dicho que se preanuncia el Cortázar futuro, ya que este,

---

le a Guerrico. Ambas cartas vienen firmadas por «Julio Florencio Cortázar, Lavalle 376, 12 C. Buenos Aires».

[28] Se publicó en 1986, dos años después de la muerte del autor.

Buenos Aires. Florida entre Córdoba y Viamonte.
El cosmopolitismo de la ciudad y sus habitantes,
elegantes y con marcados débitos europeístas, es más
que evidente desde principios del siglo XX.

Buenos Aires. Calle Suipacha esquina Diagonal
Norte, avenida Presidente Roque Sáenz Peña.

fundamentalmente poeta, aún practica un discurso sonetista muy medido y algo relamido, pese a esos Rimbaud o Mallarmé o Neruda (lejísimos está de sospechar el encuentro con este en su mansión normanda de La Manquel, en 1972) que lee, persigue, que le influyen y por los que se deja influir.

De este ciclo arranca la inclinación de Cortázar por el boxeo. Lo del boxeo, su afición por él, siempre ha sido motivo de paradoja entre sus lectores. No acaba de ajustarse al perfil psicológico y cultural de alguien tan contrario a la violencia, en cualquiera de sus manifestaciones, como Cortázar; parece que no encaja bien la imagen de Cortázar seguidor de un supuesto deporte tan degradante y sangriento con la de Julio Florencio, delicado y sensible, preocupado por lo interior de la vida. No acopla en el Cortázar adolescente ni en el Cortázar adulto. Pero es una realidad, y el propio escritor ha justificado muchas veces lo que para él era el boxeo y lo que de él tenía de atractivo.

Es posible que resulte más comprensible si nos situamos en aquellos tiempos, hacia el año 1923, momento en que las páginas de los diarios estaban repletas con noticias de boxeo, tanto del que se hacía en la Argentina como el que se hacía en el resto del mundo. La radio también y las peleas transmitidas. Siempre argumentó que no era lo mismo el boxeo de su infancia y adolescencia que el boxeo de su madurez. Boxeo distinto en tiempos distintos. Una forma como otra cualquiera de argumentar, de ser permisivo por un cierto fulgor de romanticismo perdido con el paso del tiempo. Pero boxeadores sonados al fin y al cabo, en los años veinte y en los sesenta, como reconocerá en algún momento el escritor. Otra cosa es la atmósfera, muy literaria, como luego lo fue cinematográfica, muy rica de registro costumbrista por el friso de posibilidades, de icono coral, muy propicia para situar historias y personajes desbocados.

«Esa fue la última etapa del box, la última gran etapa del

boxeo como deporte, porque desde esa época hasta hoy ha ido entrando en una entropía, va perdiéndose. Todavía hay buenos boxeadores, pero no hay comparación con aquella época, en la que además había un público mucho más atento que ahora», le dirá a principios de los años ochenta el escritor a Omar Prego. «En esos tiempos, en los que no había televisión, la gente escuchaba la radio, escuchaba a un *speaker* que transmitía o describía lo que estaba viendo. Y yo escuchaba, como los demás. Así hasta el año 30, o más bien 30-32, en que empecé a ir a los estadios y me tocó ver un gran boxeo en la Argentina, con grandes figuras.» Algunos años después, a finales de la década de los treinta, en un viaje de Buenos Aires a Chivilcoy, Cortázar compartió tren con Luis Ángel Firpo, un ex campeón ya, grueso, cuarentón, vencido por los años, derrotado por la vida. El rey destronado. Dolorosa nostalgia de lo que había sido. Dudó en acercarse y saludarle. Era Luis Ángel Firpo, un dios con la nariz partida, ahora ya con papada, con el cuello de toro, pero era el mismísimo Firpo. El escritor no superó su timidez, se mordió los labios y desaprovechó la oportunidad de hablar con él. Lejos quedaba su pelea con Dave Mills en 1920 en la que obtuvo por K.O. el título de campeón sudamericano; o su derrota injusta con Jack Dempsey, quien cayó fuera del ring por diecisiete segundos en el asalto inicial, en el Polo Grounds de Nueva York, lo que convirtió el encuentro en una especie de catarsis nacional[29], pues ese tiempo fuera del ring debió haberlo declarado perdedor. A lo ojos de los argentinos, no obstante, Firpo, que ganó por esa pelea más de ciento cincuenta mil dólares, una cantidad muy elevada que le permitió dedicarse a labores agropecuarias, se materializó en un mito viviente. Si bien el cuento de Cortázar, «Torito», se inspiró en Justo Suárez —otro héroe, quien fuera campeón argentino de peso liviano y que lo perdió todo frente a Billy Petrolle—, este Firpo podría haber sido de igual forma el modelo para su re-

---

[29] Cortázar hace mención en su cuento «Circe», en *Bestiario*.

lato. Aquel «Torito» y su monólogo de rey destronado en el cuento posterior que saldría en *Final del juego*.

En su misma infancia, pues, nacerá su particular visión del boxeo, de la que se elimina el aspecto sangriento, brutal y desalmado del mismo. Una selección difícil de llevar a cabo, pero que de cualquier manera eso sí, lo dice el escritor, es lo que menos le atrae de un encuentro entre púgiles. «El boxeo que levanta las muchedumbres es siempre el del boxeador pegador, del tipo que va para adelante y a pura fuerza consigue ganar. A mí eso siempre me interesó muy poco, y lo que me fascinó siempre fue ver a uno de esos boxeadores enfrentado con un maestro que, simplemente con un juego negativo de esquives y de habilidad, conseguía ponerlo en condiciones de inferioridad.»[30] Y ese será el aspecto que introducirá en sus relatos dedicados al boxeo, desde el citado «Torito», del libro *Final del juego*, «Segundo viaje», en *Deshoras*; y «La noche de Mantequilla», del volumen *Alguien que anda por ahí*, además de titular un libro con expresión boxística, *Último round*.

En el primero, que es un monólogo deíctico, roto como la mente de quien lo dirige, en un lunfardo arltiano, logra dibujar la atmósfera de las vidas míseras y de espejismo que acompañan a ese mundo. Posiblemente sea el mejor de los tres citados. En los otros dos observamos una recreación neorromántica de ese mismo mundo de derrotas, esas transparencias de claro débito con el cine norteamericano de los años treinta, ese cine inscrito en el género negro, del cual Cortázar supo sacar partido en tantas ocasiones al homenajearlo. Algo que ya, en efecto, como el propio escritor decía, poco tiene que ver con el boxeo más allá de los años cincuenta. El boxeo se lo llevó el cambio de mentalidades que implicó la llegada de los años sesenta. A partir de ahí era difícil aceptar y explicar que eso era un deporte, que además era un deporte limpio y que dos tipos golpeándose en un ring, amén de provocar lesiones

---

[30] Omar Prego, op. cit. p. 73.

Buenos Aires. Edificio peculiar de la avenida
Presidente Roque Sáenz Peña.

físicas y psíquicas en los boxeadores, resultaba vergonzoso de observar. «El box ha muerto (basta pensar que un Cassius Clay es campeón mundial)», dirá el escritor en 1964.

En 1936, Cortázar se matriculó en la Facultad de Filosofía y Letras, de la Universidad de Buenos Aires, sita en la calle Viamonte, 430. El momento socioeconómico en la Argentina no era ni mucho menos sólido y eso se notaba en las economías familiares. La idea de Julio era la de obtener una licenciatura universitaria, pero el país andaba alterado. El populismo de Yrigoyen había degenerado en el golpe de 1930, el cual, con el general nacionalista José Félix Uriburu como líder, había inaugurado el intervencionismo militar, lo que se tradujo en un trato preferencial para la oligarquía y en una presión permanente contra la clase media y los grupos más desprotegidos de la sociedad. Genéricamente se le conoce como la «Década infame», siendo, en ese bienio 1936-37, la cabeza visible del gobierno el general Agustín P. Justo.

De otro lado la crisis mundial, con la caída del comercio exterior en la Argentina, los acontecimientos cruentos y trágicos que se viven en España (sabida es la proclividad ideológica del presidente y de varios de los ministros del gobierno argentino por los sublevados de Franco) y el presagio de que eso no sea más que el campo de pruebas de una conflagración internacional, influyen en el joven escritor que ya sabe que no puede permitirse seguir estudiando: le parece injusto cargar a la familia con ese gasto, dado que ya es profesor de secundaria y con posibilidades de ejercicio profesional. Decidirá aceptar la plaza de docente en el Colegio Nacional de San Carlos de Bolívar, un pueblo de la pampa plana a trescientos sesenta kilómetros de la capital federal.

Las distancias en la Argentina, por su amplio perímetro, casi se miden por centenas de kilómetros, de ahí que Bolívar no fuese el extremo del mundo ni mucho menos, pero aun así a Cortázar se le antojó el destierro. Algo así como el descenso a la ciudad de Ushuaia, en Tierra del Fuego. Allá es donde se dirigirá en el otoño de 1937, en concreto en la primera quincena de mayo, al amanecer. Cortázar se convertirá de este modo en el principal sustento económico de la familia. En el futuro, su madre y hermana fueron en alguna ocasión también a conocer el lugar donde se hospedaba y donde trabajaba Julio. Hicieron sus ocho horas de trayecto, haciendo el mismo recorrido en tren que él.

El cambio de Buenos Aires por Bolívar fue cuando menos una conmoción. El paso, por poner un ejemplo, de un cruce bullicioso como es el de Córdoba con Viamonte a las siete de la tarde de cualquier día de la semana a la plaza recoleta del pueblo, donde a esa misma hora solo se oía el tañido monótono de las campanas de la iglesia, a no dudarlo significó una brusca transgresión. Claro que, en este sentido, Banfield se hallaba más próximo a Bolívar que de Buenos Aires, pero por esas fechas la vida de Cortázar ya era de adopción porteña,

63

capitalina, metropolitana. Cabría preguntarse qué le aportó su estadía en Bolívar y en qué medida el propio Cortázar trató de escamotear, como escamoteó en algún grado de su bibliografía posterior *Presencia*, las vivencias de esos años con el avance del tiempo. Hay datos a este respecto como en seguida veremos.

El escritor, temeroso de convertirse en pueblero, se hospedó en el hotel La Vizcaína (sin tilde, aunque el escritor se la añadiera en sus cartas), una casona de finales del siglo XIX regentada originariamente por un vasco nostálgico de su mar Cantábrico, sus cococas y su paisaje húmedo: «La vida, aquí, me hace pensar en un hombre a quien le pasean una aplanadora por el cuerpo. Sólo hay una escapatoria, y consiste en cerrar la puerta de la pieza en que se vive —porque de ese modo uno se sugestiona y llega a suponerse en otra parte del mundo— y buscar un libro, un cuaderno, una estilográfica. Nunca, desde que estoy aquí, he tenido mayores deseos de leer. Por suerte que me traje algunas cosas, y podré, ahora que estoy más descansado, dedicarles tiempo. El ambiente, en y fuera del hotel, en y fuera del Colegio, carece de toda dimensión. Los microbios, dentro de los tubos de ensayo, deben tener mayor número de inquietudes que los habitantes de Bolívar»[31].

Podemos hablar de impacto, al menos. La llegada al pueblo al despuntar el día y la llegada a lo que llama hotel, no fue precisamente lo que se podría calificar como estímulo vital. Sus previsiones respecto al colegio, encima, se verán muy pronto confirmadas. Este, un gran edificio infrautilizado, no se librará de esa primera impresión. En esa misma carta del 23 de mayo a Castagnino le contará cómo, a un mes de empezado el curso, las únicas materias que se dictaban eran Ciencias Biológicas y Música. Tampoco se librará la gente, si bien el juicio de Cortázar es emitido en abstracto, y no es tanto

[31] Aurora Bernárdez, *Cartas 1937-1963,* Vol. I, Alfaguara, Madrid, 2000. Carta de J.C., fechada el 23 de mayo de 1937, a Eduardo A. Castagnino, p. 27.

*Julio entre Cancio
y Sordelli, dos
compañeros del
San Carlos. Día de
asueto en el campo,
preparan un asado.*

*El tribunal musical de La Guardia. Cortázar es el tercero de la
segunda fila. A su derecha se encuentra el crítico musical Jorge
D'Urbano. En la primera fila, el cuarto a partir de la izquierda,
el pintor Eduardo Jonquières. Ambos amigos de Julio.*

por el individuo-vecino de Bolívar cuanto por la situación de aislamiento y olvido en que vive el pueblo, «donde la gente es de lo más simple y, por lógica consecuencia, dichosa hasta la médula»[32].

El lugar era el presumible en el medio rural a esas alturas del siglo: inalteración de un quehacer diario solo roto por algún pequeño suceso, como puede ser, en el colmo de los grandes sucesos bolivarienses, la cena de despedida de soltero de algún profesor, alguna celebración local, o las noticias que llegaban de Europa y que Cortázar seguía en la radio de su habitación que daba a la recogida plaza de árboles leñosos. El fascismo ya incontestable en España, con el arrinconamiento de la República y en una situación inaguantable, y los gestos soberbios de Hitler y de Mussolini con todas sus implicaciones, con los devaneos y los temores que despertaba, por muy lejos que fuese el escenario de los hechos, otra eventual guerra mundial. Por lo demás, Cortázar se ajustó a una rutina desde la que blindarse del exterior: prepararse las clases, corregir trabajos en su habitación 59, con ventana, por su asma, soñar con viajar a México (una idea que lo cercaba por entonces), levantarse a las seis y media los días que tiene que impartir a primera hora y leer.

Leer. Esa será la espita de escape. Leer cuanto tiempo libre le dejan las clases, leer en días festivos, por la mañana o por las tardes. Se trataba de eso, de sentir el peso de los días lo menos posible. Matear en la amplia habitación, porque era bastante amplia, encender la radio y escuchar música en el sillón giratorio traído por la *mucama* de nombre Josefa. Una mujer silenciosa, pero atenta. La lectura o relecturas y la traducción, pues Cortázar por entonces ha empezado a colaborar como traductor de francés con Sopena. Las traducciones serán fuente de ingresos a partir de entonces, posibilidad que irá tomando fuerza de cara a un futuro profesional. Leer a Neruda,

---

[32] Ídem., op. cit. Carta de J. C., fechada el 27 de mayo de 1937, a Eduardo A. Castaganino, p. 32.

menos títulos como *Residencia en la Tierra* y más títulos como *Veinte poemas de amor y una canción desesperada*. Leer a Rilke, con cuya lengua empieza a atreverse, el simbolismo francés (no hay que olvidar que su primer poemario, *Presencia*, de extracción simbolista, data de esta época, como hemos adelantado), con Rimbaud a la cabeza; Gide, Proust, Freud, *Federico*, Kant, Mallarmé, *Madame Bovary*, que no completará hasta 1939; Goethe, que sigue sin seducirle. El recuerdo que se tiene de Cortázar en Bolívar es el de alguien que siempre llevaba un libro bajo el brazo.

Es asombroso el nivel de conocimiento libresco y cultural de que gozaba este Cortázar, además de los referentes ya citados: Kafka, Hemingway, Faulkner, Bates, Chesterton, Nerval, Wilde, D'Annunzio, Valéry, Homero, Darío, Shelley, Keats, Pound, Eliot, Hölderlin o el jazz negro, que a su entender es el único genuino. Un nivel de conocimiento que abarca clásicos y modernos, en lengua española o en otras lenguas, tradición y discurso de ruptura. Quizá sea el período en que leerá a más autores en español, algo que con el tiempo dejará de darse, y curioso que ocurra en un momento en que por entonces Lorca será asesinado en Víznar, Lugones[33] se suicidará y Vallejo morirá en París en la miseria económica. Lo que la Mariano Acosta no le ha dado, se lo ha concedido el tiempo incoloro del Colegio Bolívar. En alguna ocasión el propio Cortázar se refi-

---

[33] Tremendo eso que la gente llama azar y que Cortázar califica de otro modo. En Aurora Bernárdez, op. cit., dirige J. C. una carta a Castagnino, en 1937; comenta una crítica que en la revista *Nosotros* se le hace a Leopoldo Lugones por «las innumerables repeticiones de la rima: "Azul, tul"». En la más insospechada de las ocurrencias, Cortázar dice con un tono de burla, que no presagia lo que ocurrirá el 19 de febrero de 1938: «Yo, que la víctima, me suicidaba, después de recibir semejante palo en las costillas. Pero no hay que temer decisiones desesperadas en don Leopoldo; tanto él, como el poeta por kilómetros —me refiero a Capdevila— gozan de una salud a toda prueba». Nueve meses más tarde, por razones de otra índole (presumiblemente por el acoso a que se había visto sometido el autor de *El Payador* desde 1930 por sus ideas fascistas), se suicidaba Lugones de un disparo en un hotel de El Tigre, localidad próxima a Buenos Aires.

rió a esa doble emoción vivida en Bolívar. De un lado, fue un período de intensidad formativa, pero de otro también fue una etapa de cierto peligro, ya que le restó auténticas experiencias vitales, parte de la vida. Digamos además que hablamos de un extraordinario conocimiento de la literatura europea y norteamericana, pero bastante menos de literatura indoamericana, de la que conocía lo esencial, lo exigido por la Mariano Acosta para obtener el título de profesor y poco más, si bien no tardaría en empezar a incorporarla, con Ricardo Molinari, Eustasio Rivera, Bernardo Canal Feijoo, Ciro Alegría, en su repertorio apenas arribe a Chivilcoy.

De esta manera, en Bolívar se sintió constreñido por un ambiente social que lo inhibía y una actividad académica que, no cabe ninguna duda, lo desaprovechaba. En referencia a la primera cuestión, es curioso cómo él no era consciente de la huella que dejaba a su alrededor. Curioso, en este marco, que la presencia sin embargo del joven profesor, escaso paseante con bufanda y un sobretodo que le rebasaba las rodillas, no pasara desapercibida en el pueblo ni mucho menos era invisible para un claustro de profesores compuesto por poco más de una docena y media de docentes (cinco llegaron con Cortázar: Cancio, Sordelli, Arias, Duprat y Crespi) y personal directivo. Algunos de estos, inclinados por la literatura, sintieron desde el principio una mezcla de admiración, incomprensión y aprecio por él, todo lo cual se mantuvo vivo con los años. Los nombrados Adolfo Cancio, Osiris D. Sordelli, con una prehistoria bonaerense ya señalada, pero también Juan Cicco, Rodolfo Crespi, Alcides Loiti, Raúl T. Cabrera, M. Portela, M. Capredoni, Mercedes Arias, el bibliotecario Larrazábal y Marcela Duprat, fueron sus compañeros y con quienes compartió aula y celebraciones.

Los documentos gráficos que se conservan de la época nos muestran siempre a un Cortázar lampiño, de cara pecosa, por supuesto muy alto y delgado, un Cortázar peinado con gomina

*Julio Cortázar. Fotografía de estudio fechada en 1941.
Nos muestra el escritor con cabello engominado y de
aspecto muy alejado del Cortázar posterior.*

(¿Cheseline?, ¿Fixina?); integrado en apariencia en cenas grupales o en reuniones académicas, siempre sonriente. Ahí está sentado con la junta de profesores, en mesas de exámenes, lo vemos compartiendo mantel en comidas o en el campo, pasando una velada de domingo. Singular que ese Cortázar vistiera chaqueta y corbata, incluso *moñitos*, como la mayoría de sus colegas. Desde luego, la corbata será decididamente difícil de descubrirle en sus etapas posteriores. Excepción hecha de la famosa fotografía de Sara Facio, la que tanto gustaba al escritor y que ha sido tan reproducida porque él llegó a considerarla fotografía oficial: la mirada firme, el cigarrillo sin encender entre los labios apretados, la boca un poco ladeada, el *saco* de micropana y la camisa blanca. Por no citar la corbata moñito que desaparecerá por completo de su vestuario.

Por lo que respecta a la segunda consideración, a Cortázar le correspondió impartir la materia de Geografía. Julio odiaba esa materia por entenderla plana, de escaso atractivo para el alumno. Además, sentía que no se realizaba haciendo «mapitas». Pero ahí actuó el destino porque ese fue el resultado del sorteo realizado por el rector del colegio, el doctor M. Capredoni.

La mañana siguiente a la llegada a Bolívar se reunieron en una de las aulas, escribieron los nombres de las asignaturas en papelitos y los introdujeron en el sombrero del profesor de matemáticas, Crespi. Luego agitaron y salió el veredicto: la cátedra de Geografía para Julio Florencio Cortázar. Con ello se daba un desajuste extremo entre lo que se le pedía y lo que podría dar él en el terreno de los conocimientos. «¡Yo, mapitas, con esa memoria cuyo límite máximo se extiende a una semana atrás!»[34], exclamará el escritor.

Bolívar, desde el punto de vista del desarrollo personal, solo sirvió, además de ayudarle para adquirir por su cuenta una vastísima cultura, para ahondar en ese carácter indivi-

---

[34] Aurora Bernárdez, op. cit. Carta de J. C., fechada en 1939, a Eduardo A. Castagnino, p. 40.

dualista y solitario que será la credencial del escritor durante toda su vida, aun en los años sesenta en que se reconvertirá y se abrirá socialmente. Pero eso ya será en París. La soledad era parte sustantiva de su estigma. En el futuro, en medio de una reunión o participando en un encuentro internacional, se preguntará qué hace ahí. Mientras, en Bolívar:

La manera de divertirse es inefable. Consta de dos partes:
a) Ir al cine.
b) No ir al cine.
La sección b) se subdivide a su vez:
a) Ir a bailar al Club Social,
b) Recorrer los ranchos de las cercanías, con fines etnográficos.
Esta última sección admite, a su vez, ser dividida en:
a) Concurrir, pasado un cierto tiempo, a un dispensario.
b) Convencerse de que lo mejor es acostarse a las nueve de la noche.[35]

Todo un exceso, un derroche, como confesará. Un pueblo con una librería, El Globo, un Club Social de cortinas hasta el suelo, donde se hacían bailes; un teatro llamado con pretensión provinciana El Coliseo, en el que en cierta ocasión había actuado Carlos Gardel con una pequeña polémica porque, a la vista de una sala semivacía, el tanguista se había negado inicialmente a cantar. Un colegio recién abierto, tras un paréntesis de cierre forzoso, con trece aulas, una biblioteca, un salón de actos, una sala de profesores y un patio exterior. Un horario que empezaba a las 7.45 horas y concluía a las 18.00 horas, con un interludio a las 12.15 horas, para la comida en días laborales. Y los fines de semana insulsos y empalagosos. Algunos profesores combatían el tedio con la siesta, con las audiciones clásicas de Radio Excelsior, siguiendo los aconte-

---

[35] Ídem., op. cit. Carta de J.C., fechada en 1939, a Eduardo A. Castagnino, p. 40.

cimientos de la guerra de España; oyendo a Roberto Zerrillo y su orquesta en Radio Belgrano o atendiendo a las recetas gastronómicas de Doña Petrona C. de Gandulfo. Otros practicaban deportes, especialmente el tenis, por el impulso recibido por este en la Argentina a partir de nombres como Analía Obarrio de Aguirre y Felisa Piérola, o hacían asados al aire libre (en verano) o en alguno de los locales cerca de la avenida Almirante Brown (en invierno) y que concluían con dulce de leche y mazamorra.

Para Julio, de cualquier manera, en Bolívar, como ya hemos señalado, estaba también Madame Duprat, que había llegado con su suegra, Nelly de Duprat, una semana después que su hija, Marcelle. Y además estaba María de las Mercedes Arias, Mecha, como cariñosamente la llamaban. La primera era pintora y discípula del pintor y grabador naturalista argentino Eduardo Sivori; su hija y la tercera eran profesoras del Bolívar. Marcelle, de francés, y María de las Mercedes, de inglés. Con ellas tres, y habría que citar también al doctor Gagliardi y al doctor Vignau, a Portela o a Cholo Cabrera, se iniciará una suerte de periódicas reuniones bajo el rótulo de «Los jueves de Cortázar», título con que Luciana (Lucienne) Chavance de Duprat formalizó esas tertulias semanales en la calle Venezuela número 174.

Las reuniones, básicamente, estaban formadas por las Duprat, Mecha y Julio. Surgieron como consecuencia de una exigencia típicamente pueblera, lo que tanto aborrecía Julio, y muy de acorde con los aires de estancamiento que se movían en Bolívar. La cuestión fue que Cortázar quería recibir clases de inglés, pero debido a que la casa de familia en la que se hospedaba la profesora Arias no aceptaba que entrase hombre alguno, por muy profesor que fuese y por muy razonable que fuera la visita, la madre de Marcelle propuso que dichas clases se realizaran en su casa, en la que hoy hay una placa recordatoria. Incluso en Bolívar había límites al reaccionarismo,

Lucienne Duprat, en cuya
casa de Bolívar se celebraban
«Los jueves de Cortázar».

Marcelle Duprat, compañera
de Julio en el Colegio de
San Carlos de Bolívar.

pues hagamos notar que la familia Duprat vivía inmersa en unas profundas convicciones católicas, aspecto con el que Cortázar no se identificaba entonces ni después. Algo que sí, con el tiempo, alejó a Duprat del Cortázar posterior.

Marcelle Duprat recuerda que aquel Julio Cortázar del año 37 tenía «la seducción nostálgica de una época que se acaba y la magia cautivante de otra que se inicia». No es difícil situarse en ese escenario en el que el escritor, además de incrementar sus conocimientos de inglés, luego, mientras tomaba té, podía charlar de pintura, literatura, sobre todo francesa, o de música sin tapujo alguno. Hablar de la vida también, pero esa vida que en este Cortázar tenía ante todo un referente que era el arte y no tanto la realidad. Una vida que, según creencias y según hemos sugerido, en las Duprat aparece muy ligada al conservadurismo en materia de moral, algo que a Cortázar le traía, no obstante, sin cuidado. Al menos en Bolívar tenía dónde poder hablar de cultura, dónde poder contrastar opiniones y citar a Rimbaud sin necesidad de explicar que no era un jugador de fútbol francés.

El interés, como hemos dicho, de Cortázar por entonces se encerraba muy en especial en la poesía. La construcción poemática y su estrategia, el diseño de un discurso, la práctica elegante del soneto, forma superior para él entonces. Razón por la cual, de esta época data su poemario *Presencia*, libro con cuarenta y tres sonetos, editado por la imprenta El Bibliófilo (por entonces, en Argentina, al igual que en España, impresor y editor eran dos caras de una misma profesión), con fecha 1938, y firmado con el sobrenombre de Julio Denis.

Se ha destacado la inseguridad de Cortázar por el hecho de firmar el volumen con seudónimo. Es cierto. Cortázar prefería esperar y dar su apellido en libros futuros. Esa duda permanente en esta época de haber logrado el propósito con lo escrito marcará su tardanza en publicar. En cuanto a este libro, hablamos de una edición semisecreta, destinada a los amigos, y que constó de doscientos cincuenta ejemplares. Neruda, Guillén, Valéry, Lorca, Góngora, Mallarmé, Rilke, Rimbaud, se dan cita en unos versos herméticos que muestran más débitos que imágenes inolvidables y personales. A este contexto pertenecen sus «Romances de Niños», de clara connotación lorquiana. Para Cortázar, entonces, Federico, como lo llama familiarmente, es de lo máximo; la cúspide, llegará a decir que por encima de Neruda.

Estamos ante un Cortázar poeta, casi un poeta *naïf*, que escribe algo agarrotado, sin la viveza de un lenguaje suelto: «La intención traza en el aire/ parábola de palmadas/ y ya hay en esas mejillas/ una defensa de lágrimas/ Tan llorón que ni los sauces.../ ¿Por qué lloras?/ ¿Yo? Por nada/». Muchos de esos poemas se conocieron en esas veladas en casa de Madame Duprat. Él mismo los leyó allí con su pronunciación afrancesada. Las conversaciones girarán, pues, en torno a la cultura y todas sus variantes. Charlas lentas, aparentemente polemistas, amigables, hasta que caía la tarde y debía regresar, paseando, a la soledad de su pensión de provincias.

Hemos dicho que Cortázar fue melómano desde su infancia. En la casa familiar de la calle Rodríguez Peña su hermana y su madre oían música clásica y tangos. A él, la música clásica sí, pero el tango no le atraía lo más mínimo. Tendrá que pasar el tiempo hasta que lo descubra, lo que será ya en París en la década de los años sesenta y de la mano de los músicos Edgardo Cantón y Juan Cedrón, el Tata. Sobre todo apreciará el tango viejo de Gardel, el tango *canyengue* de Homero Manzi, de Enrique Santos Discépolo, de Ángel Villoldo, Osvaldo Pugliese, Carlos Di Sarli o de Celedonio Flores; el tango de Pascual Contursi en el que el lunfardo se abrirá *cachafaz* pese a la censura gubernamental. En sus años de adolescente él despertó a una música que procedía de los Estados Unidos y que en la Argentina se consideraba bárbara: el jazz. Será en los años bolivarienses cuando se afiance su gusto por este. En estos años de Bolívar el jazz será, pues, otra manera, como lo fue la lectura, de evadirse del aislamiento provinciano.

En algún momento Cortázar dijo que comenzó a oír y a seguir jazz hacia 1928, cuando rondaba los catorce años de edad y a través de la radio. En aquella época ni en Buenos Aires ni en la Argentina había orquesta alguna que se atreviera a lanzarse a este tipo de composición e interpretación. Con la radio empezó a retener los nombres de los músicos e intérpretes: Bessie Smith, Billie Holliday, Ethel Waters, Duke Ellington, Louis Armstrong. «El primer disco de jazz que escuché por la radio quedó casi ahogado por los alaridos de espanto de mi familia, que naturalmente calificaba eso de música de negros. Eran incapaces de descubrir la melodía y el ritmo.»[36]

Sin embargo, Cortázar lo tuvo muy claro desde el principio. El jazz ofrecía algo de que carecía la otra música: la improvisación, su capacidad metacreativa, sus *takes*, su movimiento espontáneo. A veces el escritor se ha referido, en este sentido, a la pobreza del tango, y que podemos extender a otras músicas formales, respecto a la riqueza del jazz, ya que aquel

---

[36] Omar Prego, op. cit., p.162.

«permite únicamente una ejecución basada en la partitura y sólo algunos instrumentistas muy buenos —en este caso los bandoneonistas— se permiten variaciones o improvisaciones mientras todos los demás de la orquesta están sujetos a una escritura. El jazz, en cambio, está basado en el principio opuesto, en el principio de la improvisación. Hay una melodía que sirve de guía, una serie de acordes que van dando los puentes, los cambios de la melodía y sobre eso los músicos de jazz construyen sus solos de pura improvisación, que naturalmente no repiten nunca».

Esa precocidad, con el tiempo, irá ampliándose en cuanto a conocimiento de la música *hot*, tanto que en su madurez el escritor llegó a ser un auténtico especialista en la materia. Hay testimonios de ese tiempo que lo acreditan como un experto. En este sentido, Grange[37] cuenta cómo en cierta reunión en el Café Japonés, en la avenida Soárez, ya en Chivilcoy, en 1939, «se hablaba de música, y alguien se refirió despectivamente al jazz. No había terminado de hacerlo cuando Cortázar, que hasta el momento permaneciera casi en silencio, salió a la palestra y se explayó sobre el tema con un entusiasmo y una vehemencia que no le conocíamos».

Además el jazz, por efecto contaminante, dejará su huella en su propia escritura, como reconoció él mismo. «Mi trabajo de escritor se da de una manera en donde hay una especie de ritmo, que no tiene nada que ver con la rima y las aliteraciones, no. Es una especie de latido, de *swing*, como dirían los hombres de jazz, una especie de ritmo que, si no está en lo que yo hago, es para mí la prueba de que no sirve.»[38] Pero dicha huella quedará impresa no solo en su sentido estilístico o estratégico sino también en el temático, valga la referencia subrayable, que retomaremos más adelante por su importancia, de su cuento «El perseguidor», basado en la vida de Charlie

[37] Nicolás Cócaro, *El joven Cortázar*, ediciones del Saber, Buenos Aires, 1993, p. 92.

[38] Joaquín Soler Serrano, op. cit.

Parker, perteneciente al volumen *Las armas secretas*, el cual además marcará un punto de inflexión en su carrera y en su concepción vital. Añadamos la presencia del jazz en *Rayuela* o en *La vuelta al día en ochenta mundos* («La vuelta al piano de Thelonius Monk»), textos a los que también regresaremos en su momento cronológico.

La verdad es que resulta bastante fácil adivinar por qué se dan esos vínculos entre el jazz y la literatura cortazariana. Hemos señalado cómo el jazz arma su discurso en la improvisación y en la espontaneidad, las cuales están muy próximas de lo irracional, territorio que, como es sabido, le es especialmente proclive a Cortázar, de ahí esa afinidad con esta música equiparable al concepto de escritura automática. Breton, Aragon, Crevel, «el jazz me daba a mí el equivalente surrealista en la música, esa música que no necesitaba partitura».

Con Mecha Arias y sus hermanos, aficionados también, fue con quienes de entre las pocas personas de Bolívar pudo Cortázar hablar de jazz. Con ella seguiría haciéndolo en su correspondencia chivilcoyana posterior. A ella le hará partícipe de sus descubrimientos, con ella intercambiará los nombres de Spike Hughes o Mills Brothers, Hoagy Carmichael, Clifford Brown; y los ya nombrados Parker, Ellington o Armstrong. A ella le dirá, en el verano de 1939, cómo los atardeceres de Chivilcoy le sorprenderán en más de una ocasión compitiendo con Hoagy Carmichael.

A este período, como ya hemos dicho, corresponderá la publicación, además del poemario *Presencia*, la escritura de los relatos «Llama el teléfono, Delia» y «Bruja». Hacemos mención a ellos porque ambos, que serían integrados en el volumen póstumo *La otra orilla*[39], son anteriores, en gestación y edición, a «Casa tomada», pese a lo que durante mucho tiem-

---

[39] Este título comprende trece cuentos, los cuales fueron escritos por Cortázar entre 1937 y 1945.

po se ha mantenido acerca de que este había sido el primer cuento publicado por Cortázar de la mano de Borges. Es posible que, involuntariamente (de otro lado, Cortázar tampoco se molestó en deshacer la confusión), fuera el mismo Borges el inductor de dicho equívoco, pues conocido es su texto en el que se refiere a cómo cierta tarde de 1946, siendo secretario de redacción de *Los Anales de Buenos Aires* y con Sarah Ortiz de Basualdo de directora, un joven, alto y delgado, le pasó un cuento titulado «Casa tomada» para su publicación, el cual fue aceptado. No obstante, el propio Cortázar le confesó a Jean L. Andreu, en octubre de 1967, que el cuento él se lo dio a una amiga y esta se lo hizo llegar a Borges, ya que Cortázar no conocía aún a este.

Hagamos un paréntesis, justificado porque nos referimos al tiempo de creación de estos relatos, para señalar que «Llama el teléfono, Delia» apareció en octubre de 1941, en *El Despertar* de Chivilcoy, firmado por Julio Denis; «Bruja», lo hizo en agosto de 1944, en *El Correo Literario*, de Buenos Aires, y firmado por Julio F. Cortázar, ya instalado en Mendoza. Ambos, en principio, como característica tipográfica común tendrían la cantidad de erratas, que mucho hizo sufrir a Cortázar, para quien el rigor del escritor no debía descansar hasta supervisar no solo las pruebas de galerada sino incluso las pruebas de imprenta posteriores.

«Llama el teléfono, Delia», es, de otro lado, un cuento bastante fallido. Sorprende la diferencia cualitativa de lo que este encierra y lo que vendrá en seguida con los textos de *Bestiario*. Estructurado casi como un diálogo teatral de rasgos conductistas, con influjos marcadamente angloamericanos, encierra un componente fantástico (la conversación *postmortem*) por entonces ya más que superado en el género. Recuérdese, por ejemplo, el cuento de Daniel Defoe *La aparición de Mrs. Veal*. Añadamos, además, una descarga efectista, muy a lo Agatha Christie, centrada en el final sorpresivo que pretende modificar todo el planteamiento narrativo establecido: la noticia de que Sonny es un puro ente fantasmal. Resaltemos, no obstante, esa conexión, ahora sí brillante, con otro relato fantasmático posterior, «La puerta condenada», del que hablaremos en su momento. Desde el punto de vista formal, también se encuentra alejado del lenguaje vivo y antirretórico de los relatos que le seguirán en el tiempo. Digamos que este texto, tan encorsetado como los sonetos de *Presencia*, adolece de falta de verosimilitud.

Por lo que respecta al cuento «Bruja», en este se aventura de un modo más claro hacia dónde se dirigirá el futuro Cortázar, si bien es un relato malogrado por composición y nervio. Digamos que la tensión narrativa, en ese círculo pueblerino en el que Paula prefiere la lectura a los paseos por la plaza y a quien Esteban le dará un beso necrofílico, está algo más conseguida, pero no culminada del todo. La anécdota fragmentada, confusa y fría, no consigue impregnar el texto de empatía. No despega el hechizo cortazariano. Cócaro lo sitúa próximo a «Las ruinas circulares», de Borges, y de él destaca «lo fantástico, con fino sentido de crueldad, con la desusada integración de los elementos mágicos, dan origen a un cuento magistral»[40]. No coincidimos con él ni con el propio autor quien, en 1944, le dirá a Mecha Arias que está «atrozmente impreso, con erratas a granel, puntuaciones arbitrarias... *but it's still a good story*». Pocas veces sin embargo lo reivindicará en su madurez.

Entre los dos cuentos de esta misma época data «Estación de la mano»[41]. Escrito en 1943, pero publicado en la revista *Égloga*, que dirigiera Américo Calí, en Mendoza, vio la luz con Cortázar ya viviendo en esta ciudad. Curioso este relato, quizá el más apreciado por el escritor de los del período al que nos estamos remitiendo, el cual tenía, a su juicio, fundamentos razonables para ser incluido en *Bestiario*.

---

[40] Nicolás Cócaro, op. cit., p. 68.

[41] Después se integró, con modificaciones, en *La vuelta al día en ochenta mundos*. Lo editó también Siglo XXI, de México. En la edición ordenada por el escritor se incluyó formalmente en el volumen *Juegos*. Con posterioridad volvió al lugar cronológico que le correspondía, *La otra orilla*, del tomo I de los *Cuentos completos* de Alfaguara.

El elemento fantástico, sentenciado en una mano que aparece y reaparece y desaparece, que penetra del jardín por la ventana entreabierta y se pasea por el escritorio, sobre el piano, una mano a la que el narrador llama Dg. y que peligrosamente, sueña el personaje narrador, se acerca al cortaplumas porque se ha enamorado de la mano zurda del narrador, es ya menos transgresor, dado que es contemplado como un vértice de lo real y no como una oposición a él, que es lo que percibimos en los dos cuentos antes recreados. Además presenta unas estructuras muy relajadas y un lenguaje más cotidiano, desvestido de formalismos: «Amaba yo aquella mano porque nada tenía de voluntariosa y sí mucho de pájaro y hoja seca». Este será el pasillo, en lenguaje cortazariano sería mejor decir «pasaje», por el que caminará el Cortázar inmediato y cuya traslación será el conjunto de relatos del libro *Bestiario*, publicado en 1951.

Pero hay que deshacer el paréntesis y regresar a Bolívar.

Marcelle recuerda una anécdota sobre pintura: «Un día comentábamos en casa *El nido de víboras*, de François Mauriac; encabezaba cada capítulo un grabado. A Cortázar se le ocurrió realizar entre nosotros cuatro un concurso, eligiendo cada uno a un pintor de nuestra preferencia, tratando de pintar esos grabados con los colores característicos de esos artistas. Mamá eligió a Cézanne, Cortázar a Pissarro, la señorita de Arias a Matisse; y yo a Van Gogh. Estaba tan entusiasmada con los resultados obtenidos, que llevé el libro al Colegio Nacional. Desapareció misteriosamente, aunque Cortázar en su carta del 22 de octubre de 1941, haciendo mención a ello, emite sus sospechas acerca del "enamorado de nuestros *chefs d'couvre*". Tendría mucho que decir sobre sus preferidos entre los autores franceses, Alain Fournier con su *Grand Meaulnes* le fascinaba por su atmósfera poética y fantástica. Nos leía páginas, las comentaba y nos lo hacía querer. También le hice querer un poema de Claudel que no soportaba»[42].

---

[42] Nicolás Cócaro, op. cit., p.23.

Aquí es donde podemos volver a formularnos la pregunta de algunos párrafos atrás. ¿Qué le quedó al escritor de las relaciones que trabó en Bolívar? ¿Olvidó, por una amnesia voluntaria, aquellas sesiones de charla interminable y taza de té en las que se platicaba durante horas sobre lo real y lo irreal, sobre el espacio cultural del artista o los vínculos del mismo con lo histórico y el deseo de aprehenderlos a partir de propuestas estéticas, sobre lo humano y lo divino? ¿Fue ese olvido producto de una especie de mecanismo de defensa por el cual el escritor quiso desgajarse de unos años poco dichosos, en los que a la escasez de experiencias de vida habría que unir las muertes de tres seres muy queridos por él, sobre las que volveremos más adelante?: su amigo Alfredo Mariscal, en abril de 1941; Pereyra, su cuñado, esposo de Ofelia, a principios de 1942; y Francisco Claudio Reta, Monito, a finales de 1942: «Tres miradas que me llenaban de contento».

De la correspondencia que se conserva del momento —tras el cambio de cátedra a Chivilcoy, en julio de 1939, Cortázar mandará a sus amigas algo más de una docena de cartas: a Madame Duprat y a su hija; y el doble a su antigua profesora, Mercedes Arias— que impliquen el tiempo de Cortázar en Bolívar se desprende un auténtico cariño por esas tres mujeres y por cuanto supusieron durante sus dos años de estancia en el pueblo pampeano. En una de las cartas, fechada en diciembre de 1939, escribe: «Pero existe algo que el tiempo no puede, a pesar de su innegable capacidad destructora, anular; y son los buenos recuerdos, los rostros del pasado, las horas en que uno ha sido feliz». No obstante, resulta difícil dirimir hasta qué punto, como digo, Cortázar se sentía maravillado de esos encuentros y hasta qué punto también serán un recuerdo duradero en él. Cortázar, que siempre se caracterizó por la amabilidad y la cortesía en su comportamiento con la gente, parece olvidar en algún momento no solo sus cátedras en Bolívar y Chivilcoy sino incluso las personas involucradas en aquellos años, tal como se recoge en la revista *Cabalgata*: «Al terminar mis estudios me fui al campo, viví completamente aislado y solitario. Vivía en pequeñas ciudades donde había muy poca gente interesante, prácticamente nadie».

De cualquier modo, atendiendo al calor de las cartas que les envía, podemos comprobar el grado de aprecio e intimidad para con unas personas a quienes llega a dedicarles tiempo e inclusive poemas: «Sus paisajes [se refiere a un cuadro de Duprat, de quien él poseía una acuarela en Chivilcoy] tienen algo que me alcanza hondamente, ¿qué es?, me resultaría imposible precisarlo, porque es antes una cuestión de sentimiento y de sensación que un mero balance intelectual. Sus cuadros me recuerdan siempre una frase de Corot que leí en un libro de ese pobre Jean Cocteau que tanto desdeña Marcela. La frase del gran paisajista dice: "He experimentado esta mañana un placer extraordinario al ver de nuevo un cuadrito mío. No había nada en él; pero era encantador y estaba *como pintado* por un pájaro"[43]».

De igual manera, envía otra en 1940 en estos términos: «No me excusaré ante ustedes; soy un haragán, el verano me aletarga, me olvido hasta de los buenos modales. Pero mi arrepentimiento se ha hecho tan intenso desde que la soledad de Chivilcoy avivó la imagen de ustedes en mi recuerdo (esto suena tonto, pero es así) que no quiero dejarle al tiempo un sólo pedazo más de vida sin llenarlo con mi carta»[44].

Hay que mencionar también las cartas escritas a Mercedes Arias, la joven profesora de labios rojos y cabellos cortos por quien Cortázar sentía una más que evidente atracción. La serie de misivas está fechada en Chivilcoy, Tucumán, Buenos Aires, Viña del Mar y Mendoza, entre agosto de 1939 y julio del 1945, y es una correspondencia mucho menos rígida, quizá algo platónica, más fresca, íntima e insinuante, que la remitida a la Duprat y a su hija. Por el pálpito anticonvencio-

---

[43] Esta cita de Jean Cocteau la reutilizará cuando publique el cuento «La estación de la mano».

[44] Aurora Bernárdez, op. cit. Carta de J.C., fechada en abril de 1940, dirigida a Marcelle Duprat, p. 76.

nal de los escritos, en los que se mezclan inglés y castellano, pero en especial por la variedad de temas, desde el jazz a reflexiones sobre la muerte, acerca de los viajes, el mundo de los libros, la guerra, en los términos ya señalados; una novela que está escribiendo y que es *Soliloquio* (posteriormente retitulada *Las Nubes y el Arquero*, hoy desaparecida), sus cuentos que empiezan a acumulársele y que formarán *La otra orilla*, por la manera de contar se nota que le es grata la destinataria. No hay forzamiento ni necesidad de mantener unos lazos amistosos artificiosamente sino un verdadero placer en comunicarse con alguien cuya referencia es Bolívar, un Bolívar que empieza a desdibujársele, dado que el tiempo «ha logrado que ya no me resulte fácil imaginarme la existencia» en él. Alguien, Mecha, por quien siente curiosidad: «¿Qué hace usted, cómo le va, qué lee, dónde pasea, a qué se dedica?».

Pero la correspondencia se interrumpirá bruscamente en 1945. Nicolás Cócaro, gran admirador suyo y con quien compartiría, sobre todo en la etapa de Chivilcoy, vivencias y proyectos, se queja en este mismo sentido: «Después, ni una carta, ni un diálogo, ni un encuentro ni en Buenos Aires ni en París. Después, sin ninguna explicación, ni Marcela Duprat ni yo volvimos a recibir sus cartas». Tampoco Mercedes Arias. Duro, muy duro para quien, como un jovencísimo Nicolás Cócaro (nacido en 1926), expresará a lo largo de su vida una completa y horizontal fascinación por Cortázar.

Sorprende, de la misma forma, cómo en estas cartas que nos dan el tipo de Cortázar entre 1937 y 1939, que es una mezcla de energía, optimismo, intelectualismo e ingenuidad, todo unido, proyectan la asunción de un techo profesional que parece concluido, terminado en alguien a quien le espera la vida por delante. Ni una referencia, por pequeña que sea, a la posibilidad de convertirse en un futuro escritor reconocido a corto, medio o largo plazo. Son las cartas, simplemente, de un amigo, de alguien que solo busca comunicar su estado de ánimo, las vicisitudes que rodean su vida nueva, los pequeños cambios domésticos y los trastornos que sufre por los traslados. Es ese tono idéntico el que encontramos en las misivas remitidas por los mismos meses al ya citado Eduardo A. Castagnino desde Bolívar o al que fuera médico amigo suyo, Luis Gagliardi, a este desde Chivilcoy.

No se queja de la vida, dice que ha vivido bien. Ha tocado fondo. Asombra el grado de conformismo de este Cortázar: «No alcancé ni la más pequeña parte de todo lo que anhelaba, pero acaso es mejor así; basta con haberse propuesto lograr fines, haber intentado el salto... el logro depende de contingencias, de la buena o mala suerte... Sí, no me quejo de mi vida; soy de los que enfrentan el futuro sin esperar de él otra cosa que serenidad»[45]. No parecen las palabras de un joven de veintiocho años. Son las palabras de alguien que se siente viejo y que cree que la juventud fue el tiempo de estudiante. Hoy nos resulta muy difícil de digerir cómo se abandona, sin rebeldía, ante el conformismo y la desazón. ¿Cómo es posible que alguien, pero alguien con menos de treinta años, que indica que únicamente ha logrado una porción de lo que buscaba en la vida sea el futuro Cortázar que viva sobre todo el presente para no sentirse viejo?

En síntesis, pues, podemos destacar en primer lugar que el Cortázar de este período se integró en grupos sociales, como el de Madame Duprat o el del doctor Gagliardi, que era pianista además de médico, y el doctor Vignau. En segundo lugar, que dichos encuentros fueron «olvidados» poco más de un lustro adelante. En tercer lugar, que es un Cortázar sin ambiciones profesionales en el campo literario. Él mismo confesará en muchas ocasiones que nunca buscó entonces editor alguno, que nunca llevó ningún original a ninguna editorial.

A estos tres perfiles, podríamos añadir otro de calado: su relativa asepsia con el tiempo que le corresponde vivir, su falta de compromiso veraz con la realidad, que no es un ras-

---

[45] Nicolás Cócaro, op. cit., p.19.

go nuevo en alguien que vive atrincherado en sí mismo. Por supuesto que su intelectualismo y espíritu le hacen rechazar el fascismo, pero da la impresión, en función de la casi total ausencia de comentarios acerca de lo que ocurre en el mundo y en la Argentina en ese tiempo (con un gobierno empeñado en liquidar la era de democracia surgida por la Ley Sáenz Peña en 1912), de que observa la realidad desde detrás de un vidrio. Es cierto que comenta, en 1939, que vive «la guerra con cada fibra»; que es «un tema que me desagrada», le dice a Mercedes Arias; y a Gagliardi le escribe: «yo sufro esta guerra en mi propia carne»; o, en 1943, expresa que por fortuna «la pesadilla del totalitarismo va a ser borrada de la Tierra y eso es ya mucho», pero no parece que sean más que posturas estéticas, higiénicas, reales desde el punto de vista ideológico, pero posiciones distantes al fin y al cabo de alguien que se encierra en su universo personal, en su universo blindado: la realidad acaba en el momento en que vuelve a sus libros y a su pensión, a su máquina Royal y a su mate o café, porque esa es su única realidad. Lo otro es el mundo exterior, al cual ha renunciado de antemano.

Este último dato no sería subrayable sino chocase con el Cortázar de su madurez, inscrito en su lucha frontal contra las dictaduras y con una defensa directa de los derechos humanos, como se sabe y comprobaremos más adelante. Es obvio que, tras lo dicho, no debe interpretarse que hablamos de un Cortázar tibio en cuanto a consideraciones sobre el autoritarismo. Ninguna sospecha, en ese sentido, sobre sus juicios antifascistas. Solo advertimos, una vez más, la gran importancia que en él tiene el valor de la individualidad en este tiempo bolivariense y gris: la vigencia y la defensa máxima de su concepción del mundo, algo conectado con su visión pequeñoburguesa de la vida.

CAPÍTULO 2
1939-1953

CHIVILCOY. EL PROVINCIANISMO.
PROFESOR UNIVERSITARIO SIN TÍTULO. EL PERONISMO.
REGRESO A BUENOS AIRES. AURORA BERNÁRDEZ.
BESTIARIO. EL HOMBRE INTERIOR.
EL SUEÑO DE PARÍS. 10, RUE DE GENTILLY (13º).

Entre 1939 y 1944, de otoño a otoño, Cortázar vivirá en Chivilcoy, un lugar con veinte mil habitantes, del cual saldrá, generalmente, los sábados con destino a Buenos Aires, a ciento sesenta kilómetros y a dos horas y media de tren, para regresar los lunes. Chivilcoy —o Chivilcoi, en el origen de su fundación, en 1875, antes habitado por tribus de araucanos y pampas— debe su nombre al cacique Chivilcoy, que vivió a las orillas del río Salado y que fue un lancero que colaboró con Liniers durante las ocupaciones inglesas. Cortázar, bromeando, lo llamaba Vilchicó. El sueldo de su nuevo empleo, por las dieciséis horas semanales, distribuidas en nueve de Historia, cinco de Geografía y dos de Instrucción Pública, era de seiscientos cuarenta pesos, lo que le ofrecía un poder adquisitivo de clase media, pero que en su caso se complicaba, dado que tenía que mantener al resto de su familia, con su madre alejada ya de actividades laborales. (Ofelia se casaría en 1940, pero enviudó a los dos años de matrimonio, con lo que volvió a necesitar de la ayuda de Julio.)

Según José María Grange por una circunstancia casual se determinó el traslado de Cortázar desde San Carlos de

Bolívar a Chivilcoy, ciudad de provincias de dimensiones y actividad social, económica, política y cultural, superiores a Bolívar. «Fue la promoción con el cargo de director en la Escuela Normal de aquella localidad de un profesor de apellido [Juan Pedro] Curuchet», lo que implicó «la necesidad de dejar vacantes algunas horas de cátedra para que las desempeñara el nuevo titular del establecimiento, según eran las normas de entonces». Eso supuso «que se acordara el traslado del joven profesor porteño, de 25 años de edad, quien en agosto de 1939 llegó a Chivilcoy como titular» de la Escuela Normal Domingo Faustino Sarmiento. Su primera clase la dictó el día 8 de agosto, y en julio de 1944 dejó Chivilcoy. La renuncia formal de sus cátedras fue el 12 de julio de 1946, según consta en el pliego oficial del escritor que se conserva en la Normal.

De nuevo cabe el interrogante, ¿cuál fue la auténtica situación de Cortázar en Chivilcoy, desde el punto de vista de su integración social y cultural? ¿Participó en programas culturales, anduvo implicado en conferencias, certámenes poéticos o sucesos de dicha índole? Por el contrario, ¿se recluyó en su «piecita clara» apenas arribó al hotel Restelli, que en

Julio Cortázar en los años cuarenta en un tren de la Argentina.

realidad era una fonda, y luego en la céntrica pensión de la familia Varzilio, en la calle Pellegrini número 191, en la que se hospedará durante esos años? ¿Limitó su estancia a la impartición de sus clases en la Escuela Normal y a proseguir con su régimen denso de lecturas? ¿Le gustó a primer golpe Chivilcoy, centro productor de cereales, lana, cebo y cueros, con biblioteca pública desde 1866, la Domingo F. Sarmiento, calles asfaltadas y edificios pomposos, de plano cuadriculado (las avenidas Ceballos, Villarino, Sarmiento, Soárez; o las calles Vicente López, General Rodríguez, Rivadavia, próximas a Pellegrini), jardines y significaciones de recuerdos históricos (el monumento a Bartolomé Mitre, la Alegoría al 9 de Julio, la Pileta del Centro de Empleadores de Comercio, la Sucursal del Banco de la Nación), pero toda ella teñida del provincianismo más colorista? ¿O no le gustó en ningún momento y se sintió ajeno? Difícil lograr una respuesta que dé cabida a todas esas preguntas.

Iremos por partes, y hagámoslo desde varios datos.

A un mes de su llegada, le escribirá a Luis Gagliardi que Chivilcoy «es una ciudad orgullosa de sí misma, que no advierte sus graves defectos y se complace en perpetuarlos», además de contar «con un cuerpo de profesores que —salvo honrosísimas y muy raras excepciones— desarrollan sus actividades dentro de un marco de mediocridad tan desoladora como exasperante». En la misma línea, en abril de 1940 le comunicará a Mecha Arias que, si Chivilcoy, «alberga espíritus afines, eso no lo sé aún». Pero es que en agosto de 1941, a poco más de dos años de encontrarse ya ubicado en su nuevo destino, Cortázar, que parece añorar entonces Bolívar, le dirá de nuevo a ella que vive en «un pueblo sin alma».

¿Hay que dar crédito a las palabras de Cortázar? ¿Son exageradas? ¿Son el resultante un poco de una postura de *enfant terrible* y hay que interpretarlas en el contexto de esa correspondencia entre lúdica y reflexiva? Puede ser. Pero, en todo caso, algo hay también de verdad en el hecho de que Cortázar buscaba cierto distanciamiento social, el cual, le dice a

Luis Gagliardi, «consiste en encontrar una habitación aislada, donde pueda uno tener algunos libros y un poco de paz; la luz de una lámpara al anochecer, las cartas de los amigos, la dulce tarea de contestarles... ¿Hace falta más, cuando se sabe que lejos, a la distancia, hay corazones que se acuerdan de uno? No, yo creo que bien puede uno ser un poco feliz, así».

Sin embargo, según diversos testimonios de amigos y conocidos del período chivilcoyano, entre los que podemos nombrar a Nicolás Cócaro, David Almirón, Ernesto Marrone, José María Grange, Domingo Zerpa, Francisco Menta, Francisco Falabella, José María Gallo Mendoza, José Speranza o Ernestina Yavícoli, la integración de Cortázar en el Chivilcoy social sí se realizó, al menos a partir de 1941, esto es, tras dos años de vivir allí. Grange afirma que los años chivilcoyanos de Cortázar «constituyen una etapa nada desdeñable en la vida del escritor, sobre todo porque revelan la coexistencia de una personalidad que no coincide» con la imagen que de él ha trascendido. En ese sentido, el mismo Grange[46] realiza un recuento de algunas de las actividades, curiosas por su naturaleza, en las que Cortázar tuvo implicación. A saber:

–Agosto de 1941. Ateneo de la Juventud. Celebración del Día del Estudiante. Los alumnos de la Escuela Normal inician sus ensayos de la obra *El puñal de los troveros*, de Belisario Roldán, con la adaptación del profesor Julio Florencio Cortázar.

–Octubre de 1941. Constitución de la Peña de la Agrupación Artística Chivilcoy, de la que forma parte Julio Cortázar, con Domingo Zerpa, Jesús García de Diego, Ricardo de Francesco, Juan Vera y José María Gallo Mendoza.

–Mayo de 1942. Día de la Escarapela. Disertación de Julio Florencio Cortázar. Con «Cocktail party» posterior.

–Junio de 1942. Peña Literaria de la Agrupación Artística.

---

[46] José María Grange, «Cuando Julio Cortázar era joven y trabajaba en Chivilcoy», en Nicolás Cócaro, op. cit., p. 80.

Presentación de «Página bibliográfica», con notas a una antología de la literatura fantástica de Julio Florencio Cortázar.

–Abril de 1944. Peña Literaria de la Agrupación Artística. Homenaje dirigido por Cortázar al poeta Miguel A. Camino.

–Julio de 1944. Cortázar forma parte del jurado pictórico del certamen organizado por la Peña Literaria de la Agrupación Artística.

Habría que añadir unos versos que Cortázar escribió *ex profeso* para la *Canción de Cuna* de Brahms, a petición de la profesora de música Elcira Gómez Ortiz de Martella, versos que durante años fueron interpretados por el coro de la Escuela Normal[47].

Por su parte, el escritor chivilcoyano Gaspar Astarita aporta otras efemérides como son una conferencia de Cortázar dictada en la Municipalidad el 18 de mayo de 1942, uno más de la serie de actos organizados en torno a la celebración del Día de la Bandera, el 20 de junio, con un tema relacionado con la importancia en que debe encuadrarse la enseñanza de los hechos históricos. Así como el artículo «Esencia y misión del maestro», publicado en número 31 de *La Revista Argentina*, editada por la delegación de alumnos de la Escuela Normal en 1939; el cuento «Llama el teléfono, Delia», que vio la luz —por solicitud de Carlos Santilli, vinculado a la Redacción— con el seudónimo de Julio Denis en el diario socialista *El Despertar*, en octubre de 1941, y el poema «Distraída», que apareció en *Oeste* en 1944. Igualmente colaboró en el guión de la película *La sombra del pasado*, de Ignacio Tankel, filmada en Chivilcoy y estrenada en 1945, en Buenos Aires.

Lo cierto es que no es un nivel de participación extraordinario para cinco años de estancia, pero, sin duda, más del presumible en alguien para quien Chivilcoy en 1943 sigue in-

---

[47] «Duerme ya / dulce bien / entre lirios y rosas / que en la cuna olorosa / a mi niño pondré. / Yo te miro dormir / como un ángel feliz. / Sueña ya / con Jesús/ que te lleva a su paz; / a mi amor volverás / cuando torne la luz. / Cuando cante el zorzal / Dios te despertará.»

alterable, sin «desordenar en lo más mínimo los pliegues de su vestido», un lugar que permanece apacible «con sus numerosos ganados circunvecinos, sus preclaras gentes que comercian y dan vueltas a la plaza». Destaquemos además que, si analizamos su correspondencia de esta época, no hay un solo eco de dichas actividades. Una omisión completa. Quizá, y eso sería más bien una ocupación estrictamente profesional, sí hay referencias a sus alumnos, a la enseñanza en la que se encontraba a gusto. Se sabía apreciado por sus alumnos, se entregaba a sus clases. Pero nada más que hable Cortázar del Cortázar chivilcoyano.

Nicolás Cócaro y Domingo Zerpa, coeditores con Cortázar de *Oeste*, publicación que costeaban los tres a partes iguales, fueron quienes, por afinidades literarias, más intimaron con él. En el caso de Cócaro, recuerda con intensidad las muchas veces que paseó con él «por las calles rectas» y «monótonas de Chivilcoy», siguiendo la cuadrícula de la ciudad, por el centro, en torno de la plaza, pasando por la iglesia, el club social y la Municipalidad, o realizando, más bien pocas, incursiones en los barrios limítrofes, donde proliferaban *boliches* y tabernáculos en los que Cortázar no acababa de sentirse relajado por la inseguridad que dichos lugares despertaban en él.

Un pasaje curioso, luego recuperado por el escritor en su libro *La vuelta al día en ochenta mundos*, tiene que ver con un auténtico *piantado* chivilcoyano. Cortázar se había enterado de que en Chivilcoy vivía lo que él calificó un *piantado* y quiso conocerlo. Cócaro le acompañó. El *piantado* era Francisco Musitani, un tipo que amaba «de tal manera el verde que su casa lo estaba íntegramente y para más seguridad se llamaba "La Verdepura"; su santa esposa y apabullados hijos andaban todos vestidos de verde como el jefe de la familia, que cortaba y cosía personalmente la ropa de todos para evitar cismas y heterodoxias, y que se paseaba por el pueblo en una bicicleta verde»[48]. Lo cierto es que el tal Musitani, siendo como, en

---

[48] J.C., *La vuelta al día en ochenta mundos*, p. 130. Vol. II.

efecto, lo era bastante peculiar, quizá lo fuese un poco menos que cómo lo retrata Cortázar en su libro. Por ejemplo, no es cierto que pintase a su caballo de verde y que este se muriera (solo lo pintó parcialmente, pero de una manera involuntaria: el caballo sirvió de sostén para, eso sí, pintar de verde unos sacos de arpillera y estos filtraron e imprimieron de pintura el cuerpo del animal) ni que el propio Musitani vistiese completamente de verde, pues, según Grange, lo hacía de blanco, aunque sí se adornaba con algún detalle verde: la corbata, los calcetines, el pañuelo, la cinta del sombrero. «Es decir que para Musitani el verde era un principio rector.»[49] También es exacto cómo «Don Francisco era consecuentemente genial. Así, al construir "La Verdepura", decidió que un acentuado declive desde las habitaciones del fondo hasta la calle simplificaría enormemente las tareas de limpieza a cargo de su esposa [a quien encerraba con llave en casa cuando él salía]; bastaba así echar un balde de agua en el fondo de la casa para que este dócil elemento se volcara en la calle llevándose todas las pelusas (verdes)»[50].

Fernández Cicco se refiere a otros inventos. Por ejemplo, un peine ideado a partir de tres unidos, o el «neumático impinchable, que ideó en el regreso de un largo viaje en bici, luego de reventar la goma con las astillas de una botella muerta. Se volvió caminando y a la par pensaba en cómo solucionar en el futuro el inconveniente de las gomas. Cuando llegó a casa, en lugar de tirarse a dormir —fueron 15 kilómetros de caminata—, reunió tres neumáticos viejos de bicicleta y unidos con clavos uno a espaldas del otro, consiguió una rueda maciza como la piedra y sin aire dentro. La verdad era que, con neumáticos así, costaba el doble de esfuerzo avanzar. Pero la bicicleta resultaba más fiel que una madre»[51].

[49] José María Grange, en Nicolás Cócaro op. cit. p. 86.

[50] J.C., *La vuelta al día en ochenta mundos,* 130. Vol. II.

[51] Emilio Fernández Cicco, *El secreto de Cortázar,* Editorial de Belgrano, Buenos Aires, 1999, p. 115.

Había más: su lucha contra el deterioro de las calzadas públicas y su pugna por dicho motivo con la Intendencia, o su guerra contra los panaderos por no eliminar las hilachas de arpillera de la harina con la que confeccionaban el pan. Musitani fue un excéntrico longevo: murió a las puertas de cumplir los noventa y cinco años, con «el cutis de un pibe», como dice su hija Rosa. Por su parte, Lucía Musitani, dice: «A las ocho de la noche nos hacía entrar en casa y no podíamos salir más. Nos bañaba con agua fría y no nos dejaba tomar mate por la bombilla porque decía que era antihigiénico. No tocaba cubierto. Siempre llevaba su propia comida. No quería que la gente se nos acercara. Hasta usábamos baberos que había diseñado él, en donde se leía clarito: "Por favor, no nos bese"»[52]. Un tipo de esas características no podía pasarle desapercibido a Cortázar.

Por lo demás, el mismo Cócaro aviva una de las incógnitas que rodearon las relaciones algo más que amistosas de Cortázar en Chivilcoy con Nelly (Coca) Martín, una conocida nadadora chivilcoyana, alta y de porte atractivo, ex alumna del Normal y maestra egresada. La joven vivía cerca de la Escuela, «de modo que ella —cuenta Cócaro— lo veía pasar a menudo. Cuando Cortázar pernoctaba en Chivilcoy lo hacía en la pensión Varzilio, ubicada en las proximidades de la plaza principal de la ciudad. Me consta, porque juntos agitábamos las calles tristes del pueblo, que solía encontrar a la señorita Martín en la Plaza España»[53].

A este respecto, en cuanto a eventuales cuestiones amatorias con Coca Martín u otra persona, no hay datos en la correspondencia que se conoce de Cortázar de esa época. Hay menciones, sí, al revuelo que ese suceso producía en el pueblo y el extraordinario malestar que él sentía por lo mismo. A

---

[52] ídem., op. cit., p.121.
[53] Nicolás Cócaro, op. cit., p. 65.

Marcela Duprat, en carta de 22 de octubre de 1942, le cuenta las habladurías que en Chivilcoy ha levantado su «amistad con una niña que fue alumna mía cuando llegué en 1939». Cortázar calificará de «lenguas viperinas», las que se «han desatado de una forma tan terrible, que yo he pasado momentos decididamente amargos, bien que en la mayoría de los casos opté por el procedimiento olímpico de la carcajada». Son momentos en los que la permanencia de Cortázar empezaba a resultar incómoda. Para él y para determinados sectores chivilcoyanos reaccionarios que no veían con buenos ojos ciertas actitudes, que luego destacaremos, del joven profesor, lo que a corto plazo y en gran medida se traducirá en su salida a Mendoza.

Fernández Cicco observa que la relación de Cortázar con Coca Martín no pasó de ser una vivencia platónica. Según este, ambos se reunían en la plaza España, tras un encuentro previo y nada fortuito (en realidad provocado por el escritor con la complicidad del boletero del cine) en el Metropol a raíz de la adaptación de *El puñal de los troveros*. En esas citas, varios días a la semana, en uno de los bancos de la plaza hablaban, él le daba algún poema, y poco más. La misma Nelly Martín dice: «Con Julio nunca nos dimos un beso en la boca»[54].

Cócaro recuerda a Coca Martín como una joven «alta, muy alta, como Cortázar, de ojos vivaces y sonrisa muy Mona Lisa». Sea como fuere, lo bien cierto es que no parece ser que dicha mujer dejase una huella perdurable en la memoria de Cortázar, aunque su poema «Plaza España, contigo» tenga íntimamente que ver con esta relación. El mismo Cortázar, en vísperas de emprender un viaje a Chile, se lo dirá a Duprat a finales de 1942, a quien le enviará dicho poema cuyos versos «sólo tienen para mí el valor de haber sido recibidos por aquella que los motivó»; poema en el que se habla «de la más hermosa plaza de Chivilcoy, de un mediodía y de una cita». De otro lado, como ocurre en la producción poética de Cortá-

---

[54] Emilio Fernández Cicco, op. cit., p.135.

zar por aquel tiempo, es un poema en exceso formalista cuyo objetivo busca la construcción plástica con un trasfondo existencialista. Nada que ver con el Cortázar posterior que descubriremos en sus cuentos de *Bestiario*, parte de él embrionado ya en este período.

Pero los cinco años chivilcoyanos fueron más cosas en la vida de Cortázar. Chivilcoy o Chivilcoi o Vilchicó, tanto daba, le aburría. A él le espantaba la vida del pueblero típico; temía, como ya hemos señalado, convertirse en uno de ellos. No obstante, como también hemos comprobado, en mayor o menor grado su penetración social en Chivilcoy fue un hecho indiscutible. Además de esta consideración, hay que decir que, a lo largo del lustro, algunos sucesos ocuparán su espacio en la vida del escritor: su participación en un premio poético (1940), un extenso viaje por el país (1941), la muerte de tres seres para él muy queridos (1942) y su primer cisma con el poder (1944). Hay que añadir que Cortázar, durante este período, no bajará la guardia en el volumen de lectura ni escritura, que seguirá a un ritmo creciente e indiscriminado. A modo de anécdota, destaco que ya controlaba la gramática alemana, cuya maniobrabilidad había iniciado en Bolívar; empezaba a traducir el *Robinson Crusoe*, descubría a autores como el español exiliado Rafael Dieste (*Rojo farol amante)*, confesaba sentirse hechizado por el Walt Disney de *Fantasía* o por la película de John Ford *The Grapes of Wrath* y por el filme *El Mago de Oz*; y escribía o comenzaba a escribir, si bien no publicaba o no conseguía publicar, poemarios (*De este lado*), libros de cuentos (*La otra orilla, Bestiario*) y novelas (*Las Nubes y el Arquero*).

En relación con el primero de los sucesos aludidos, se trató de un certamen poético organizado por la Sociedad Argentina de Escritores (SAE) e impulsado por la conocida revista *Martín Fierro*, de Buenos Aires. Dicho premio iba dirigido a poetas menores de treinta años, con un jurado constituido por Eduardo González Lanuza, Jorge Luis Borges y Luis Emilio Soto.

Estas dos últimas condiciones —el hecho de que se limitase la edad limitaba también la participación de poetas menos noveles, así como que los nombres de los jurados ofrecía garantías de rigurosidad— hicieron que Cortázar, que ese agosto cumplió veintiséis años, se animase a participar.

De este lado, poemario inédito y hoy desaparecido, es el título que envió con el seudónimo de Julio Denis. Por el propio Cortázar se sabe que era una recopilación de poemas de índole antitética respecto a *Presencia*. Si en este se daba un predominio al verso medido, simbolista, rimbaudiano, en *De este lado* Cortázar optaba por la desarticulación poemática en la que intentaba construir un discurso opuesto a su primer libro, «un verso, blanco y enteramente libre; la intuición, orientada exclusivamente hacia la raíz de lo poético». Son poemas que a Cortázar le gustaban. Es posible que dichos textos contuvieran la esencia de lo que va a ser el inmediato Cortázar de los cuentos, pues, de una manera u otra, en *De este lado*, a tenor de las palabras del escritor a Luis Gagliardi, se desvitalizaba el componente hermético y se apostaba por un lenguaje y una estructura más flexibles, se perdía aquel deseo de rechazar «al lector amigo de lo simple, de lo correcto», si bien, en ese 1940, el mismo Cortázar dijera «nunca he pensado en el lector cuando escribo»[55].

Es obvio que Cortázar jamás ha sido un escritor fácil. Si decimos que, según indicios del momento, parece ser que apuesta por una cierta aproximación a otro lector más genérico, estamos intentando expresar cómo va tomando traza una poética definitivamente antiacademicista, desde el punto de vista formal, pero de igual complejidad desde la naturaleza de su discurso, que será la característica del Cortázar a partir de los años cincuenta.

El premio no recayó en él. Encajó todo lo mejor posible el hecho de que, a un mes del envío, se fallara el certamen y no

---

[55] Aurora Bernárdez, op. cit. Carta de J. C., fechada en febrero de 1940, dirigida a Luis Gagliardi, p. 73.

se lo concediesen, aunque por ello le dijese a Lucienne Duprat que el año 1940 había entrado en su corazón con la continuidad de «esta vida casi inútil»[56]. La verdad es que Cortázar estaba convencido de que el premio iba a ser para su libro. Había albergado serias esperanzas a ese respecto. Entendía que era un libro maduro. Por fin unos poemas que merecían ser publicados, quizá algo deslavazado como cuerpo unitario, pero lo suficientemente armado como para saber que el mismo marcaba una inflexión en su quehacer de poeta. A Mecha Arias le comentará su sorpresa cuando leyó varias veces el nombre del ganador, del que «no aventuraré mi opinión hasta tanto se publique la obra». Pero, al menos, el libro de Cortázar sí tuvo una mención por parte del jurado, quien en su declaración lo citará a la prensa, «lo que confirma la inteligencia de Borges y &», dirá el escritor. Veinticinco años más tarde, la Subsecretaría de Cultura de la Nación le otorgaría, *ex aequo* con Mujica Lainez, el Premio Kennedy a su novela *Rayuela*, «único reconocimiento argentino», dice Cócaro —que sería jurado del mismo—, «a su obra de importancia internacional».

Respecto al viaje, lo emprendió con su amigo Francisco Claudio Reta, Monito, quien, como ya hemos dicho, fuera compañero suyo en la Mariano Acosta y a quien Cortázar dedicará, con una frase casi idéntica[57], *La otra orilla* y *Bestiario*. El viaje duró desde finales de enero hasta mediados de febrero de 1941. Fue un trayecto, en coche, barco y tren, de casi cinco mil kilómetros por las zonas noroeste y noreste del país, partiendo de Buenos Aires hacia el interior: Córdoba, La Rioja, Catamarca, Tucumán, Salta y Jujuy, en el ángulo fronterizo con Chile y Bolivia; y el Chaco, Corrientes, Misiones (el Alto Paraná), Santa Fe, del lado con Paraguay, Brasil y Uruguay, para regresar a Buenos Aires.

Fue un viaje importante para Cortázar. Le sirvió para

---

[56] Ídem. Carta 76.

[57] Dedicatoria de *La otra orilla*: «A Paco, que gustaba de estos cuentos». La de *Bestiario*: «A Paco, que gustaba de mis relatos».

afianzar una amistad ya muy profunda con Reta, amén de servirle para explorar extremos del país que no conocía y que, sin duda, le sedujeron. Intensas jornadas de hasta dieciséis horas diarias de un «calor horrible, agua tibia y sucia [para beber], miríadas de insectos de inaudito tamaño», ríos (el Dulce, el Salado), quebradas (humahuaca), valles (Mojotoro) o lugares (Posadas) en donde «cazábamos *para comer* (¡en serio!) y abríamos "picadas" en la selva más salvaje que haya yo sospechado, una selva sombría, en la que vuelan lentamente mariposas de grandes alas azules; en la que todo movimiento en el suelo puede preludiar la mordedura de la "yarará"; en la que pájaros extraños construyen una música virgen», sitios en los que «yo era feliz, vuelto a una antigua condición de niño, y *sentía* el trópico». El escritor extrapolará su comedida vida provinciana y la convertirá en aventura, sin exagerar, pero cierta, pues le parecerá que aquello «era Salgari, Horacio Quiroga, Somerset Maugham, Kipling», según le dirá a Mecha Arias. Solo se sintió limitado en Tilcara, muy próximo a Bolivia y a dos mil quinientos metros de altitud, donde «mi corazón —siempre traidor— no quiso dejarme subir más», y por unas fiebres sin mayor importancia que, a su regreso, le durarán varios días.

Este fue uno de los viajes de la época que más señalará a Cortázar. En el verano del 43 emprendió otro periplo por Chile. Veintitrés días que partieron desde Mendoza (tren), el salto a los Andes (automóvil), Santiago de Chile, descenso al sur deteniéndose en los lagos Llanquihue y Todos los Santos, para seguir a Osorno, Valdivia y regreso a Santiago, desde donde proseguir a Valparaíso y Viña del Mar. Los paisajes agrestes, contrastados, los valles vírgenes, serán imágenes que le acompañarán durante mucho tiempo. Pero este viaje no pudo realizarlo como el anterior con Reta, su amigo. La muerte de este sería la última de tres personas tan queridas por Cortázar, como ya hemos anunciado.

Si sugerimos que el premio no concedido y el viaje iniciático son señales de los años chivilcoyanos de Cortázar, hay que acentuar también la presencia de la muerte. El 16 de abril de 1941 morirá Alfredo Mariscal, otro antiguo compañero de la Mariano Acosta y a quien le dedicará el poema «Fábula de la muerte»; el 15 de marzo de 1942 morirá Pereyra, amigo, vecino de Banfield y cuñado, pues se había casado dos años atrás con su hermana Ofelia; y en diciembre de 1942 morirá Paco (Monito) Reta, del que ya hemos hablado. Las tres muertes por enfermedades fulminantes. Dos de ellas inesperadas: la de Mariscal y la de Pereyra; en el caso de Reta, algo previsible, dado que este convivía con un problema renal crónico desde su infancia. Fueron un auténtico golpazo en el ánimo del joven Cortázar.

En diversas ocasiones Cortázar se referirá a ellos y a sus muertes como uno de los momentos más dolorosos de sus años del interior del país. Las sintió en lo más hondo y las tres las sintió de forma parecida, como un zarpazo tan cruel, dijo en alguna ocasión. También, siguiendo uno de esos juegos de azar tan cortazarianos, es curioso cómo las tres muertes estarán, en alguna medida, interconectadas entre sí, relacionadas, o bien ovilladas unas con otras.

Cortázar estaba con Reta, una hermana de este, su esposo y sus dos hijas, en Tucumán, cuando le anunciaron la muerte de su cuñado. Razón por la que debió tomar un avión (será la primera vez que vuele) que lo devolviera a Buenos Aires. De la muerte de Mariscal le avisaron días después de su vuelta del espectacular viaje de enero-febrero de 1941, si bien, antes de ver «a mi amigo en su ataúd, calcinado por el sufrimiento de toda una horrenda semana de pesadilla», se había entrevistado con él, pero nada hacía presagiar ese desenlace trágico. Reta ingresará en el hospital Ramos Mejía de Buenos Aires justo la semana en que se cumplirá el aniversario de la muerte de Mariscal.

Si las circunstancias que rodearon la muerte de Mariscal, es probable que provocada por alguna negligencia médica, le hicieron exclamar al escritor «la inconsciencia de médicos criminales acabó con una vida admirablemente joven, equilibrada y hermosa», en particular fue duro para el escritor el proceso degenerativo de Reta, que el propio Cortázar vivió como un miembro más de su familia. La diferencia, pues, estribaba en que las muertes de su cuñado y de Mariscal le sorprendieron, pero no compartió con ellos el dolor físico y emocional de la enfermedad: la muerte fue el anuncio, el telegrama remitido por su madre a la calle Corrientes número 203 de Tucumán (domicilio del hermano de Monito) o la llamada de la hermana de Alfredo comunicándole el triste mensaje, igual que José María dando la noticia de la muerte de Celina en «Las puertas del cielo». Con Reta experimentó la angustia del día a día, la desesperación creciente en la guardia nocturna y el amanecer luminoso de verano junto a la cama del enfermo, el abatimiento mientras asistía a la desvitalización de alguien con quien compartía más de diez años de estrecha relación y cuyo cuerpo se mostraba impotente para enfrentarse al problema renal, «con derivaciones cardíacas, anemia, alto dosaje de urea, en fin, un cuadro clínico terrible», que finalmente lo llevaría a la muerte.

La muerte de Reta es quizá lo que pondrá rostro definitivo a ese misterio que es la vida y el fin de la existencia para él. Sus reflexiones de entonces, recogidas en escritos a Madame Duprat, a Mecha y a Gagliardi, se afianzarán en el principio de que el hombre es un ser finito y nacido para la muerte. Cortázar, en este contexto, sin ser irreligioso, ignorará la fe, como la ignoraba Reta. A Duprat, creyente practicante, se lo transmitirá Cortázar, al decirle que lo que para ella es un tránsito para él es un final. En referencia a la noche de la muerte de Reta, le confesará el escritor a ella que en ese instante comprendió lo que es morir sin el apoyo de una creencia religiosa. Comprendió lo que es la muerte total, cómo se interpreta en clave existencialista: «Morirse físicamente, biológicamente; dejar de respirar, de ver, de oír».

Más todavía, ya que esas horas junto al amigo moribundo le hicieron comprender «otra cosa —que ya conocía intelectualmente a través de los poemas de Rilke—: la soledad inenarrable de toda muerte. Estar junto a un ser humano, tocándolo, ayudándolo; y tener que admitir, sin embargo, que inmensos abismos separan a uno de otro; que la muerte es una, solamente personal, indivisible, incompartible. Que se está solo, absolutamente solo y desgajado en ese instante; que ya no hay comunión posible entre seres que momentos antes eran como ramas de un mismo árbol».

Entre tanta trascendencia, cabría hacer hincapié, aunque solo fuese por pura anécdota, en algo que, entre paréntesis, hemos dicho: ese vuelo de urgencia Tucumán-Buenos Aires, a bordo de un trimotor de la Panagra, que lo va a regresar a la capital en cuatro horas y media, frente a las cuarenta y ocho de trayecto en coche que le había costado el viaje días atrás. Nos hallamos en 1942, más aún, en el meridiano de la Segunda Guerra Mundial. Inusuales los vuelos comerciales, salvo excepciones. Parece razonable que, pese al estado de desaliento en el que debía de estar Cortázar por el fallecimiento de su cuñado, no dejara de sentirse dominado por el paisaje que se le brinda a varios miles de metros de altitud. «El espectáculo de las cadenas tucumanas, con sus picos agudísimos, que la altura de vuelo permitía detallar hasta en aspectos insignificantes; el cruce de las Salinas Grandes, las sierras de Córdoba, la cinta retorcida del Paraná, han quedado en mí como una incitación y una orden», le dirá a Gagliardi, así como su deseo de repetir lo antes posible la experiencia aérea. De otro lado, no deja de ser paradójico que el escritor le revele a ese mismo amigo su deslumbramiento por la travesía desde unos términos que más bien podrían pasar por ser descritos no por un agnóstico sino, por el contrario, por un individuo piadoso en extremo: «Luis, no lamento haber nacido en este siglo; nos ha sido dado a nosotros ver la obra de Dios desde ángulos que la humanidad jamás había sospechado».

*Años en Chivilcoy. La fotografía data de 1942. Es la
época de su ejercicio como docente en Chivilcoy. Julio
es el segundo de la derecha en la primera fila.*

El cuarto pilar al que nos hemos referido como anclaje en
los años chivilcoyanos de Cortázar, que hemos calificado como
el cisma con el poder, tuvo un efecto y una derivación determinantes en la vida del escritor, dado que provocó su abandono
de las cátedras que había ocupado desde 1939, y su salida, sin
despedirse prácticamente de nadie de Chivilcoy (salvo de los
amigos más íntimos, como Cócaro o Zerpa), a la recién creada
Universidad Nacional de Cuyo, en Mendoza.

En 1942 se vivía en Argentina las secuelas de una política
gubernamental autoritaria cuyos orígenes se localizaban en
un primer golpe de Estado, tutelado por José Evaristo Uriburu en 1930, al que ya nos hemos referido, y por el cual se
derrumbará el gobierno democrático de Hipólito Yrigoyen.
Así, el 4 de junio de 1943, merced a esa inercia que será asu-
mida como inevitable por la ciudadanía argentina, un nuevo
golpe de Estado, promovido por militares germanófilos (en
cuyo núcleo duro, compuesto por los generales Arturo Raw-
son, Pedro Pablo Ramírez y Edelmiro Farrell, se hallaba el
coronel Juan Domingo Perón), algunos de ellos de ideología
explícita y desafiantemente filonazi, derrocará el gobierno de

Ramón S. Castillo. En ese escenario se impondrá una política demagógica, populista de largo alcance y cuyas consecuencias serán la elección de Perón como presidente de la República en 1946.

Ese es el panorama de trasfondo: una creciente sensación de censura impuesta por unos gobiernos de facto (Farrell, Ramírez) cuyos elementos condicionantes llegan a todas partes y ámbitos sociales, sea Buenos Aires o sea la ciudad de provincia. Nada parece escapar a ese control cuyo correlato en tantas ocasiones se ha querido ver en el cuento «Casa tomada», al que regresaremos más adelante.

En esta tesitura, las circunstancias empezaron a volverse complicadas para Cortázar en Chivilcoy a principios de ese invierno de 1944, para ser abiertamente adversas en julio del mismo año. No entre los compañeros de la escuela sino frente a determinados grupos nacionalistas locales, los cuales veían con malos ojos el quehacer de Cortázar en su labor docente, además de buscar argumentos desde los que cuestionar lo que ellos consideraban su responsabilidad social.

Por ejemplo, el hecho de que en vez de besar el anillo del obispo de Mercedes, él le tendiese la mano. Por ejemplo, también, el hecho de que se ausentara del centro el día en que se inauguraron unos cursos de enseñanza religosa.

El mismo Cortázar se referirá a estos sucesos en los «que se me acusaba (*"vox populi"*) de los siguientes graves delitos: a) escaso fervor gubernista; b) comunismo; c) ateísmo». Se le imputaba que sus clases dedicadas a la revolución «habían sido altamente frías, llenas de reticencias y reservas»[58], lo cual demostraba su adoctrinamiento comunista, pues «quien incurre en a) entonces es b)». Añádase a ello el dato de que Cortázar fuera el único profesor del claustro de la escuela, constituido por veinticinco titulares, que no había besado el anillo de Monseñor Anunciado Serafini, de visita en Chivilcoy,

---

[58] Aurora Bernárdez, op. cit. Carta de J.C., fechada en julio de 1944, dirigida a Mercedes Arias, p.163.

por lo que uniendo «ahora los términos a), b), c), John Dillinger resultaba un ángel al lado mío».

Las últimas semanas del mes de junio (las últimas que vivirá en Chivilcoy, por cierto) fueron ingratas. La presión iba en aumento. En vez de ceder, crecía. Lo que en realidad más le preocupaba a Cortázar era, no tanto ese posible y estúpido escándalo social debido a su actitud, cuanto la pérdida de las cátedras, pues su familia dependía íntegramente de su sueldo mensual; familia indefensa, como él señalará a Mecha, «por ancianidad» o por «deficiencia física». Sin embargo el destino, muy distinto a sus previsiones, ahuyentará de momento la presumible tragedia a que se creía abocado cuando el fin de semana de ese 4 de julio, Día de la Independencia, llegará a su casa de General Artigas número 3246 de Buenos Aires, «con la seguridad de que la bomba explotaría en cualquier momento».

Pero no explotó. Al contrario. Pese a sus temores, bien fundados, la situación dio un giro de ciento ochenta grados. No porque en Chivilcoy se produjera, entre esas fuerzas vivas señaladas, un arrepentimiento sino porque Cortázar iba a recibir la oferta de impartir cátedra en la recién fundada Universidad Nacional de Cuyo (UNC), en Mendoza. Recordemos la paradoja: Julio Cortázar no tenía ningún título universitario. Pero esa paradoja cristalizará porque quien le ofrecerá la plaza con carácter interino (Guido Parpagnoli, un compañero de la Facultad de Filosofía y Letras empleado en el Ministerio de Educación, de quien Cortázar se sentía desvinculado desde aquellos años de Viamonte, 430) estaba al tanto de que él carecía de licenciatura alguna, que no —era obvio— de conocimientos en cuanto a la lengua y la literatura francesas.

El ofrecimiento fue de tres cátedras, dos de Literatura Francesa y una de Literatura Europea Septentrional. La diferencia súbita ya con Chivilcoy, aunque con un sueldo análogo, era de un dictado de seis horas por semana frente a las dieciséis impartidas allá. Por no hacer mención del número de alumnos, que, en tercero de carrera, se limitaba a dos. Pero, lo más importante: no solo con la aceptación, que fue inmediata, se distanciaba del conflicto caliente de Chivilcoy sino que además, por fin, podía ofrecer lo máximo de sí mismo, desde el punto de vista intelectual, sin tener que reducir su docencia a niveles y asignaturas en extremo limitados.

La región de Cuyo, afectada por la cordillera andina (Aconcagua), es una zona principalmente dedicada al cultivo de la vid y otros frutales con un trasfondo de volcanes nevados, e integra en su demarcación las provincias de San Juan, San Luis y Mendoza. De las tres sobresale esta, a poco más de mil kilómetros de Buenos Aires y a trescientos noventa kilómetros de Santiago de Chile. Mendoza, para algunos (los mendocinos), ya en la década de los cuarenta era la segunda ciudad del país; para otros (los cordobeses), era la tercera, pues estos consideraban que Córdoba era la que seguía a Buenos Aires, y eso con el permiso de los rosarinos que mantenían que Rosario, a orillas del Paraná, era, a su vez, la segunda ciudad de la República Argentina. Competencias aparte, la verdad es que Mendoza, fundada a mediados del siglo XVI (1561) por Pedro del Castillo, ofrecía a principios de los años cuarenta una variedad de posibilidades culturales notablemente superior respecto a Chivilcoy, como lo era la fundación de su universidad en 1939; y no digamos si la comparación la realizásemos con Bolívar, de capacidad a no dudarlo infinitamente menor.

En el recordado viaje de Cortázar con su amigo Reta por el noroeste, norte y noreste del país, Mendoza se había quedado esquinada. Córdoba, de tantas referencias para el escritor por sus amigas Lucienne y Marcelle Duprat, había ganado en esa ocasión el pulso como punto geoestratégico de despegue hacia La Rioja. Sin embargo, Mendoza, fronteriza en su cara occidental con Chile, era una de sus asignaturas pendientes. Había pasado dos días en esta ciudad, año y medio atrás, en su ya nombrado viaje a Chile, y a ella llegará el escritor el 8 de julio del año 1944, día en que Perón se alzaba con la vicepresidencia de la República.

En Mendoza vivirá, oficialmente, hasta el 25 de junio de 1946, fecha en que renunciará a sus cargos en la universidad, si bien desde finales de diciembre de 1945 lo hacía ya en Buenos Aires. Es decir, casi un año y medio residirá en Mendoza, entre la pensión y la casa del pintor Abraham Vigo, donde se hospedará, en la calle de Las Heras, 282, Godoy Cruz. Sus últimas señas mendocinas fueron en la calle Martínez de Rosas, 955.

La Universidad Nacional de Cuyo era una institución recién nacida. Por continuar en la rivalidad, la de Córdoba se remitía a más de cuatrocientos años atrás. Pero qué ofrecía aquella, aparte de su improvisación: la posibilidad de una comunicación en verdad fluida entre alumnos y profesores precisamente por la ausencia de rigideces y prehistorias. Eso será algo que descubrirá Cortázar en seguida y a ello se prenderá y colaborará en su cimentación a cambio de un sueldo de hambre. El escritor se refirió a esta etapa como una suerte de hermoso apostolado. Y algo así fue. Mendoza se convirtió en un lugar al que acudirán docentes vocacionales con la intención de enseñar aquello que ya podían conocer un poco mejor que lo que sabían los estudiantes, y que Cortázar cumplió con creces. A este respecto, su antigua alumna y posterior profesora en la UNC, Dolly María Lucero Ontiveros, diría que los alumnos «descubrirían el ámbito mágico de la literatura a través de las lecciones magistrales de una inteligencia privilegiada, de un malabarista de la expresión, de un espíritu abierto a la belleza», todo ello representado por Cortázar.

Como vemos, pues, su cambio de estancia a Mendoza, al menos en primer lugar, enquistaba la cuestión chivilcoyana, al poner tierra de por medio. Con buen criterio, supuso que el hecho de ser nombrado por el ministerio acallaría las voces levantadas, por si se veía obligado a regresar a Chivilcoy, hipótesis que lo angustiaba. Esa baza nunca llegaría a comprobarla, ya que, tras su salida de Mendoza, no volverá ni a Chivilcoy ni a la enseñanza, sino a la gestión administrativa (la Cámara Argentina del Libro) y a Buenos Aires.

En segundo lugar, como hemos insinuado, Mendoza en sus primeras semanas será un lugar estimulante para el escritor, tanto por sus experiencias vitales y su realización profesional en el cumplimiento docente como por determinadas amistades, siendo significativamente relevantes las que estrechará con el grabador y pintor Sergio Sergi (seudónimo de Sergio Hocévar), colega en la UNC, y su esposa, Gladys Adams; también Julio Perceval o Ireneo Fernando Cruz, este profesor de literatura antigua y griego: con él inventó Cortázar el apelativo de «mancuspia» como sinónimo de desmesura, si bien en el cuento «Cefalea», de *Bestiario*, se refiere a unos indeterminados y ficticios animales.

¿Por qué asociamos Mendoza a estímulo en este tiempo? Simplemente porque Cortázar se encontrará bien. Absurdo ignorar que echaba de menos Buenos Aires, sin embargo le atraía el paisaje de los cerros, impartía con brillantez sus clases, que asombrarán por su erudición y falta de altivez, seguirá leyendo y escribiendo poemas, cuentos y novela, y se integrará en una comunidad universitaria que le sorprenderá por sus aires cosmopolitas, como le comentará a Mecha Arias: «La Facultad tiene un club universitario hermosamente decorado, que ocupa varias habitaciones de un subsuelo. Hay allí bar, discoteca con abundante *boogie-woogie*, banderines de todas las universidades de América, y tanto profesores como alumnos van allá a charlar, seguir una clase inconclusa, beber e incluso bailar. ¿Cree usted posible eso en Mendoza? A mí me pareció, cuando me llevaron, que entraba en Harvard, o Cornell; todo menos aquí. Y sin embargo es realidad: alegrémonos de ello». De cualquier forma, como en seguida comprobaremos, esa atmósfera idílica pronto se quebrará.

En ese año y medio de vida mendocina, Cortázar, a quien por puro cariño y simpatía los íntimos le llamarán por su altura Largázar, se implicará frontalmente con sus propias circunstancias. Realizará un trabajo docente encomiable, con una preparación de materias diaria que le restará muchas horas de estudio y que abarcará desde el romanticismo francés, con

Lamartine, hasta el simbolismo, con Rimbaud o Mallarmé, los lakistas (traducirá a Wordsworth), los poetas satánicos ingleses, con Shelley, Byron, Keats, etc. A este respecto, cabría subrayar la total aceptación que su persona y modo docente hallarán entre los estudiantes. Dolly María Lucero Ontiveros, en este sentido, dice: «No creo que sospechara entonces la huella permanente que dejaba en la mente de sus alumnos su apertura intelectual a diversas corrientes estéticas, su incitante invitación a la lectura, a nutrirse de las múltiples formas de expresión de las artes de todos los tiempos para comprender mejor el pensamiento universal»[59].

Curioso que Cortázar, como decíamos, recordase con el tiempo el influjo positivo que recibió de profesores como Marasso y Fatone, e igualmente curioso la memoria que él proyectará en muchos de sus alumnos. La misma profesora Dolly María Lucero Ontiveros a este respecto deja constancia en el siguiente testimonio que nos cuenta: «Por los años 1951 y 1952 cursaba estudios de posgrado, en la Facultad de Filosofía y Letras de la Universidad Complutense de la capital española. Lejanos quedaban los tiempos de mis estudios universitarios en Mendoza, donde tuve el privilegio de tener como maestro a Julio Cortázar, quien durante su permanencia en nuestra provincia comenzó a escribir cuentos que integrarían más tarde su *Bestiario*. Sin saberlo, dicho profesor tuvo mucho que ver con el afianzamiento de mi vocación para estudiar literatura, al abrir en sus clases panoramas de atractiva belleza en la voz de poetas, prosistas y dramaturgos europeos. Su magisterio creció con el trato cordial y amistoso que supo brindar al alumnado, en su breve permanencia en Cuyo, discípulos a quienes siempre consideró "sus amigos", como pueden atestiguarlo frases de sus cartas enviadas desde Buenos Aires poco después y que acusan parecido tenor: "Lléveles mi afectuoso saludo a nuestros comunes amigos y amigas", "Mis afectos

---

[59] Dolly María Lucero Ontiveros, «Julio Cortázar, un mendocino ocasional», Piedra y canto, Mendoza, 1996.

más cordiales a sus compañeros que son también mis amigos" o "Dígales a todos sus amigos y amigas que les envío mi cordial saludo y les deseo buenos cursos para 1947"»[60].

Además de no descuidar sus clases, dará por concluido el volumen de cuentos *La otra orilla*, la novela *Las Nubes y el Arquero* y proporcionará un impulso determinante a *Bestiario*. Pero no publicará ningún volumen.

Respecto a esta cuestión, la de publicar, Cortázar siempre fue muy reacio, al menos hasta el decenio de los años cincuenta. Desde muy joven fue partidario de madurar al máximo aquello que enviase a la imprenta y así no lamentarse después. Nunca compartió el exceso de narcisismo que generalmente acompaña a todo escritor joven cuyo objetivo inmediato es el de ver su nombre en la tapa de un libro. No obstante, hay que señalar que, en algún momento de este período, dudó y se sintió inclinado a costearse incluso la edición de sus libros, como fue el caso del poemario *De este lado*, del que llegará a comentarle a Mecha Arias, en 1942, que si el dinero se lo permite, tiene intención de editarlo. A Lucienne Duprat le confesará ese mismo año que espera que el año 1943 le ofrezca la oportunidad de ver editado algún volumen suyo, pues «las páginas se acumulan, y bien sé yo cuántas alfombran mis anaqueles». A poco de trasladarse a Mendoza, en marzo de 1944, le escribirá, también a Duprat, que tiene muchos deseos de publicar «este año un tomito con algunos cuentos fantásticos [se refiere a *La otra orilla*] que no me disgustan». Anhelos que no se verán culminados en Mendoza, más aún si tenemos en cuenta las exigencias del escritor a una eventual edición: «Mi problema editorial es una simple cuestión de aristocracia: prefiero no publicar a que la edición sea fea, tosca, vulgar. De modo que sigo esperando que baje el maná en la figura de al-

---

[60] Entrevista directa, abril de 2001.

gún editor comprensivo y adinerado, dos cosas que muy pocas veces se dan juntas...».

En febrero de 1946, la editorial Nova estará a punto de publicar *La otra orilla*, pero el proyecto se paralizará y dejará dicho volumen inédito, ya que Cortázar no querrá rescatarlo posteriormente. Sí publicó en la *Revista de Estudios Clásicos*, de la Facultad de Filosofía y Letras, su ensayo «La urna griega de John Keats», y el referido cuento «Estación de la mano», en *Égloga*.

¿En qué momento empezó a cambiar en Mendoza ese ambiente a negativo, salvo en lo concerniente a la amistad señalada con la familia Hocévar?

La verdad es que apenas a los dos meses de estar en Mendoza, el juicio de Cortázar por la universidad, que ya le parece provinciana hasta la médula, ha variado; tras el *flash* primero, quedará la realidad de un nivel estudiantil bajo y, lo más influyente en él, estremecedoras rencillas y crispaciones políticas entre profesores y autoridades. No es, por tanto, que esta no fuera del todo lo que en principio le pareciera, sino más bien que no le dejaban ser lo que quería ser. Y, de nuevo, reaparecerá, como mar de fondo, la condición política, algo que le afectará directamente al escritor, alguien quien, sin embargo, en 1942 llegó a decir a Mecha Arias «*I'll never join politics*». Era la época en que Alberto Baldrich ocupaba la cartera de Justicia e Instrucción Pública del Gobierno de facto de Edelmiro J. Farrell.

Es una situación de gran complejidad, y es necesario retrotraerse a lo que ocurre en el país en ese bienio 1944-46. En Mendoza, a nivel local, se reproduce ni más ni menos lo que está pasando en Buenos Aires, que es el avance ya a grandes zancadas del peronismo, un icono de pensamiento y rasgos, cuando menos, ambiguos. Hablamos de ambigüedades porque el peronismo en la práctica intervino el sector financiero, con el control de precios y el comercio exterior, potenció un calculado programa de nacionalizaciones y concedió proyectos sociales que beneficiaron a los «descamisados», pero todo ello a partir de esquemas retóricos. Todo un canto del más desaforado populismo.

Sin intentar la definición libresca de peronismo, podemos indicar que este fue un movimiento ideológico de inspiración fascista. El ideario de Juan Domingo Perón, quien ya en los años treinta había ocupado la agregación militar en Roma, de la que recibiría marcados influjos mussolinianos, se basaba en una soflama de demagogia, muy próxima, de otro lado, del falangismo español de José Antonio Primo de Rivera o del caudillismo del general Francisco Franco. Al mismo tiempo, frente a las voces del poder militar inscritas en el contexto de mediados de los años cuarenta, la propuesta de Perón y de su esposa, la actriz María Eva Duarte, Evita (muerta en 1952 y cuya mitificación la situará históricamente a los ojos de la gran mayoría de los ciudadanos por encima del bien y del mal), implicaba un mensaje de redistribución de la riqueza en un país, como el argentino, frenado en su bienestar por tanta crisis institucional desde años atrás y por la conclusión de la Segunda Guerra Mundial.

Hay que recordar que esta había puesto punto final a su poderío exportador de carne, cereales y cueros, antaño privilegiado merced a su posición neutral en el conflicto. Razonable, pues, que prendiese con facilidad la diatriba peronista, prédica en la que las clases humildes vieron el posible cambio de su alienación social, ya que sectores oligarcas y burgueses llegaron a percibir en Perón y en el nacimiento de la Confederación General del Trabajo (CGT), que él impulsara, la eventual imposición de un régimen de trazo comunista. Incógnitas que se despejarán con el tiempo, si bien, de lo que no cabe duda es de que el arribo al poder de Perón, cuya muerte fue en 1974, supuso una evidente alteración completa de la vida argentina de consecuencias notables, las cuales se mantendrán vigentes hasta la sustitución de su siguiente viuda, María Estela Martínez, Isabelita, por el poder videlista en 1976.

No obstante, recordemos que nos encontramos entre 1944 y 1945 (la histórica alocución de Perón desde el balcón de la Casa Rosada fue el 17 de octubre de 1945), con un Cortázar que aún firmaba con ambos nombres de pila, Julio Florencio, y que pronto, por su involucración en los sucesos de la UNC, se convertirá, de nuevo, en blanco de unos dardos lanzados ahora por el denominado Partido Demócrata de Mendoza.

Los sucesos de la UNC, a la que aludía en el párrafo anterior, no fueron otra cosa que la participación del escritor en la toma de la universidad, en la calle Rivadavia, hecho teñido con mucho sabor de pre-mayo francés. La situación en la UNC no era muy diferente de la que se presentaba en los demás centros universitarios del país, de ahí que se decidiera dar una respuesta en contra, según palabras de Cortázar dirigidas a los estudiantes de la Facultad de Filosofía y Letras, de «esta hora en que una casi monstruosa subversión de valores permite a la medianía aferrada a posiciones mal ganadas y peor mantenidas erigirse en supuesta representación auténtica de la realidad argentina y fulminar anatemas contra todo aquel que comete el nefando delito de desenmascararla y combatirla»[61]. Digamos, de cualquier manera, que no hay que contemplar a este Cortázar como un líder incendiario (no lo fue nunca), más bien hay que entenderlo como alguien coherente que no quiere ceder a la presión de coacciones políticas.

Merecería la pena detenernos en el componente ideológico de este Cortázar, que será el que estará en vigor hasta, aproximadamente, la escritura de «El perseguidor», relato integrado en *Las armas secretas*, publicado en 1959, el cual —como veremos en su momento— establecerá una reorientación de su actitud frente al mundo. El Cortázar de este período es, tal

---

[61] Aurora Bernárdez, op. cit. Carta de J. C., fechada en abril de 1946, dirigida a los estudiantes de la Facultad de Filosofía y Letras, p. 199.

como hemos destacado, antiperonista, pero ¿cuál es este antiperonismo?, ¿de qué está formado este rechazo?, ¿es un antiperonismo *blanco*[62]? Porque debemos recordar las palabras del escritor a Osvaldo Soriano y a Norberto Colominas, en este sentido: «A mí me importaba un bledo América Latina, realmente me importaba un bledo cuando yo vine a Europa. Era un perfecto pequeño burgués individualista».

Señalamos así las implicaciones del escritor en los sucesos de Cuyo, pero no dejamos de ignorar y de observar que dicha participación antiperonista respondió a impulsos individualistas, de cierto exquisitismo, en nada coordinados por una posición de militancia política. De hecho, ni antes ni después inmediatamente de estos acontecimientos cuyanos hay un Cortázar identificado con un ideario político dispuesto a desarrollar una gran manifestación contra Perón. Lo que sí hay es un ánimo intelectualista, minoritario, liberal, pequeñoburgués, de repudio, como ya hemos indicado en párrafos anteriores. Por insistir en la misma órbita, recordemos que años más tarde, el escritor, en referencia a este talante suyo, lo resumirá como un período —ese que situaríamos de 1946 a 1951— de «vida porteña, solitaria e independiente; convencido de ser un solterón irreductible, amigo de muy poca gente, melómano, lector a jornada completa, enamorado del cine, burguesito ciego a todo lo que pasaba más allá de la esfera de lo estético», de alguien que vive recluido en su casa de Lavalle (Lavalle, 376, 12 C) y Reconquista, de cara al Río de la Plata, aislado de la realidad del país más allá de un conocimiento selectivo compartido con Aurora Bernárdez.

Cortázar, pues, vivía de espaldas a la Argentina y a su coyuntura. Él mismo lo reconocerá y se autodefinirá, por tan-

---

[62] En reiteradas ocasiones, Aurora Bernárdez me ha dicho que el cuento «La banda» es el que mejor expresa el porqué Cortázar se fue de la Argentina con la llegada del peronismo.

to, como un esnob, aunque de eso se dará cuenta más tarde. «Leíamos [se refiere a la generación del 40] muy poco a los escritores argentinos, y nos interesaba casi exclusivamente la literatura inglesa y la francesa; subsidiariamente, la italiana, la norteamericana y la alemana, que leíamos en traducciones. Estábamos muy sometidos a los escritores franceses e ingleses hasta que en un momento dado —entre los veinticinco y los treinta años— muchos de mis amigos y yo mismo descubrimos bruscamente nuestra propia tradición. La gente soñaba con París y Londres. Buenos Aires era una especie de castigo. Vivir allí era estar encarcelado.»

El refugio, de esta manera, ante un tiempo político cuya contestación más sonora no será otra que el mismo silencio: «La sensación de violación que padecíamos cotidianamente frente a ese desborde popular; nuestra condición de jóvenes burgueses que leíamos en varios idiomas, nos impidió entender ese fenómeno. Nos molestaban mucho los altoparlantes en las esquinas gritando "Perón, Perón, qué grande sos" porque se intercalaban con el último concierto de Alban Berg que estábamos escuchando». A este respecto, en general, como cuento representativo de esta acepción es «Las puertas del cielo», perteneciente a *Bestiario*, en el que se relatan los bailes del Palermo Palace, y en el que se da una descripción de lo que se calificaban como «cabecitas negras», alegórica invasión de la clase media porteña por parte del argentino sin rostro, fiel representante del argentino del interior.

Ese será el Cortázar, emotivamente hablando, que vemos mezclado en el embrollo de la UNC. Regresemos a él y a ella.

El encierro, que duró cinco días, fue en la primera semana de octubre de 1945, y al mismo, además de Cortázar, se sumaron una cincuentena de alumnos y seis profesores, entre ellos Juan Villaverde, de Sociología, y Péndola de Martínez, de Geografía. Jaime Correas cuenta que durante el mismo se concursó para ver quién lograba componer una canción que fuese la que representara a la universidad amotinada, saliendo victorioso Juan Villaverde y quedando finalista la letra de

Cortázar, quien compuso la música a piano[63]. Fue casi una semana de vida sitiada, con intentos de desalojo a base de gases lacrimógenos, promesas serias de represalias profesionales y amenazas en firme por incumplimiento de la ley, todo lo cual culminó con la entrada de la policía y el apresamiento de los amotinados, aunque «una simple circunstancia afortunada —el brusco vuelco del 11 de octubre— hizo que la cosa no pasara a mayores», diría el escritor.

Esta intervención de Cortázar en la algarada fue decisiva para su alejamiento de Mendoza, más debido a que aquella venía a ser el colofón de un continuo sondeo a que se veía ajustado el escritor por su mala relación con el referido Partido Demócrata. Los incidentes de la universidad habían sido precedidos de una campaña de pasquines en su contra por defender lo que él creía. En esos pasquines, además de subrayar que Cortázar carecía de título de licenciado para ejercer su puesto, se le tildaba de nazi, instrumento electoral, agente de propaganda, nacionalista y fascista, lo cual venía a ser justo la cara ideológica opuesta de lo que se le acusaba en Chivilcoy. En carta a Mecha Arias, el escritor se quejará el 21 de junio de 1945 en los siguientes términos y tono:

> *Well, this letter looks rather gloomy, doesn't it?* Es un poco el contagio de estos dos últimos meses, en que me he cocinado en

---

[63] Emilio Fernández Cicco, op. cit., transcribe la letra de *Canción de la universidad sitiada,* p. 192:

Protejamos en los claustros / el saber y la verdad / respondamos al tirano / ¡¡VIVA LA UNIVERSIDAD!! / Profesores y estudiantes / una sola voluntad, / combatamos la barbarie / ¡¡VIVA LA UNIVERSIDAD!! / Ni el asedio ni los gases / nos podrán intimidar, / defendamos nuestra Casa / ¡¡VIVA LA UNIVERSIDAD!! / Compañeros profesores / con empeño procurad, / que pujante, siempre en Cuyo / ¡¡VIVA LA UNIVERSIDAD!! / Estudiantes compañeros / en la lid perseverad, / para que vuestro aliento / ¡¡VIVA LA UNIVERSIDAD!! / Pueblo altivo de Mendoza, / de San Luis y de San Juan, / sostengamos la cultura / ¡¡VIVA LA UNIVERSIDAD!! / Camaradas del asedio, / siempre vivo conservad, / este lema de esta causa / ¡¡VIVA LA UNIVERSIDAD!!

un infiernito cuyano, muy mono él y del que no sé cuándo o cómo voy a salir. Sigue el boletín:

a) Después de haber abandonado Chivilcoy bajo vehementes sospechas de comunismo, anarquismo y trotskismo, he tenido el honor de que en Mendoza me califiquen de fascista, nazi, sepichista, rosista y falangista. Ambas cosas (las de Chivilcoy y de Mendoza) con tanto fundamento como podría ser la de llamarme sauce llorón, consola Chippendale o Wee Willie Winkie.

b) He tenido violentos entredichos con los dirigentes de la política universitaria cuyana, de lo cual ilustrará el recorte que le envío para su regocijo. El destinatario era candidato a Rector de la Universidad. Por suerte conseguimos freírlo en su propia salsa (demócrata nacional) bien que el actual Rector no nos haya resultado nada providencial.

c) Raíces del problema: yo fui designado en los nefastos días del ilustre Baldrich. Esas coincidencias (pues en mi caso lo fue) parecen habitualmente otra cosa: incondicionalidad, sectarismo, etc. De ahí las acusaciones y de ahí algunas frases que leerá usted en el recorte y que creo le aclararán el problema. (*By the way*, el caballero a quien allí se le dice politiquero y mentiroso como verá en esa carta, se limitó a responder modosamente que él reconocía mi capacidad docente [¿ve que no es tan mal muchacho?] pero que le seguía llamando la atención que yo hubiese sido nombrado «*chez*» Baldrich).[64]

Días de serios enojos y a veces de cansancio; huelgas intermitentes (del promedio de cincuenta clases por curso, se impartieron unas treinta; con un mes de junio completamente inactivo y un septiembre parcialmente hábil); momentos por los que el escritor comenzará a plantearse regresar a Buenos Aires. Nada valdrá lo que es su tiempo, su escritura y su estudio, como seguirá confesándole a Mecha: «Por las noches (en las semanas críticas) volvía a mi casa y miraba mis libros

---

[64] Aurora Bernárdez, op. cit. Carta, fechada en julio de 1945, dirigida a Mercedes Arias, p. 187.

como pidiéndoles perdón por el abandono en que los tenía. He sabido lo que es pasar veinticuatro horas en continuo cabildeo, barajando argucias, destruyendo ataques, redactando solicitadas, organizando manifestaciones periodísticas y devolviendo cuanto proyectil honorable tenía a mano. ¿Puede uno lavarse de algo semejante? No sé, viera usted cómo corta el jabón el agua de Mendoza...»[65].

A finales de diciembre de 1945, con el verano en ciernes, Cortázar tendrá claro que no quería seguir en Mendoza bajo esas condiciones, por lo que pedirá licencia sin sueldo, e irá a Buenos Aires. No obstante, su desvinculación completa con la Universidad Nacional de Cuyo será el 25 de junio de 1946, día en que de una manera formal renunciará a sus cargos. Así, Mendoza, salvo por las referidas relaciones con Sergio Sergi, con el doctor Amengual, Ethel Gray y con los amigos tertulianos Azzoni, Dáneo o Cordiviola (más algunos, pocos, colegas de la universidad, como es el caso de Felipe de Onrubía), volverá a ser para el escritor la provincia noroccidental situada a 1.140 kilómetros de distancia de Buenos Aires en la que no llegó a vivir dos años completos. Un recuerdo, como Bolívar o Chivilcoy, y como en estas no del todo grato. Una frase del escritor resume sin ningún tipo de dudas su parecer al respecto: «En verdad ha sido un año cruel y amargo para mí».

En esta misma tesitura, Cortázar le confesará a Sergi su profunda indignación por cómo fue tratado y lo incómoda que había llegado a ser su vida en Mendoza. Su vida, en medio de un fuego político cruzado. «Mi situación fue siempre paradójica en Mendoza, y por eso insisto en que he hecho harto bien en tomarme el portante. Si hubiese ganado la U.D. [Unión Democrática] (por la que yo peleé) yo sabía de antemano que estaba frito en Mendoza. ¿Cree usted que por el mero hecho de quedarme cinco días en la facultad sitiada me iban a per-

---

[65] Ídem.

donar mi intransigencia ante sus mediocridades? ¿Cree usted que iban a perdonarme que fuera amigo de Cruz, que me saludara con Soaje o que fuera camarada con Felipe? No, mi buen Sergio; el triunfo de la U.D. era mi pasaporte. Exactamente lo mismo que lo era el triunfo de Perón, pero aquí por razones muy distintas. Porque yo no tengo estómago para aguantar la vuelta de Jesucristo a la Facultad, los Sepich y los Soaje entronizados. De modo que en el primer caso "me iban", y en el segundo me iba yo por mi cuenta. Le gané de mano a ambas cosas y me alegro intensamente.»[66]

La salida de Mendoza supondrá definitivamente el abandono de la docencia en su sentido estricto, ya que, de una manera esporádica y en su sentido más amplio, a lo largo de su vida mantendrá encuentros regulares con aulas y alumnos en diversas universidades de todo el mundo. De un modo u otro, con la experiencia mendocina morirá el Cortázar-profesor y ganará terreno el Cortázar-escritor. Dolly María Lucero Ontiveros, algunos años más tarde, con un Cortázar ya instalado en Buenos Aires, le preguntará por qué no retornaba a las tareas de cátedra, a lo que Cortázar replicó rápidamente: «¡Porque yo quiero ser escritor, no profesor!». Las fechas a las que nos estamos refiriendo implicarán, pues, un cambio de rumbo, rumbo que se decantará por la búsqueda de un empleo crematístico, que logrará como gerente de la Cámara Argentina del Libro, sita en la calle Sarmiento de la Capital Federal, en sustitución del escritor Atilio García Mellid, y un tiempo libre que le permitirá seguir escribiendo y traduciendo, algo que adquirirá visos cada vez más profesionales[67]. De hecho,

---

[66] Ibídem. Carta de J. C., fechada en julio de 1946, a Sergio Sergi, p. 213.

[67] En febrero de 1944 inicia la traducción de *Robinson Crusoe,* que verá la luz sucesivamente en la editorial Viau, de Buenos Aires, y en Bruguera, ya en los años setenta, de Barcelona; también traducirá a Chesterton, *El hombre que sabía demasiado,* Nova; Walter de la Mare, *Memorias de una*

a la vez que desarrollaba su trabajo vespertino de gestión en la Cámara, el cual se extenderá entre 1946 y 1949, empezará a prepararse para obtener el título oficial de traductor, con el que poder establecer un bufete especializado en inglés y francés. A ello habrá que añadir la idea también cada vez más recurrente de viajar a Europa, con una meta soñada y secreta desde años atrás, al igual que en tantos escritores latinoamericanos, fijada en la ciudad de París.

En los años 1946 y 1947 Cortázar publicará, como ya se ha adelantado, en la revista *Los Anales de Buenos Aires*, siendo entonces su directora Sarah Ortiz de Basualdo y su secretario Jorge Luis Borges, el cuento «Casa tomada». También en febrero de 1947 había concluido ya el poema dramático «Los Reyes», que se editaría en Gulab y Aldabahor (Buenos Aires) con fecha de 1949.

Respecto a *Los Anales* y Cortázar, hay rememoranzas escritas por el propio Borges haciendo mención a cierta tarde en que un joven y delgado muchacho se presentó en la redacción con un mecanoscrito optante a ser incluido en la publicación. Borges cuenta que le dijo que lo leería y que volviera en un plazo de diez días, pero Cortázar, un Cortázar impaciente, se adelantó. La respuesta de Borges fue de aceptación, e incluso le comentó que lo ilustraría su hermana Norah. En efecto, el relato, que posteriormente sería integrado en 1951 en el volumen *Bestiario*, vio la luz en la revista con viñetas que a Cortázar no acabaron de seducirle. Tampoco a su íntimo amigo Sergi, como sabemos profesional en la materia. Sí le gustó algo al escritor una de las estampas en la que aparecían los dos hermanos protagonistas del cuento bajo una lámpara, pero le desagradó la otra en la que se mostraba la fachada de

---

enana, Argos; André Gide, *El inmoralista,* Argos; Lord Houghton, *Vida y cartas de John Keats,* Imán; Alfred Stern, *Filosofía de la risa y del llanto,* Imán; y Jean-Paul Sartre, *La filosofía existencial,* Imán.

*Buenos Aires. Vista nocturna de la calle Corrientes
desde Reconquista hasta plaza de la República. En esta
fotografía de H. Coppola se nos descubre una ciudad, con
el Obelisco al fondo, que bien podría ser Nueva York.*

una casa en exceso, para la atmósfera de la trama y el contexto histórico, goticista y tenebroso.

«Casa tomada» es uno de los relatos más conocidos de Cortázar y más analizado, y no lo es gratuitamente sino porque es un cuento esférico. Desde luego se encuentra a muchísima distancia de la medianía lograda con «Llama el teléfono, Delia» o «Bruja». Inaugura el Cortázar que controla sus materiales, dosifica la tensión del discurso y logra sustanciar una auténtica empatía con el lector desprovista de formalismos. Parece ser que, lejanamente, Cortázar se inspiró en la casa de unos familiares de la profesora Ernestina Yavícoli, sita en la calle Necochea, paralela a 9 de Julio, y cerrada al sur por la avenida Villarino, en Chivilcoy, para la atmósfera del relato. No obstante el escritor le confesó a Jean L. Andreu en 1967 que la localización de la casa era en un ámbito porteño: «El barrio donde ubiqué la casa era en ese entonces una zona tranquila, burguesa, familiar. Me interesaba mostrar una casa donde el silencio y el decoro de los pequeño-burgueses porteños se manifestaran en toda su decadencia un poco apolillada»[68].

La anécdota, ya en nada inconsistente, por el contrario suturada con un lenguaje adecuado a ese guiño fantástico muy de la querencia cortazariana de finales de los años cuarenta y principios de los cincuenta, narra la relación de dos hermanos en una casa familiar en la que algo, algo que presiona desde el espacio exterior hacia el interior, los va cercando hasta su expulsión de dicho lugar. Si bien Cortázar siempre le negó voluntariedad instrumental propia, acabó por aceptarla como constatación *a posteriori*, aunque nunca asumió esa exclusiva explicación del cuento, al cual desde el principio se le aplicó una lectura simbólica sintonizada con el peronismo[69]. Así los personajes serían sujetos invadidos por un poder arbitrario, adocenado, brutal, masificatorio, cuyo objeto no sería otro que el de cercenar la libre voluntad y la intimidad de esos personajes que representan el atributo de la Argentina del momento.

El escritor, no obstante, siempre confesó, aun sin dejar de aceptar la posibilidad inconsciente sugerida, que el cuento había sido consecuencia directa de una pesadilla en la que él (él solo, sin hermana) se veía impelido a abandonar su casa porque un ente sin identificar o solo identificado por sonidos pero de cualquier modo espantoso, le obligaba a hacerlo. «Esa interpretación de que quizá yo estaba traduciendo mi reacción como argentino frente a lo que sucedía en la política no se puede excluir porque es perfectamente posible que yo haya tenido esa sensación que en la pesadilla se tradujo de una manera fantástica, simbólica.»[70]

---

[68] Aurora Bernárdez, op. cit. Vol. II. Carta de J. C., fechada en octubre de 1967, dirigida a Jean L. Andreu, p. 1.196.

[69] En la Universidad de Cádiz, en marzo de 2004, tras un acto dedicado a Cortázar en uno de sus paraninfos, Aurora Bernárdez me confesó, en privado, que él, en su momento, le había dicho que ese «algo» eran fantasmas.

[70] Joaquín Soler Serrano, op. cit.

Estamos frente al universo trabado entre fantasía y realidad que ya comentáramos en el capítulo anterior de este volumen. Una fantasía (lo espantoso, lo terrible) que se imbrica en la misma cotidianidad (el hermano lee libros en francés, ceba mate, e Irene teje incansable pañoletas blancas, verdes, de color lila) y que no la reversibiliza sino que la nivela. Es decir, lo fantástico no desequilibra a la realidad ni la desconyunta, lo cual sería observable en un cuento fantástico clásico, por ejemplo en la línea lovecraftiana, sino que la complementa. En él los órdenes de lo fantástico y de lo real inmediato se yuxtaponen, son impregnables, nada excluyentes, son agregados.

En el cuento, Cortázar reproduce además uno de sus apetitos que le acompañaría toda su vida: su cariño por las casas. No por las casas en su sentido arquitectónico de diseño sino (o también) como reductos vitales, experienciales. En cierta ocasión les comentó a Marcelle y Lucienne Duprat cómo le había dolido no poder visitar por última vez la casa de un amigo en Bolívar (una casa de la calle Rivadavia) de la que este se había mudado. Y es que el escritor, que había pasado buenos momentos en dicha casa, se sentía inclinado por conservar en el recuerdo la fisonomía de aquellas casas y habitaciones en las que había sido feliz y había vivido intensamente. Unas casas en las que en la evocación volvía a subir escaleras, tocar puertas y paredes, observar cuadros y muebles, respirar sus olores, redescubrir su luz. Eso es perceptible en el cuento. Hay un placer, una fruición lenta en la plasmación de esa casa que da a Rodríguez Peña en la que hay un comedor, una sala con gobelinos, una biblioteca, cinco dormitorios, un *living*, un baño y una cocina en la que el hermano prepara ritualmente los almuerzos mientras Irene se encarga de los platos fríos para la noche.

De este tiempo, como se ha señalado, es también la escritura y edición del poema dramático «Los Reyes», que será editado por Daniel Devoto, poeta, filólogo, musicólogo y amigo del escritor, además de editor.

«Los Reyes», que, según confesión propia, escribió en tres

días, conserva mucho del Cortázar de su primera época. «La idea del libro me nació en un colectivo, volviendo a mi casa; yo vivía en extramuros, bastante lejos del centro. Un día, de golpe, en uno de esos viajes en que te aburres, sentí toda la presencia de algo que resultó ser pura mitología griega, lo cual creo que le da razón a Jung y a su teoría de los arquetipos, en el sentido de que todo está en nosotros, que hay una especie de memoria de los antepasados, y que entonces por ahí hay un archibisabuelo tuyo que vivió en Creta 4.000 años a. C. y a través de los genes y de los cromosomas te manda así algo que le corresponde a su tiempo y no al tuyo.»

Nada en común con «Casa tomada», ni por fondo (salvo, si se quiere ver, en el empleo del recurso del laberinto en su representación de pasaje, galería o dédalo existencial, el cual reaparecerá con posterioridad, o el principio de rebelión ante el grupo que lo invade: Teseo a Minotauro) ni por forma, ya que se sirve de un lenguaje demasiado suntuoso y musical. El tema no es otro que el del mito de Teseo y del Minotauro, pero con una notable alteración, pues Cortázar reelabora su lectura. Teseo encarnará el símbolo de la represión, el defensor del orden establecido (Teseo está al servicio de Minos, «es un poco el *gangster* del Rey»), mientras que el Minotauro representa al hombre libre, el poeta, la diferencia, «y que por lo tanto es el hombre al que la sociedad, el sistema encierra inmediatamente».

El libro, que no llegó más allá del círculo de amigos y poco más, y valga el dato de que en 1955 doscientos ejemplares aún reposaban en el fondo de un armario de su casa porteña, no pudo producir ningún tipo de revuelo, pese a la provocación que conllevaba modificar dicho estatuto literario. Cortázar, años más tarde, sugirió que la edición causó un cierto escándalo en los medios académicos, pero, siendo realistas, hay que indicar que el Cortázar de ese año es un Cortázar todavía desconocido en el terreno de la literatura. Ha publicado *Presencia*, poemas sueltos y cinco cuentos, más artículos, todo ello, excepto los referentes a la revista de Borges, en canales semiclandestinos, lo cual lo sitúa en una categoría de inexistencia completa. Incluso cuando publique el volumen *Bestiario* en la editorial Sudamericana, a impulsos de Urgoiti, quien había tratado al escritor en la Cámara Argentina del Libro, habrá que esperar un tiempo hasta que su nombre salte y se instale en el plano que su calidad merece.

Digamos también que su actividad de crítico literario, iniciada años atrás como ya hemos señalado y formalizada muy especialmente en la revista *Sur* desde 1948 hasta 1953, se afianzará, aunque seguirá siendo en la prensa más silenciosa que ruidosa. Ahí, por ejemplo, sus notables ensayos —escritos a mediados y finales de los años cuarenta e inéditos parcialmente hasta los años noventa— dedicados a la reflexión sobre el género novela y su evolución, su *Teoría del túnel*, o el ya citado estudio sobre Keats de la época de *Égloga*. Entre estos años Cortázar publicará en la revista de Victoria Ocampo seis colaboraciones, que irán desde poemas, «Masaccio», reseñas literarias dedicadas a Octavio Paz, Cyril Connolly, Victoria Ocampo y François Porché; una muy *sui géneris* crítica cinematográfica, una recensión necrológica dedicada a Artaud y un texto sobre el tango y Carlos Gardel. La relación se mantuvo hasta el distanciamiento de Cortázar con la línea de la revista en nada coincidente ambos respecto a la novela de Marechal, *Adán Buenosayres*, y en cuanto a su defensa de la novela negra frente a la policíaca, esta segunda impulsada por Borges y Bioy Casares en la citada revista.

Tal como señalábamos antes, por esta época Cortázar empezó a dar forma a la posibilidad de establecerse en un despacho autónomo como traductor público. A tal fin se preparará intensamente durante los meses de marzo y abril de 1948 en función de diversas materias de Derecho, trabajos prácticos específicos relacionados con la prueba en cuestión y su consecución a un examen final, escrito y oral, del idioma elegido. El escritor recordará estos meses como de auténtica ansiedad y angustia. Lo cierto es que 1948 lo calificará de año maldito. Tiempo después, recordará el poder psicoanalítico que en este período implicó la escritura de algunos cuentos, la cual le sirvió de terapia.

A mediados de abril aprobó el acceso, por el cual en el invierno de ese 1948 *egresó* y obtuvo el título oficial en francés y, a principios de 1949, el de inglés, lo cual le facultaba para dicho ejercicio profesional en ambas lenguas. No obstante, pese a sus ideas iniciales, no se montará un bufete independiente sino que se empleará, asociándose en 1951, en el del traductor húngaro Zoltan Havas, en la calle San Martín, 424, con quien seguirá trabajando hasta su segundo viaje a Francia. Así, entre 1948 y 1949, Cortázar compatibilizará su hacer de traductor, yendo por las mañanas al estudio, en el que de la mano del húngaro se introdujo en los recursos de la traducción pública, y su trabajo de media jornada en la Cámara, de la que se desvinculará en el año 1949.

La relación entre Havas y Cortázar siempre fue correcta, pero sin llegar a la intimidad, sin entrar en el afecto, más bien en la simple apreciación mutua. Nunca se entendieron, pero sí llegaron a valorarse. En varias ocasiones, el escritor lo calificó de *gentleman*, pero nunca de amigo, en el valor emotivo que puede ampararse del término. Sin ser un tipo distante, Havas tenía formada su vida, con un tiempo a veces excesivo de dedicación a su trabajo, con su clientela y su rutina laboral establecida. Además de no coincidir en intereses literarios y de tener mundos y asuntos en verdad ajenos, al margen de los comerciales que surgían de las traducciones, Havas le llevaba casi un cuarto de siglo al escritor, lo cual, quiérase o no, desde luego no impedía una comunicación fluida pero difícilmente ayudaba a unos vínculos de camaradería y complicidad más personal. Además de todo ello, en aquellos tiempos, por lo que se deduce de diversos comentarios de Cortázar, Havas tenía problemas de índole neurasténica. Por ejemplo, se le metió en el ánimo la idea de emprender un viaje a Tahití en el que pensaba encontrar el «Paraíso», según expresión de Cortázar al poeta y amigo común Fredi Guthmann, un judío alemán, muy culto, que había tenido un importante negocio familiar de joyería en la calle Florida de Buenos Aires.

Havas pretendía una forma de viaje iniciático, de largo recorrido, en el que hallar respuestas a ciertos interrogantes existencialistas impulsados por el paso de la vida y que, parece ser, lo abrumaban sobremanera. El proyecto, que al final se concretó, culminó en un desazonante fracaso, pues el húngaro regresó a Buenos Aires tres meses después de su llegada a la Polinesia y lo hizo con el espíritu si cabía más débil aún. Cortázar recordará a Guthmann cómo Havas, a partir de esa experiencia frustrada, fue encerrándose más en sí mismo. Pero también recordará, cuando Zoltan muera por sorpresa en 1954 (Cortázar ya estaba instalado en París) y tras un segundo intento de esa búsqueda de la paz espiritual en la India, lo bien que se comportó el húngaro con él cuando le ofreció asociarse a su firma en 1952, tras su vuelta de Tahití.

En este período, noviembre o diciembre de 1948, se fragua en Cortázar con bastante fuerza la posibilidad de realizar un primer viaje a Europa, con una escala de dos meses en Italia y de un mes en París. El viaje, que finalmente se realizará (en él encontró a la Maga), será su pica en Flandes, pues a partir de este y su vuelta a la Argentina sus deseos orbitarán sobre la idea nostálgica de regresar a París y vivir en la capital francesa. Pero no como turista accidental sino como un habitante permanente. También en este año aparecerá en su vida Aurora Bernárdez, joven licenciada por la Universidad de Buenos Aires y futura y brillante traductora (Italo Calvino, Jean Paul Sartre, Lawrence Durrell), de ascendencia gallega, con quien el escritor compartirá sus primeras vivencias europeas.

Bernárdez, seis años más joven que él y de «nariz respingadísima», según palabras del escritor, supondrá una buena porción de coexistencia en la vida de Cortázar. Se convirtió en su primera esposa, tras su boda parisina en 1954, y fue un alma gemela. La connivencia casi mágica entre ambos llegaba hasta extremos de auténtico pasmo, de gran asombro. Vargas Llosa, que los trató a ambos en el París de los años sesenta y setenta, comenta el impacto que la presencia de ellos producía allá donde iban:

> Los había conocido a ambos un cuarto de siglo atrás, en casa de un amigo común, en París, y desde entonces, hasta la última vez que los vi juntos, en 1967, en Grecia —donde oficiábamos los tres de traductores, en una conferencia internacional sobre algodón— nunca dejó de maravillarme el espectáculo que significaba ver y oír conversar a Aurora y Julio, en tándem. Todos los demás parecíamos sobrar. Todo lo que decían era inteligente, culto, divertido, vital. Muchas veces pensé: «No pueden ser siempre así. Esas conversaciones las ensayan, en su casa, para deslumbrar luego a los interlocutores con las anécdotas inusitadas, las citas brillantísimas y esas bromas que, en el momento oportuno, descargan el clima intelectual». Se pasaban los temas el uno al otro como dos consumados malabaristas y con ellos uno no se aburría nunca. La perfecta complicidad, la secreta inteligencia que parecía unirlos era algo que yo admiraba y envidiaba en la pareja tanto como su simpatía, su compromiso con la literatura —que daba la impresión de ser excluyente y total— y su generosidad para con todo el mundo, y, sobre todo, los aprendices como yo. Era difícil determinar quién había leído más y mejor, y cuál de los dos decía cosas más agudas e inesperadas sobre libros y autores.[71]

Julio y Aurora formarán desde el principio esa «pareja amorosa que sabía como nadie enriquecer constantemente su complicidad», dirá Saúl Yurkievich.

Aurora era (es) una mujer de ojos y gesto dulces, voz firme, una cara con ángel. De trato agradable y fácil, pero no facilón, por entonces quizá algo más gregaria que Julio (se movía en

---

[71] Mario Vargas Llosa, op. cit. p. 13.

el círculo del poeta y traductor Alberto Girri y de otros escritores porteños, como el propio hermano de Aurora, Francisco Luis, quien a su vez sintonizaba con Mario Pinto, Ricardo Molinari, Jorge Lasco o Ernesto Arancibia), celoso siempre de su tiempo e intimidad. No obstante se integraron. Bernárdez, por encontrar una asimilación, representa la etapa del escritor menos politizado. Mejor: menos explícitamente politizado. O sea, el escritor cuyo compromiso se encuentra en la obra literaria y en su acepción perfeccionista (un perfeccionismo ya cortazariano, no formalista).

En algunos fragmentos de cartas del escritor remitidas a Francisco Porrúa, Cortázar traza emocionalmente lo que podríamos llamar un retrato de Aurora y de él mismo en esos primeros años de vino y rosas, en ese tiempo de los años parisinos ya de creciente éxito profesional del escritor:

> Del libro[72] en sí no te digo nada. Dejémoslo hablar a él, y si salió mudo, paciencia. Pero necesito tu crítica, y sé que será como sos vos. El libro tiene un solo lector: Aurora. Por consejo suyo, traduje al español largos pasajes que en un principio había decidido dejar en inglés y francés. Su opinión del libro puedo quizá resumírtela si te digo que se echó a llorar cuando llegó al final.[73]
>
> Aurora y yo, encastillados en nuestro granero, nos dedicamos al trabajo, a la lectura y a la audición de los cuartetos de Alban Berg y Schoenberg, aprovechando de la ventaja de que aquí no hay nadie que nos golpee el cielo raso.[74]

De otro lado, Luis Harss, tras sus primeros encuentros, dirá de «Cortázar y su mujer, Aurora Bernárdez, que valoran la libertad sobre todas las cosas, les gusta callejear juntos al

---

[72] Se refiere a la novela *Rayuela*.

[73] Aurora Bernárdez, op. cit. Carta de J. C., fechada en mayo de 1962, dirigida a Francisco Porrúa, p. 483.

[74] Ídem. p. 465.

acecho de lo insólito. Frecuentan los museos de provincia, las literaturas marginales y los callejones perdidos. Detestan toda intrusión en su vida privada, evitan los círculos literarios y rara vez conceden entrevistas: preferirían no verse con nadie».

Pero todo eso será algo más tarde. En el proyectado viaje de 1949, lo único que cabía era alcanzar una meta, que era París.

«Yo digo que París es una mujer; y es un poco la mujer de mi vida»[75], dirá el escritor en su madurez. Una mujer y una atracción por ella que Cortázar, como tantos jóvenes argentinos y americanos, del norte, centro y sur, nunca mantuvo en secreto. Y una topografía que explorará en este primer viaje, el cual le servirá para corroborarse en su pasión por cuanto ella ofrecerá de experiencias, pese a esos escasos mil quinientos pesos mensuales con los que tendrá que sobrevivir en una de las ciudades, ya por entonces, más caras de Europa. El dinero, un verdadero problema.

¿La solución, ante esa exigua cantidad? Refugiarse en la Cité universitaire international de París, más accesible, en «una piecita»: comida frugal, a base de dátiles, las buenas y crujientes *baguettes* con queso gruyère, vino y café de frasco. Lugar alejado del centro. Pero eso tenía el remedio del metro. Un *subte* de ramificaciones inacabables (quince líneas, más de trescientas estaciones, con el primer tren que sale de cabecera a las 5.30 h y el último a las 0.30 h) que el escritor llegará a dominar en un futuro mediato, ya en su segundo y definitivo viaje, cuando cambiará el pasaporte de turista por el de residente y, más tarde, por el de ciudadano francés.

El efecto de París en el escritor fue de un hechizo muy superior a la impresión que obtuvo de su contacto con Italia, pese a esa Florencia y el Vecchio o Roma, Pisa o Venecia de

---

[75] De la película de Alain Caroff y Claude Namer, *Julio Cortázar*.

Aurora Bernárdez. Aurora fue una presencia muy importante en la vida de Cortázar.

Julio, su abuela y Aurora.

tantas reminiscencias byronianas. París fue otra cosa. La división, tan porteña, de la ciudad en grandes bulevares (el de Sébastopol, Saint Michel, Les Champs-Élysées), pero también los rincones olvidados (en El Marais, la place Dauphine, la Bibliotheque de l'Arsenal) y las calles (rue del Lombards, Verneuil, la rue de Vaugirard), los pasajes cubiertos, tan porteños también; los puentes (Pont des Arts, Pont-Neuf), los canales (Saint-Martin), las plazas (Saint-Germain-des-Prés, la de Saint Sulpice, la place de la Contrescarpe), los *bouquinistes* a la orilla del Sena, todo el Barrio Latino, los museos (el Louvre, el Musée d'Art Moderne, el de las Artes Africanas de la avenue Daumesnil; el Rodin), los jardines (el Jardin des Plants, el de Luxembourg, el de Monceau, el de Buttes-Chaumont), las fachadas (desde los diseños arquitectónicos de Hector Guimard hasta las ventanas simples en las que se adivinan vigas y plantas y alguien bebiendo de una taza) y los cafés (Flore, Deux Magots, Le Dôme, La Rotonde, la Coupole, el Old Navy) en donde hervía el espíritu del existencialismo sartriano y camusiano, en donde gravitaba también el recuerdo de la Stein y Hemingway y Joyce y Picasso.

París se convirtió, tras la estancia de cuatro semanas, en una aspiración insistente, en un anhelo de regresar, de vuelta decidida. Cuando eso ocurra, el escritor hablará de París como mito cotidiano. «Mi mito de París actuó en mi favor. Me hizo escribir un libro, *Rayuela*, que es un poco la puesta en acción de una ciudad vista de una manera mítica. Toda la primera parte que sucede en París es la visión de un latinoamericano, un poco perdido en sus sueños, que se pasea en una ciudad que es una inmensa metáfora. Me acuerdo, hay un personaje que dice que París es una inmensa metáfora. Una metáfora, de qué. No lo sé. Pero París no ha cambiado, y esta ciudad sigue siendo absolutamente mítica para mí. Uno cree conocer París, pero no hay tal; hay rincones, calles que uno podría explorar el día entero, y más aún de noche. Es una ciudad fascinante; no es la única... Londres... Pero París es como un corazón que late todo el tiempo; no es el lugar donde vivo. Es otra cosa. Estoy instalado en este lugar donde existe una especie de ósmosis, un contacto vivo, biológico.»[76]

Y en este viaje, que no fue solo tomarle el latido a la ciudad sino también ir al cine, al teatro y a numerosas exposiciones de pintura, encontró, como ya hemos dicho, a la Maga, el personaje protagónico con Oliveira, más París, de *Rayuela*, una novela aún no proyectada —si es que fue proyectada en algún momento como discurso, más bien lo fue como contradiscurso—, aunque ya emergiera embrionada en otro relato que Cortázar escribía en ese tiempo (en el invierno de 1950), *El examen*, sobre el que ya nos hemos referido y del que hablaremos en seguida.

Edith, una joven en cuyo carácter se inspiró en parte Cortázar para el personaje de la Maga[77], se cruzará de una forma imprevista en la vida del escritor, al igual que lo hará en la de Oliveira, «convencida como yo de que un encuentro casual era lo menos casual en nuestras vidas, y que la gente que se da citas precisas es la misma que necesita papel rayado para escribirse o que aprieta desde abajo el tubo de dentífrico»[78]. La periodista argentina María Esther Vázquez, que la trató en diversas ocasiones, cuenta cómo ambos se conocieron en el Conte Biancamano, tras zarpar desde el puerto de Buenos Aires, con rumbo a Europa. Fue el sino, el azar, la suerte, la fatalidad, el designio, todas esas palabrejas que poco emocionaban por su valor semántico al escritor, por considerarlas huecas o por nutrirlas de un sentido distinto, lo que les unió en el salón de tercera del barco, luego en una librería del Boulevard Saint Germain, después en un cine, en los jardines del Luxembourg y, por último —con los años—, en el *tube* londi-

---

[76] Ídem.

[77] La Maga no deja de ser una entelequia, a quien se le ha querido dar rostro preciso, con nombre y apellidos, por esa insistencia que suele tener el lector en buscar elementos de causa-efecto entre realidad y ficción. No hablaríamos, pues, más allá de lo meramente anecdótico de una persona concreta, pues la Maga es el resultado de muchas mujeres.

[78] *Rayuela*, p. 15.

nense. Vázquez cuenta que, según Edith, el escritor le daba mucha importancia «a estos encuentros impuestos por el destino» y que «se hicieron amigos, [y] él le regaló un poema suyo que hablaba del tiempo pasado en el barco, [y que] se titulaba "Los días entre paréntesis"».

Edith Arón, la Maga, de padres alemanes y de adopción argentina, hablaba francés, inglés y alemán. Con ella anduvo por París y con ella descubrió las primeras claves (no las determinantes, que son del siguiente viaje) de la ciudad, escuchó a Bach, vio un eclipse de luna desde Notre-Dame y botó un barquito de papel en el Sena, y le puso nombre, figura, a esos encuentros surgidos entre ambos y dictados por el acaso. De ella se enamoró y a ella le prestó un pulóver, con ella mantuvo una correspondencia y relación fragmentarias. Cortázar vio en ella un modelo irreverente y atractivo, y le pidió, en carta de 1951 (de nuevo él en América y ella en Europa), desde Buenos Aires, un reencuentro en París, en el que ella debía seguir siendo como había sido desde el primer momento, «brusca, complicada, irónica y entusiasta». Con ella bajará por el Boulevard de Port-Royal, tomará St. Marcel y L'Hôpital, y llegará al Jardin des Plantes, observará por primera vez esas formas larvales, especies de batracios, que son los axolotl, si bien, en ese tiempo ya, desde el punto de vista de un posible compromiso amoroso, la opción de Cortázar no dejaba ningún tipo de dudas de que era por Aurora Bernárdez, con quien se casará el 22 de agosto de 1953.

El examen es una novela de esta época, aunque el escritor nunca la verá editada, el mismo caso en el que se encontrarán también *Divertimento* y *El diario de Andrés Fava*[79]. En 1958 la presentó al Concurso Internacional de Novela convocado por la editorial Losada, y no fue siquiera seleccionada entre

---

[79] *El examen* aparecerá en 1987, *Divertimento* en 1988 y *Diario de Andrés Fava* en 1995.

las finalistas, por lo que el escritor decidió guardarla. A Fredi Guthmann, en enero de 1951, le dirá, al tiempo que también le comentará que *Bestiario* se encontraba en imprenta con la editorial Sudamericana, que ya estaba concluida, pero que el editor la había rechazado por razones de tema y lenguaje. Años más tarde, el escritor lamentará esa decisión editorial, ya que *El examen* respondía a los niveles de exigencia personales que él se autoimponía. En ese 1951, este libro había logrado pasar el filtro de su riguroso plácet.

Es una novela de estilo voluntariamente roto, beckettiano, kafkiano, arltiano, pero asentada entre parámetros argumentales lo bastante coherentes como para seguir la trama de ese grupo de amigos, que son Clara, Juan, Andrés y Stella, deambulando por Buenos Aires el día previo de un importante y decisivo examen. Los cuatro, junto con el «cronista», recorren el mapa de su ciudad, en el que poco a poco se perfila la amenaza de una niebla inusual y unos hongos que todo lo inundan. El relato, como hemos visto que ocurre en «Casa tomada», juega al juego de abrirse hacia lecturas dispares y precisiones subjetivas. No obstante, en esta novela, en la que se da una preferencia formal más que obvia por el diálogo como instrumento narrativo frente a la descripción y en el que se apuesta en ocasiones por la desarticulación tipográfica, se podría de nuevo aventurar simbólicamente la realidad argentina latente de aquellos años, sus conexiones entre el momento político y la trama alegórica del relato. El escritor siempre consideró que la publicación de este libro quizá hubiera incidido en lo que estaba pasando en la Argentina de esa época. ¿Y qué era lo que estaba ocurriendo en la Argentina del momento? La secuela de una realidad cuyos gérmenes hay que buscarlos en el decenio anterior.

En esta línea, el escenario político de la Argentina a principios de los años cincuenta es el consecuente de un régimen, como el peronista, cuya supervivencia pasa por el cúmulo de paradojas ideológicas que lo sustenta y que ya hemos ido insinuando, desde los grupos integrados en su seno (yrigoyenistas, obreros, determinados sectores sindicalistas no comunistas, círculos católicos, ligas mesocráticas, el ejército con su peso tácito y latente, verdadero partido de Perón) hasta la política de presiones extranjeras ejercida por las potencias vencedoras de la Segunda Guerra Mundial, las cuales consideraban traidores a todos aquellos países de posición neutral, caso de la Argentina, en el conflicto de 1939-45. De ahí los celebrados logros de la legislación obrera, provocados por el aprieto del propio régimen necesitado de los apoyos y respaldos interiores a partir de los que hacer frente a los envites del exterior, sin duda conducentes a ampliar la confusión. El resto viene rodado por sí mismo: nacionalismo, autoritarismo, populismo. Y eso, en efecto, se traduce en una atmósfera de vida inquietante y difícil, masificadora, contradictoria y absurda, que son muchos de los rasgos implícitos del volumen.

El examen es también una novela marechaliana, como lo será *Rayuela*. Hablaríamos, si se quiere, de ciertos débitos, que en ningún momento descalifican por oportunista el hacer de Cortázar (como tampoco se puede descalificar *Adán Buenosayres* desde su conexión con el *Ulysses*, de Joyce), pues su propuesta va más allá, supera las fronteras de la novela de Leopoldo Marechal.

Recordemos que *Adán Buenosayres* se publicó en 1948 en la editorial Sudamericana y no le pasó desapercibida a Cortázar, quien se ocupará de ella con una reseña en el número 14 de la revista *Realidad*, impulsada por Francisco Ayala, en Buenos Aires, correspondiente a marzo-abril de 1949. Por cierto, tuvieron que transcurrir diecinueve años hasta que Marechal, por carta, le diera las gracias por dicha reseña.

En esta reseña, Cortázar dirá: «Una gran angustia signa el andar de Adán Buenosayres, y su desconsuelo amoroso es proyección del otro desconsuelo que viene de los orígenes y mira a los destinos. Arraigado a fondo en esta Buenos Aires, después de su Maipú de infancia y su Europa de hombre joven, Adán es desde siempre el desarraigado de la perfección, de la unidad, de eso que llaman cielo. Está en una realidad dada, pero no se ajusta a ella más que por el lado de fuera, y aun así se resiste a los órdenes que inciden por la vía del cariño y las debilidades. Su angustia, que nace del desajuste, es en suma la que caracteriza —en todos los planos mentales, morales y del sentimiento— al argentino, y sobre todo el porteño, azotado de vientos inconciliables». Toda una percepción que será reproducida en estos personajes urbanitas que merodean sin horizonte fijo, lo cual preanuncia al Horacio Oliveira de diez años más tarde: personajes, estancias y propuestas en los que vemos cristalizar el uso del humor (un humor, repetimos, marechaliano), aquel desde el que *Adán Buenosayres* volvía «a la línea caudalosa de Mansilla y Payró, al relato incesantemente sobrevolado por la presencia zumbona de lo literario puro, que es juego y ajuste e ironía», según palabras de Cortázar, y según modos igualmente reconocibles por siempre en su producción posterior.

Con todo ello *El examen*, que se convertirá en una de las nostalgias que acompañará siempre al escritor («tal vez hubiera sido bueno que se publicara»), no tuvo suerte y se vio arrinconado, y lo fue precisamente porque la novela, amén de proyectar esas pulsaciones a las que hemos hecho mención en el terreno argumental, se distanciaba de la poética del buen gusto, del pensamiento anclado en una visión armónica del discurso, del registro de estructuras y expresión formalistas. Cortázar se inclinó por la heterodoxia, desde Beckett y Kafka, hasta Arlt y Marechal, lo que no se comprendió ni se admitió. Lo cual nos reenvía al tema del estilo, dado que la novela fue rechazada porque el editor consideró, desde un plano puritano de lo expresivo, que era un libro que contenía un lenguaje demasiado vulgar. Un libro en el que se habla igual que se habla en la vida, en el que unos personajes jóvenes se expresan como se expresan los jóvenes en cualquier capital del mundo, una novela que no busca maquillar la realidad, transformarla, sino mostrarla.

Diario de Andrés Fava es un relato que pertenece no solo también a esta época sino que es una parte desprendida por el propio autor del cuerpo orgánico de *El examen*, al considerarlo naturalmente autónomo. Es una muy pequeña metanovela de apunte enredado, repleta de dislocaciones en el argumento y provista de reconocibles guiños autobiográficos que durante siempre se harán presentes en el escritor: la reflexión acerca de la literatura, la presencia de lo onírico y su influencia en la vida, el mundo de la infancia, el poder del recuerdo, la novela como fuente de ficciones, etc., son el referente de este texto de personajes difusos y situaciones impresionistas que en gran medida peca de petulancia juvenil. Cortázar había intentado escribir una novela de la nada. Una novela cuyo tema debía ser la ausencia del mismo. En este principio se enuncia la base de su posterior *62. Modelo para armar*, novela que publicará en 1973.

Divertimento, novela breve también de publicación póstuma, sigue las pautas de los dos títulos anteriores: una apostasía frente a la convención principalmente narrativa. Relato culturalista, con un trasfondo entretejido de referencias pictóricas y musicales, amén de literarias, en el que los personajes existen en un mundo de destinos aleatorios, interconectados por la circunstancia global que actúa en nuestra existencia. Lo cierto es que esta, como las dos anteriores, podemos considerarla, desde el punto de vista estructural, como una *rayuelita*, pero solo eso. Nada en ella sobresale (salvemos de nuevo, si acaso, la perspectiva cortazariana), si exceptuamos el mensaje que preanuncia y cuya corporeidad se materializará en 1963 con *Rayuela*.

No obstante, en este 1951, año en que en él se instalará el pensamiento recurrente de regresar a París, la editorial Sudamericana publicará lo que Cortázar siempre consideró su auténtico primer libro, *Bestiario*. Los relatos integrados en él serán los primeros sobre los que empezó a sentirse seguro de haber expuesto lo que quería decir.

Firmado ya sin seudónimo o sin el segundo nombre de pila, *Bestiario*, que agrupa ocho cuentos, significará el verdadero principio del principio de su carrera de escritor. Todo lo demás, lo publicado hasta el momento, *Presencia, Los Reyes*; lo inédito, *De este lado, La otra orilla, El examen, Diario de Andrés Fava, Divertimento, Pieza en tres escenas*[80]; lo extraviado, *Las Nubes y el Arquero*, o aquello que se encuentra en proceso de escritura, como el ambicioso ensayo sobre Keats continuado desde años, quedará en la otra esquina de su vida como quedarán también ya de un modo desdibujado sus días en Bolívar, Chivilcoy e inclusive Mendoza.

Bestiario establece el antes y el después, un antes que se desintegrará hasta el punto de interrumpir su correspondencia, tan cara un lustro atrás, con las Duprat o con Mecha Arias o con Gagliardi (no obstante mantendrá la de Eduardo A. Castagnino esporádicamente), y un después que mira hacia Europa, pero que, curioso, no olvidará sin embargo Banfield. Se podría argumentar que Banfield es la infancia (suavemente triste, suavemente enfermiza, absoluta) del escritor y que como tal es un reino, como a todo individuo le ocurre, no solo que con los años no desaparece sino que crece. Pero también Bolívar, Chivilcoy y Mendoza andan adheridas a su experiencia en años decisivos, determinantes, y, por el contrario, serán barridas por una suerte de olvido voluntario.

En *Bestiario* aparece el modelo de cuento cortazariano cuya huella lo hará en seguida reconocible como propio, como suyo, el sello Cortázar: la existencia de un mundo perteneciente y su capacidad por traducirlo con peculiaridad, con una mirada personal. El mismo cuento que da título al volumen, «Bestiario», «Casa tomada», del que ya nos hemos ocupado; «Carta a una señorita en París», «Lejana», «Cefalea», «Ómni-

---

[80] Este título teatral de 1948, que verá la luz póstumamente, quedará integrado en *Adiós, Robinson y otras piezas breves*, el cual aglutinará *Tiempo de barrilete*, de 1950, y *Nada a Pehuajó*, ya de los años setenta, del mismo tiempo que *Adiós, Robinson*, que es un texto radiofónico.

bus», «Circe» o «Las puertas del cielo», sirvieron para forzar la atención sobre un autor desconocido en la nómina de los escritores argentinos del período, no ya muy joven, es cierto, 37 años, alguien que había leído ya miles de libros y exigía su presencia por méritos más que sobrados. Algo, de cualquier manera, que no ocurrirá de inmediato, al menos por lo que respecta a su difusión entre el público lector —ya que sí repercutió en el mundillo literario, donde prendió con fuerza al pasar su nombre de boca en boca, que es la forma menos solemne pero la más sólida de ganar adeptos—, debido a que el volumen permaneció los primeros meses sin distribuir: embalado en los fondos de los sótanos de la editorial en Buenos Aires.

A este respecto, Francisco Porrúa dice lo siguiente: «Cuando llegué a Sudamericana ya estaba publicado *Bestiario*, pero la edición estaba prácticamente en los almacenes, sin vender. Como ocurre muy a menudo en estos casos, había una especie de rumor en Buenos Aires de que había un libro muy bueno en Sudamericana. Aldo Pellegrini y la gente que leían la publicación surrealista *A partir de cero* habían descubierto a Julio Cortázar, pero no el lector común»[81]. Parece ser que ese era el grado de conocimiento que se tenía de Cortázar.

En este mismo sentido, el escritor peruano afincado en Palma de Mallorca, Carlos Meneses, que trató al escritor en París y en España, nos cuenta: «Cuando en 1952 fui por primera vez a Buenos Aires, no sabía de la existencia de un escritor llamado Julio Cortázar. Sus libros no habían roto los límites argentinos, quizá ni siquiera habían salido de la capital federal. Por eso los escritores que me interesaron entonces, en mi calidad de estudiante de literatura fueron Mallea, Lainez y sobre todo Borges, pero ni siquiera oí pronunciar el nombre de Cortázar. Sólo cuatro años más tarde cayó en mis manos su obra *Los Reyes*. Y ya hallándome en París, en 1960, me empezaron a hablar de él. De una gran novela, que

---

[81] Entrevista de C. Álvarez Garriga a Porrúa, op. cit.

se llamaba *Los premios,* de varios libros de cuentos, de unos artículos que había publicado contra las dictaduras. Y fue entonces cuando me interesó conocerlo y no paré hasta que tuve esa oportunidad»[82].

Por otra parte, el escritor argentino Lázaro Covadlo comenta y refuerza esta consideración refiriéndose a *Bestiario* en estos términos: «Tengo conmigo —amarilleado y a punto de deshojarse— un ejemplar de la segunda edición, publicado por Sudamericana, de Buenos Aires, en 1964. Casi toda la primera edición durmió alrededor de diez años en los almacenes de la editorial. Hasta que lo descubrió y lanzó el director editorial Paco Porrúa (mítico Porrúa: primer editor de *Cien años de soledad;* traductor y editor de Ray Bradbury. Porrúa es un tema aparte). Sí, hasta que Porrúa sacó a Cortázar a la luz, éste padeció la maldición del escritor de culto. Es cierto que en la frontera de los cincuenta y los sesenta circulaba en Buenos Aires cierto rumor Cortázar y lo recomendaba Aldo Pellegrini, por entonces *gurú* de los surrealistas rioplatenses, pero Julio Cortázar no dejaba de ser el gran desconocido. Supe de él en 1959, cuando Sudamericana editó *Las armas secretas* y el rumor Cortázar entonces empezó a hacerse ensordecedor»[83].

Del volumen, el cuento «Bestiario» es quizá el que introduce en su sentido estructural una mayor baza rompedora. Se da en él una cierta estrategia laberíntica, que no es más que uno de los varios procedimientos de elisión de que se vale el escritor en este relato, como es el contrapunto, la superposición o el fragmentarismo, y lo hace a partir de una perspectiva de cambio. Si en «Casa tomada» todo su clima proyecta, pese a la tensión implícita, un efecto de armonía, de serena magnanimidad, en «Bestiario» se subvierte este por un registro desarticulador. Se diluyen algunos de los elementos estructurales del discurso tradicional, como es la coherencia,

---

[82] Entrevista directa, noviembre de 2000.
[83] *Babelia,* 2 de junio de 2001.

Con Francisco Porrúa.
Fue uno de sus grandes amigos, además
de su editor en la Argentina.

aquí voluntariamente transgredida, y se apuesta, en esta línea, por un mensaje complejo, pero no por lo que se dice sino por cómo se dice.

Las sensaciones que experimenta la niña Isabel, invitada a pasar unos días a la casa de campo de Nino —es una de las pocas historias cortazarianas localizadas fuera del medio urbano—, se combinan con una descripción de hechos que evoluciona vertiginosamente, en la que se da un trasfondo de encuentros y desencuentros entre los personajes en apariencia secundarios que son Rema y el Nene. Destacar en un ángulo de la anécdota, pero no por eso de peso pequeño en la vertebración del relato, la presencia de un tigre, que cifra el elemento fantástico, el cual deambula por dentro y por fuera de la casa, y que es el encargado de provocar la sorpresa argumental al final de la narración.

A la vista de estos cuentos, hay que subrayar que inician

una muda en el recorrido del Cortázar de finales de los cuarenta y principios de los cincuenta hacia una dimensión más cualitativa. «Llama el teléfono, Delia» y «Bruja», relatos que hicieron dudar a Cortázar en su primaria integración en el volumen de *Bestiario*, si bien definitivamente los desterró, quedan atrapados en una etapa anterior, como hemos dicho, menos madurada. En el conjunto agrupado en *Bestiario*, del mismo modo, nos encontramos ante una propuesta de mensaje compacta que se resume en la idea de conquista, de irrupción de lo extraño en lo cotidiano. Esa penetración, en la que los críticos han querido ver una vez más la fuerza alegórico-simbólica del peronismo y sus implicaciones sociales, se extiende, por ejemplo, desde el desplazamiento que sufren los hermanos en la «Casa tomada», la presión de los «monstruos» o «cabecitas negras» en el cuento «Las puertas del cielo», que representan el ciudadano trivial, contra la clase media; el tigre acechante que hemos reseñado en «Bestiario» o el personaje de «Carta a una señorita en París» que vomita conejitos (invasión también) en ese departamento de Suipacha prestado por alguien que vive en París ignorante de lo que está ocurriendo en su casa porteña.

En enero de 1951, tras su regreso a Buenos Aires, Cortázar le confesará por carta a Fredi Guthmann que siente nostalgia por París y que, si pudiera irse para siempre, no dudaría en hacerlo.

En los siguientes meses, el deseo solo irá en aumento. En la retina del recuerdo le quedan el Sena, los bulevares, la Maga, el Barrio Latino, los cines, las caídas de agua que corren pegadas a las aceras, los cafés y ese cielo incoloro de París. Pero, muy en especial, esa posibilidad de exilio voluntario le supondría el alejamiento de la realidad argentina que aborrecía. La pretensión empezará a convertirse en un hecho cuando a finales de otoño de 1951 el gobierno francés, con un De Gaulle momentáneamente distanciado del poder, le concede una beca para estudiar en París. El resultado del concurso de méritos (currículo y proyecto investigador, en su caso referido a las hipotéticas conexiones entre la literatura inglesa y la francesa), con más de cien participantes para la plaza, le apoderará por nueve meses, de noviembre de 1951 a julio de 1952[84], sin otra condición que la de llevar a cabo el desarrollo del proyecto presentado.

Al principio, pese a la fuerza de su anhelo por ir, la cuestión le produjo cierta angustia. Muchos problemas se le cruzaban. No solo se trataba, como hizo, de vender sus discos de jazz o de regalar sus libros a los amigos, había que solucionar el mantenimiento económico de su madre y hermana, que dependían, como ya hemos dicho, de los ingresos del escritor; y a ello era necesario añadir y saber si podría vivir en París con los quince mil francos que comportaba la beca. Por experiencia sabía que dicha cantidad no era un sueldo para permitirse más de una comida diaria, y eso escogiendo, de entre los baratos, el local para comer. Es decir, los comedores de estudiantes o los bistrots olvidados donde servían sopa de cebolla y *andouillettes à la Lyonnaise*, que ahí se llamaban simplemente salchichas de cerdo a la parrilla, pero nada de ajo: Cortázar lo repudiaba; le gustaba decir que como buen vampirólogo. Lo cierto es que era alérgico a su consumo, de ahí muchas de sus permanentes jaquecas. No obstante afrontó el «hermoso lío» con entusiasmo, más siendo, como era, un comensal extremadamente mesurado, frugal siempre lo fue,

---

[84] Según consta en el documento que me mostró Alejandra H. Birgin, directora (2010) de la Maison d'Argentine, de la Cité universitaire international de Paris (CuiP), en la carta peticionaria de hospedaje, Cortázar dice: «El Gobierno de Francia me ha acordado una beca para efectuar estudios de literatura durante el período 1951-1952, y es mi intención llegar a París en los primeros días de Noviembre», carta fechada el 10 de agosto de 1951, a la que seguirá otra del escritor, con fecha de 5 de septiembre siguiente reclamando respuesta al director entonces del «Pabellón Argentino», Horacio Jorge Guerrico.

pues «sólo los canallas pueden asustarse por razones de proteínas e hidratos de carbono»[85].

El asunto del mantenimiento de su familia, lo resolvió con un compromiso que estableció con la editorial Sudamericana: el pacto le obligaba a traducir libros, y esta, a cambio, le abonaría los suficientes emolumentos en pesos argentinos a D.ª Herminia y a Memé para su sustento. De otro lado, su supervivencia en París la dejó más al azar, siempre con el respaldo de la cantidad de dinero fijada por la beca; ya encontraría algo con qué completar el exiguo sueldo. Tras dichas determinaciones, los preparativos del viaje fueron concretándose. La fecha de salida sería para el lunes 15 de octubre en el *Provence* (he aquí, de nuevo, una de las figuras cortazarianas: en los años sesenta, Cortázar y Bernárdez comprarán una casita en Saignon, en la Provence) con llegada a suelo francés, Marsella, el 1 de noviembre. Dos o tres días más tarde arribaría a la capital, donde se alojaría, por iniciativa de su amigo Sergio, en una pieza de la orilla izquierda del Sena, en la *rive gauche*, con un pago de siete mil francos por mes, algo más caro (seis mil) que la habitación que los responsables de la beca le habían localizado en la Cité universitaire, esta con la desventaja de su alejamiento del centro urbano de la ciudad.

No obstante antes de su partida, el escritor tuvo que afrontar el doloroso trance de la venta de un preciado tesoro: debía desprenderse de su acopio de discos de jazz. El hecho de llevar a cabo esta operación nos da cuenta de la auténtica intención, no tan secreta, de Cortázar respecto a su traslado definitivo a París. Nadie que piense en regresar a su casa a menos de un año, se deshace de doscientos discos coleccionados desde 1933, con Parker, Armstrong, Smith, Charles, Holliday, Waters, Ellington, durante casi veinte años y a los que se les tiene un cariño muy especial. A París solo se llevó uno, *Stack O'Lee Blues*, un antiguo blues de sus tiempos de estudiante

---

[85] Aurora Bernárdez, op. cit. Carta de J.C., fechada en octubre de 1951, dirigida a Fredi Guthmann, p. 263.

y que conservaba, según confesión propia, toda su juventud metida en el vinilo.

De nuevo París. Pero ahora será de un modo diferente. Sin el dictado vertiginoso del excursionista que ansía verlo todo. Ahora será el residente pausado que, en lugar de ver las cosas pendiente del reloj, palpa y huele y ve también, se sumerge, se mezcla y se convierte en la propia vida de la ciudad.

Llegó del verano porteño y se instaló en pleno invierno y en una ciudad que bien descendía a los ocho grados bajo cero. Y empezó a descubrir los rincones que le harán sentir, como dirá años más tarde, esa situación de gracia con que los surrealistas determinaban ciertos estados anímicos: la Galerie Vivienne, el passage des Panoramas, el de Jouffroy, el passage du Caire, la Galerie Sainte-Foy, el de Choiseul, que anuncian una vida de tiempos y espacios distintos a los del exterior; igual que el metro, al que se baja y «se entra en una categoría lógica totalmente diferente»; los cafés[86], la Bibliotheque de L'Arsenal, un café de Passy, las esclusas solitarias, ajenas a la depredación turística, del Canal Saint-Martin; la place de la République, el Parc Montsouris, de esas connotaciones mágicas; la Cour de Rohan, la atmósfera inenarrable frente al Pont Neuf, junto a la estatua de Enrique IV que parece un cuadrito de Paul Delvaux; la rue Fürstenberg (en verdad una placita), el jardín del Gran Palais, la place des Victories, las callejuelas del distrito de Lautréamont, la fragancia amarilla de la place Vendôme, el frío de París, doloroso, inacabable,

---

[86] Se ha especulado acerca de si el Old Navy, en el 150 del Boulevard de Saint Germain, era el preferido de Cortázar, especialmente desde el famoso artículo de Gabriel García Márquez en el que hacía mención a la primera vez que vio al escritor y su timidez le impidió saludarle. Lo cierto es que Cortázar, sí visitó en algún momento con cierta asiduidad este café que era y es bistrot o bar de barra, pero, según me comentó Aurora Bernárdez, «Julio tomaba café en cualquier sitio con el que se encontraba cuando salía a caminar, sin un lugar fijo, determinado».

lento casi hasta bien entrado junio, pero que se combate como la lluvia, una lluvia que caía uno de cada dos días y de septiembre a mayo, frío y lluvia de los que protegerse al fondo de una taberna (serrín en el suelo, el olor acre de vino) con un café y una medialuna y con sentirse dichoso. «No quiero hacer romanticismo barato. No quiero hablar de estados alterados. Pero es evidente que ese hecho de ponerme a caminar por una ciudad como París durante la noche me sitúa respecto a la ciudad y sitúa a la ciudad con respecto a mí en una relación que a los surrealistas les gustaba llamar "privilegiada". Es decir, que en ese preciso momento se producen el pasaje, el puente, las ósmosis, los signos. Caminar por París —y por eso califico a París como ciudad mítica— significa avanzar hacia mí.»

Su hospedaje fue, en ese primer período, en la Cité universitaire. El ahorro de mil francos hizo que se inclinara por esta opción. Así nos lo confirma Dolly María Lucero Ontiveros, quien, en un viaje fugaz a París con otras amigas —como ella, estudiantes de posgrado por entonces en Madrid—, tuvo un encuentro buscado con el escritor, al calor de la amistad surgida en los años de Mendoza y tras la sentencia de Cortázar en la que él le comunicó que se iba a Francia definitivamente («¡Dolly, me despido de usted, hasta que volvamos a encontrarnos en París!»):

Nuestro entusiasmo era enorme y comenzamos a hacer planes para explorar París, donde yo no conocía a nadie. ¿A nadie? ¿Y si Cortázar estuviera en París? Pero no tenía su dirección, ni la más remota idea de dónde encontrarlo. Sin embargo, algo había que intentar. ¿Y si se hubiese alojado en la Cité Universitaire, donde llegaban muchos argentinos? Sin dilación esa misma mañana, cerca del mediodía, deambulaba por la Cité a la búsqueda del Pabellón Argentino. Allí una amable señora que se ocupaba de ordenar la entrada del mismo, ante mi requerimiento confirmó mi intuición: «*Mais, oui, oui, monsieur Cortazár*».

Residía allí y solía regresar a las dos de la tarde. Me señaló un asiento y resolví esperar. Tal cual se me informara, y haciendo gala de su puntualidad habitual, vi llegar una alta figura, montada en una bicicleta, era Cortázar, a quien había encontrado en París. ¡Aleluya! Permanecí sentada en aquel banco, entre paralizada e incrédula. El ciclista bajó de su vehículo y pasó junto al banco donde yo semejaba una estatua rescatada del pasado. Algo hizo que se volviera y entonces vi su rostro, donde se reflejaba el más absoluto asombro, sólo dijo: «¡Dolly Lucero, qué hace aquí!» Entre exclamaciones y risas le conté cómo esa mañana había llegado a París y cumplía con la promesa de visitarlo. Fue entonces cuando con la ligereza mental que lo caracterizaba pronunció el apelativo y con él recibí mi segundo bautismo: «Dolly, usted es el "rastreador" de Sarmiento». No sorprenderá que su cordial afecto encontrara el tiempo para dedicarme en París, a pesar de sus ocupaciones laborales. Me llevó a conocer museos, a recorrer la zona del París medieval, de la que decía era como estar en el interior de una piedra preciosa, y los parques y paseos. Su compañía fue un verdadero regalo. Volver a escuchar sus explicaciones sobre el arte antiguo y moderno, su entusiasmo por el arte griego, pero también por el egipcio. Cortázar deslumbrado por París. Con razón escribía en carta posterior, después de su visita a Londres: «Londres me gustó. Pasé una linda semana allá. Pero París me gusta más, y no lo cambio por nada del mundo. Usted que lo ha visto, puede comprenderme».[87]

Al poco, se trasladó al número 56 de la rue d'Alesia, momento en el que encontró un puesto de empaquetador en una distribuidora de libros ubicada en la rue Raymond Losserand. Por esta época se pluriempleó, ya que empezó a trabajar de locutor en Radio Francia Internacional; si bien, sin tanta pompa, hay que decir que se trataba de una emisora que transmitía desde las afueras de París —adonde acudía Cortázar en bicicleta— programas en castellano. Con la llegada de Aurora

---

[87] Entrevista directa. Marzo de 2001.

Tomando un mate.

Bernárdez[88], y tras limitar sus relaciones con la Maga a una posición de amistad, se cambiará en la primavera de 1953 a un dos piezas con cocinita, sin derecho a ducha (había una municipal próxima a veinticinco francos por baño), y mínimo amueblamiento (a destacar la radio que les regaló Fredi Guthmann), en el 10 de la rue de Gentilly, en el área de la place d'Italie, barrio, a juicio del escritor, poco divertido pero luminoso y tranquilo. Por este abonarán doce mil francos. Tenien-

---

[88] Aurora Bernárdez llegó en diciembre de 1952. Me cuenta que arribó en plena ventisca. Su intención, como paso previo a ir a vivir donde lo hacía Cortázar, era hospedarse en el pabellón de los Estados Unidos, en la Cité universitaire, donde encontró plaza de alojamiento, pues por ser período navideño muchos estudiantes habían regresado a sus países, pero la nevada le impedía acceder a las propias cancelas de la Cité. Gracias a un joven negro, fuerte, que la vio en apuros, y que le dijo que se prendiera de él, de su cintura, pudo alcanzar la residencia, que apenas se halla a cien metros en diagonal de la estación del metro de la Cité, pero no de la parada en la que ella había descendido, la Porte d'Orléans, a considerable distancia.

do en cuenta que ambos por separado hubieran debido desembolsar siete mil francos cada uno, el alquiler en Gentilly les suponía un ahorro de dos mil francos, cantidad con la que compraron una Vespa. Había de transcurrir algo de tiempo y varios domicilios más (54, rue Mazarine; 91, rue Broca; 24 bis, rue Pierre Leroux) hasta que ambos se mudaran al *pavillon* de la place du Général Beuret, una vieja caballeriza remozada de tres alturas (dos en realidad, pues la planta baja es un pequeño vestíbulo), con patio arbolado y mucho silencio, donde el escritor dará la forma final de *Rayuela* y donde escribirá algunos de sus cuentos más importantes.

«El barrio no es lo que es ahora. En aquel entonces, por la noche, para que te hagas una idea, íbamos en pantuflas al cine de la esquina», nos dice Aurora Bernárdez, evocando con una sonrisa aquellos años y mientras cae la tarde sobre la claraboya del piso superior[89]. Nos cuenta una pequeña anécdota de ese tiempo. Cómo en cierta ocasión iniciaron la bajada por las escaleras del metro de Concorde. Aurora caminaba delante de Julio, a poca distancia. Un tipo se le arrimó a Aurora y le susurró algo, y continuó insistiendo con sus susurros molestos. «De repente», explica Aurora, «vi al hombre volar, literalmente lo vi volando hasta que aterrizó en el rellano de abajo, pero cayó de pie. Entonces se volvió sorprendido y descubrió a Julio que, desde su posición alta, parecería alguien de dos metros y medio, y no dijo nada, siguió su trayecto. Yo me giré y le pregunté a Julio, un Julio con la cara congestionada, qué había pasado. "Nada", me respondió, "con el pie le ayudé a descender". Julio calzaba un 48».

Este fue un período dichoso. Pleno y dichoso.

---

[89] Entrevista directa. Febrero de 2002.

CAPÍTULO 3
1953-1963

POE. ESTADÍA EN ROMA.
LA VUELTA A PARÍS. NUEVOS CUENTOS.
TRADUCTOR DE LA UNESCO. «EL PERSEGUIDOR».
PRIMERA NOVELA PUBLICADA: *LOS PREMIOS*.
RAYUELA: EL RECONOCIMIENTO DE AMBOS LADOS.

Los siguientes meses para Julio y Aurora, *Glop*, que era uno de los diminutivos cariñosos con que Cortázar la llamaba, fue un tiempo de descubrimientos mutuos y de adaptación a la realidad europea, sin duda severa (una realidad europea de posguerra) pero siempre superable. Percibieron el trato áspero del parisino con el extranjero, si este ya no es turista o si aspira a ser más que turista, llámese residente o emigrante, ya que ni Cortázar ni Bernárdez eran exiliados (él siempre dirá «exilado»), al menos hasta que empiece la dictadura de Videla en 1976; y percibieron también los precios elevados de todo, desde los productos de primera necesidad, los alimentarios, hasta el de la ropa, por no hablar del de los espectáculos. Vivían, según recordará el escritor, en condiciones económicas penosas. Pero eso se compensaba con los museos, las exposiciones, la música, el cine, las calles y ellos mismos, con un espíritu rebelde a los treinta y nueve años de él y a los treinta y tres de ella.

Podría decirse que la vida empezaba y terminaba en ellos, tal como había ocurrido en Buenos Aires. Más allá del clan disperso de amigos, principalmente latinoamericanos (¿el Club de la Serpiente?, ¿el grupo de la Joda?), con que se relacionaban, solo había un abismo de Nada. Ella trabajaba, por un encargo traído de Argentina, en una «Historia de la Filosofía», y él seguía con sus traducciones, amén de dar comienzo a otro libro de cuentos, *Final del juego*, lo que compatibilizaba con el empleo en la distribuidora de libros. Sepamos que, aún en abril de 1954, la liquidación semestral de *Bestiario* por derechos de autor no llegaba a los quince dólares, y eso partiendo de un reconocimiento general de la crítica. La liquidación en 1955 no cambiará mucho: doce dólares. Porrúa confiesa, en esta línea: «Cuando Cortázar envió a Sudamericana *Las armas secretas*, los antecedentes eran como para esperar poco. La razón comercial de que el libro no se había vendido podía haber implicado la pérdida del autor, pero en estos casos las razones comerciales suelen ser anticomerciales»[90]. O sea, Cortázar como autor que vende es cuestionado incluso a la altura de 1958.

De entre los planes inmediatos, había un viaje a Italia para el mes de mayo. Cortázar quería mostrarle a Aurora desde el Piamonte hasta algo más allá de Roma, recalando en la Toscana y sus proximidades: Siena, Florencia, Pisa, Livorno, Carrara, Verona, Venecia. Enseñarle el periplo que había realizado él en su primera vuelta europea, de la que no tenía un buen recuerdo. La idea era mandar la Vespa en tren hasta Milán, recuperarla allí y seguir la península itálica durante un mes. Pero en abril, Cortázar tuvo un accidente con la Vespa, un serio accidente —hecho que se convertirá en el germen de «La noche boca arriba»— que lo postró durante dieciocho días en el hospital de Cochin y le obligó luego a utilizar bastón hasta otoño. Curioso que este viaje, inicialmente frustrado por Italia a causa de una pierna enyesada, tenga una correspondencia similar algún tiempo más tarde: Julio y Aurora tuvieron que aplazar seis años después un viaje también por Italia a causa de la fractura de un brazo de él, que tuvo que ser enyesado.

---

[90] Entrevista de C. Álvarez Garriga a Porrúa, op. cit.

El tiempo, las semanas, que permaneció más o menos in- movilizado, le permitió hundirse en lo que había hecho siem- pre: leer, traducir y escribir, además de oír música en la radio que les había regalado Guthmann. El índice de lecturas ya en este tiempo es abierto por completo, inabarcable, desde filo- sofía Zen (Daisetz Suzuki) hasta novela, poesía y ensayo eu- ropeos, francés, inglés, alemán e italiano, por este orden. Su- brayable: nada, absolutamente nada, de literatura española.

Si rastreamos recuerdos de Cortázar por la literatura española desde los años cincuenta en adelante, son la más mínima expresión. Antes ya hemos destacado cómo en su ju- ventud recorrió la poesía del período de la República y del exilio. En esencia, Federico García Lorca, Luis Cernuda, Pedro Salinas, Rafael Alberti, pero poco más. El porqué de ese —no alejamiento, dado que nunca hubo aproximación— desinte- rés responde al perfil de relato que surge en la España de la posguerra, sujeto de un lado a la oficialidad del régimen franquista y de otro al signo ideologizado derivado del exilio, el cual, en ambos casos, aboga por un discurso rígidamente neodecimonónico. Si la novela de los años cuarenta, con Ca- milo José Cela, Carmen Laforet, J. A. de Zunzunegui, Juan Arbó o Ricardo Fernández de la Reguera, no despierta en Cor- tázar ninguna curiosidad, tal como igualmente ocurrirá con las promociones de novela social y neorrealista del grupo de 1954, con Ignacio Aldecoa, Rafael Sánchez Ferlosio, Carmen Martín Gaite, Jesús Fernández Santos o Alfonso Grosso (este, casualmente, artífice durante el *boom* de una agria polémica con los llamados escritores latinoamericanos, ya en los años sesenta), no es por otro motivo que por el simple hecho de que él, como su generación, veían en la literatura española puro anquilosamiento, el más doloroso de los clichés, nada que ver con la modernidad.

En cuanto a la labor traductora, es entonces cuando, pre- cisamente un escritor español del exilio, Francisco Ayala, le

París. Esta fotografía de Albert Monier de la rue Cloître-Notre-Dame nos muestra el París que encontrará Cortázar a principios de los años cincuenta.

En el Boulevard Saint-Michel. Principios de los años cincuenta. Aurora Bernárdez, del brazo del poeta y musicólogo Daniel Devoto, acababa de llegar a París. Del brazo de Julio, Guida Kagel.

encargará, en nombre de la Universidad de Puerto Rico, la traducción de la obra narrativa y ensayística de Edgar Allan Poe. Cortázar, ocho años más joven que el escritor granadino, lo había conocido en Buenos Aires, vía Adolfo Carpio[91], y había trabado con él cierta amistad muy apoyada en conversaciones librescas. Pocos años después, siendo Ayala profesor en Puerto Rico, se acordó de Cortázar y le ofreció el pedido por tres mil dólares, cantidad muy considerable para ellos y en ese tiempo.

Julio y Aurora hicieron cálculos y convinieron en que, prorrateado ese importe a razón de quinientos dólares por mes (pura virtualidad, pues el contrato no se firmaría hasta que el editor, o sea la universidad, recibiera el encargo concluido; es decir, solo cobraría cuando finalizase la traducción; más aún, empezó a traducir en septiembre de 1953 y no cobró hasta septiembre de 1954), bien podría multiplicar sus posibilidades si, en vez de emprender y realizar el trabajo en París, se trasladaban a Italia, donde el nivel de vida era bastante más bajo y donde no era difícil alquilar un departamento por veinte mil liras mensuales. Pensado y hecho, ya que, como decía Cortázar, «un traductor es como un caracol; se va con su casita a todos lados, con su máquina de escribir y no necesita estar en un lugar determinado».

Desarrendaron la *piecita* de la rue de Gentilly, en el distrito trece, Julio se despidió amistosamente de la distribuidora, vendieron la Vespa, almacenaron sus libros y cosas en

---

[91] Francisco Ayala conoció a Cortázar durante su exilio argentino, en Buenos Aires. Cuenta en sus memorias, *Recuerdos y olvidos (1906-2006)*, lo siguiente respecto a Cortázar y la novela *Adán Buenosayres*, de Marechal, y la nota que le publicó en su revista *Realidad*: «Dejé que se extinguieran, inconclusivamente como siempre, las prolongadas discusiones de costumbre, y encargué el comentario que ninguno quería hacer ni dejar que se hiciera a Julio Cortázar, un joven escritor amigo mío de quien por aquellas fechas nadie hacía caso. Yo tomaba café a veces con Daniel Devoto, Luis Baudizzone y algún otro, y Cortázar se nos sumaba, apresurado, jovial, irritado, asertivo. Julio se hizo cargo de la tarea encomendada y escribió la nota crítica sobre el libro de Marechal», p. 375.

un guardamuebles, y se prepararon para un tiempo romano. Hay que decir que en ningún momento les había pasado por la cabeza abandonar París para siempre. Solo era una permuta coyuntural. Vivir el otoño y el invierno de ese año 1953 inmersos en la cultura latina para, después, regresar, coincidiendo con el deshielo del Canal de San Martin y con los olores del Luxembourg en primavera. La estimación de seis meses se ajustó bastante bien, yéndose dos más, concluido ya el trabajo y remitido a Puerto Rico, aunque, como veremos en seguida, ahí ayudó sobre todo el deseo de recorrer lo más completamente posible el país, el «Harte», la costa entre Cetara y Amalfi, el *ossobuco*, la pizza y el vino rojo, antes de regresar a París.

En su primera fase del viaje, en septiembre, se instalaron en Roma, en la piazza di Spagna. Desde el principio se sintieron cómodos, entre otras cosas por el invierno tibio y por la calidez y anarquía del italiano, aunque no debemos olvidar que el país se hallaba a tan solo ocho años del final de una guerra que lo había categorizado como potencia derrotada. No obstante, Italia se encontraba en proceso reconstructivo por el Plan Marshall norteamericano, el cual había estimulado el crecimiento y el optimismo generales. Luego continuaron sintiéndose cómodos por la catarsis artística que implicaba Roma. A pocos pasos de donde estaban alojados tenían la Fontana della Barcaccia, la via delle Carroze, la escalinata donde el mito dice que murió Keats en 1821, aunque otras informaciones apunten a que lo hizo en su casa, muy cerca de la que habitó Cortázar; el Collegio di Propaganda Fide con su fachada de mediados del siglo XVII o la Colonna dell'Immacolata. La verdad es que eso solo serían referencias, dado que lo sobresaliente de la plaza era el propio entramado de calles, tiendas, *trattorias*, iglesias olvidadas y museos pequeños y grandes, todo ello colindando con el Tíber, con la via Veneto y con la via Borghese. Era uno de los anillos de más vida romana y bullicio, y eso lo supieron ver ambos, y a eso le extrajeron su máxima savia.

Las jornadas de trabajo fueron intensas y cundidoras, a razón de nueve horas diarias. El resto del día lo dedicaban a recorrer la ciudad y sus alrededores. Dado que la faena avanzaba según lo previsto, tras seis meses prácticamente ininterrumpidos de *modelar* a Poe, con más de mil trescientas páginas concluidas, decidieron darse un descanso con una incursión hacia el sur, el «sud», pero con la idea de instalarse después por mes y medio en Florencia, ultimar allí el *Poe* y redactar las notas biobibliográficas del prólogo de la edición. Así, embalaron equipaje y mecanoscrito hacia Florencia y, con dos bolsas de mano, Cortázar algo afiebrado por una bronquitis y lo justo en mudas, iniciaron el descenso hacia el Tirreno: Nápoles, que encontraron lluviosa y deprimente, Salerno, Amalfi y Ravello. Luego recuperaron el camino andado, variándolo, hasta pasar por Roma, Orvieto, Perugia, Asís, Arezzo, Siena, San Gimignano y, por último, Florencia. La única dificultad a la que tuvieron que hacer frente en el circuito fue, cómo no, de índole económica. La poca *plata* de que disponían les obligó a realizar verdaderos equilibrios para disponer de la solvencia mínima para el pago de pensión en *mensas comunales*, comida a base de *panini imbottiti* y transporte en vehículo ajeno.

Además, en cuanto a este último, ellos habían previsto hacer autostop, pero, debido a una norma rancia y antediluviana que estaba en vigor en esa Italia de 1954, los camiones no podían transportar en la cabina a mujeres (ni siquiera a la propia madre del conductor), lo cual reducía drásticamente las posibilidades, pues, como le dijo el escritor a Guthmann, «los autos de "lujo" no paran ni a tiros, seguramente porque el dueño teme que uno le manche el tapizado; y los autos chicos, son tan chicos en Italia que no pueden levantar a un honesto matrimonio argentino»[92]. Tuvieron que emplear el tren.

En Perugia les ocurrió una vez más uno de esos episodios cortazarianos tan bien recreados en sus cuentos: el peso del

---

[92] Aurora Bernárdez, op. cit. Carta de J.C., fechada en marzo de 1954, dirigida a Fredi Guthmann, p. 284.

azar en la materialización de situaciones vivenciales. Un amigo les había facilitado las señas de una pensión. Para llegar a ella, había que tomar un autobús y dirigirse a la piazza Italia, localizar una escalera a la izquierda, continuar el recorrido hasta el fondo, girar de nuevo a la izquierda, y en la segunda o tercera casa había habitaciones de alquiler muy baratas. Siguieron las indicaciones y fueron cubriendo, bajo la lluvia, el trayecto hasta que dieron con el lugar, pero no con la *locanda*. Dieron con otra casa y con una mujer que les dijo que tenía disponible una habitación por seiscientas liras, ya que su inquilino se había ausentado por unos días. Aceptaron y se instalaron en un cuarto con techos de estuco y con un Cupido apuntando su flecha hacia la cama. Cortázar llegó a pensar que se habían metido en una casa de citas. Además, para ir al baño, era necesario atravesar el salón, la cocina y el dormitorio de la señora, que al final resultó ser una funcionaria jubilada de Correos en vez de una *madame*. Lo curioso, sin embargo, lo que nos remite a un incidente a lo John Howell del cuento de *Todos los fuegos el fuego*, es que al día siguiente se percataron de que ellos no habían bajado en la parada de piazza Italia sino en la de piazza Matteoti, que la escalera que habían subido era otra escalera y que, en suma, el sitio era otro sitio distinto al recomendado por aquel amigo: John Howell invitado a subir a un escenario y a participar en una representación teatral que le es ajena.

A Florencia llegaron en marzo y se alojaron en via della Spada, 5. La intención era permanecer en la ciudad del Arno mes y medio, como hemos dicho, pero el tiempo de estancia se estiró hasta dos meses. El reencuentro se convirtió en una auténtica reconciliación con la ciudad, y eso que el escritor ya empezaba a añorar terriblemente París. La verdad es que los ocho meses italianos borraron el recuerdo del contacto brusco y superficial tenido cuatro años atrás. Supo voltear aquellas primeras impresiones (excepción hecha, como hemos dicho, con Nápoles) y embeberse de todo el Renacimiento que le ofrecían el Duomo, el Palazzo Medici Riccardi, la Galleria dell'Accademia, la piazza Signoria, el Ponte Vecchio y los Palacios de Strozzi y Pitti, las galerías Degli Uffizi y la Palatina. Y lo hizo con pausa, con la honestidad de quien se acerca a la cultura por el simple placer de sentirla: «Creer que se ha penetrado en el inmenso misterio de un Donatello, o en el mundo limitadamente encantador de Desiderio da Settignano, por el hecho de que se han pasado dos o tres horas frente a sus estatuas, es desconocer profundamente la naturaleza y los mecanismos de comunicación del arte»[93], le dirá por esos días a Guthmann.

De otro lado, el bimestre florentino no fue productivo en el terreno de la escritura de ficción, al menos en su sentido práctico, orgánico, pues desde un punto de vista teórico sí fue bastante rico: las experiencias acumuladas se convertirían muy pronto en fuente de inspiración. El motivo no es otro que su deseo de poner pronto el punto final a Poe, de ahí que la traducción lo absorbiera por completo. No hay otras razones o causas, mucho menos de tipo material, que expliquen por qué en estos meses solo escribió algunos poemas, pocos, y solo fue abriendo y cerrando algunos cuentos del futuro libro, *Final del juego*. No obstante, recordemos que la traducción de Poe fue un trabajo arduo y muy denso. Sesenta y siete relatos, la *Narración de Arthur Gordon Pym*, *Eureka* y el volumen *Ensayos y críticas*, más las introducciones, hubieran superado con creces el quehacer de cualquier traductor para algo más de un lustro. Añadamos que el reto de Poe fue algo apetecible porque Poe siempre le había acompañado. Desde los años de Banfield lo había sentido cercano. Traducir a Poe fue una de las cosas que hizo con mayor placer en su vida, confesaría el escritor años más tarde.

¿En París, por encontrarse estabilizado, hubiera escrito más ficción? No se puede saber. Lo que sí sabemos es lo que pensaba Cortázar en cuanto al lugar y el momento adecuados para la escritura, y en esta cuestión siempre se mostró reacio

---

[93] Ídem. p. 297.

a un programa y a un orden. «Nunca la he tenido [la noción de horario]. La época en la que he tenido que ganarme la vida con algo que no tenía que ver con la literatura, nunca aguanté los horarios. Siempre me busqué un tipo de empleo que supusiera dos o tres horas de trabajo a lo sumo, aunque te pagaran muy poco, porque luego salías a la calle y eras tú. Entonces en el trabajo literario es lo mismo. Yo no soy absolutamente nada disciplinado.» Un cuento o una novela podían empezar en cualquier lugar, en cualquier momento. Nunca fue partidario de prefijar una cuota del día rutinariamente establecida a tal fin, como Vargas Llosa o como García Márquez, por citar dos autores próximos, entre otras cosas porque le resultaba insoportable, y mantuvo siempre que podía escribir en cualquier sitio: en el *subte*, en un ómnibus, en un avión, en un café, en la sala de espera de un aeropuerto o en una estación, en la oficina de la UNESCO, entre sesión y sesión, cuando se convirtió en traductor vinculado a ella.

En los últimos años, sin embargo, siempre reconoció también que prefería el silencio para hacerlo. Además, este planteamiento anárquico cambia «cuando estoy llegando al punto central de lo que quiero decir porque en ese momento yo soy un poco la víctima de lo que estoy haciendo, estoy poseído por lo que estoy haciendo. Por ejemplo, todo el final de *Rayuela* está escrito en condiciones físicas tremendas porque yo me olvidé del tiempo. No sabía si era de día o de noche. Mi mujer [se refiere a Aurora Bernárdez] venía con un tazón de sopa y me decía "Bueno, hay que dormir un poco", ese tipo de cosas. Pero antes de eso habían pasado dos años en que yo no había escrito nada. Escribía cosas sueltas, así un capítulo. Luego hay un momento en que todo se concentra, y ahí hay que terminar. Pero no es una cuestión de horario sino de obsesión».

Así, definitivamente, rematado el trabajo de Poe, Julio y Aurora decidieron aprovechar la inercia italiana y completar el trazo de la península que no habían recorrido: Pisa, Lucca,

Prato, Bolonia, Ravenna, Classe, Ferrara, Venecia, Padua, Verona y Milán. Especial huella dejó en ellos Venecia, ciudad en la que permanecieron, aprovechando una cierta caída turística, diez días en la Pensioni dei Dogi por mil seiscientas liras pensión completa. Su habitación daba sobre la piazza San Marco, de cara al edificio de la Torre del Orologio, de manera que se convirtieron en espectadores privilegiados de los Reyes adoradores del Niño que a cada hora entera, con extrema puntualidad, se ponían a desfilar frente a ellos. A Cortázar le impresionó sobremanera la visión de la góndola funeraria: los hombres vestidos de negro remando, la cruz de plata en la proa bajo el brillo del sol, la embarcación en movimiento silencioso y monótono hacia San Giorgio, la isla de los enterramientos. A su amigo Damián Carlos Bayón le contará por entonces que le gustaría algún día tener el suficiente talento para introducir eso en un relato. En el 1977 escribirá «La barca o la Nueva visita a Venecia», integrado en el libro *Alguien que anda por ahí.*

El día 9 de junio regresaron a París. Lo inmediato fue encontrar dónde vivir y cómo. Sobre el dónde vivir, tuvieron mucha suerte. Tras consultar la agencia inmobiliaria universitaria que ya conocían lograron alquilarle a una profesora y pianista inglesa, recién llegada como ellos, dos piezas unidas, con ventanal y derecho a cocina, con teléfono y ducha «inminentes», de un segundo y bastante luminoso piso para ser parisino de la rue de Mazarine, en el distrito seis. La ubicación era perfecta, a dos pasos del río, muy bien comunicada con aquellos lugares que solían frecuentar: poco tenía que ver con la incolora place d'Italie. No lejos del Pont des Arts y del Pont Neuf, cruzada por el Boulevard St. Germain, casi en línea recta al Jardin du Luxembourg, la rue Mazarine era (es) un sitio privilegiado. Recuperaron sus libros y objetos, incluida la radio de Guthmann con la que oír los conciertos nocturnos, y se instalaron.

Respecto a de qué vivir, al mismo tiempo que se reintegraron a la ciudad y se pusieron al día en materia de teatro y cine, Cortázar recibió el encargo de la UNESCO para trabajar como traductor durante tres semanas. Con eso, momentáneamente, solucionaron el cómo vivir. A no dudarlo, el ofrecimiento les vino muy bien, pues con el dinero obtenido podrían hacer frente a los gastos hasta que llegaran de Puerto Rico los dólares por *el Poe*, lo cual, como ya hemos dicho, tardó algo más de lo previsto. (Él pensaba que le liquidarían en quince días: el cheque tardó en torno a cuatro meses.) La cosa, además, mejoró porque, casi al mismo tiempo que lo llamaban a él, Aurora también recibió contrato, tras superar el examen de acceso de la UNESCO, como traductora. Que los dos ejerciesen de traductores en el organismo era ilegal, dado que el reglamento interno lo prohibía. No obstante, no solo no pasó nada esa vez sino que dicha irregularidad siguió repitiéndose siempre, y nunca ocurrió nada. Esa situación kafkiana fue motivo de permanente humor y broma entre ellos, puesto que, pese a saberse en la UNESCO que estaban casados, seguían solicitándoles, aunque muy formalmente les advertían de que era ilícito, lo cual no era obstáculo para que a renglón seguido les encomendaran los trabajos de rigor.

Por entonces Cortázar se vio tentado, o le tentaron, Damián Carlos Bayón en ambos casos, para que enviase un libro de cuentos al Premio Emecé y una novela al concurso Kraft. Desechó las dos propuestas. Para el primero no tenía suficiente material (¿*Final del juego* inacabado?) para cubrir las cincuenta mil palabras que exigían las bases del certamen, y para el segundo consideró que su novela (¿*El examen*?) estaba demasiado «cargada de puteadas» como para ser aceptada por el jurado de turno. Decidió seguir escribiendo e ir juntando cuentos hasta concluir sin urgencias un volumen. Publicó en estos meses un cuento de *Bestiario* en Italia, traducido por Flaviarrosa Rossini, y publicó también el relato «Axolotl» en México, que luego incluiría en la edición de *Final del juego*. México seguía siendo la asignatura pendiente del escritor. Él mantenía intacto su deseo por visitarlo. Al menos, ya que no

*Jardin des Plantes. En esta sección de anfibios vio
Julio el axolotl que le inspiró su célebre cuento.*

podía ir en persona, lo haría a través de su ficción impresa.
Para la publicación del cuento en el diario mexicano, le sirvió
de enlace Emma Susana Speratti Piñero, la escritora y lati-
noamericanista argentina que residía en el Colegio de México,
la cual desde *Bestiario* manifestó un encendido entusiasmo por
la obra de Cortázar.

A finales de junio la posibilidad de viajar en noviembre
enviado por la UNESCO a Montevideo, capital en la que se iba a
celebrar la Conferencia General, empezó a ocupar poco a poco
un espacio entre sus proyectos. Ir a Montevideo significaba
acercarse a Buenos Aires y ver a su madre, a su hermana y al
resto de tías y tíos de la familia. Ver también a los amigos y
ver, claro, a la ciudad. Era una oportunidad nada despreciable
que no había que desaprovechar. Aurora igualmente sentía deseos de visitar a su familia, en especial a su padre, por entonces de salud delicada, tras dos años de ausencia.

Conforme transcurrieron las semanas, el propósito fue tomando carta de naturaleza: «Estoy lleno de una incontenible excitación, una especie de animalito peludo que habita desde unos días en la boca de mi estómago, y se agita suavemente cuando pienso en Buenos Aires»[94]. Incluso, ya en julio, aunque no fuese por vía UNESCO, decidieron trasladarse a la Argentina para fines de año. Entre otras razones que avalaban esa determinación se encontraba el hecho de que el precio de dos pasajes de tercera Marsella-Buenos Aires, con diecisiete días de travesía, era aproximadamente lo que les costaba sobrevivir sin excesos, como era el caso de ellos, en París durante un mes.

La oficina de la UNESCO por fin dio el sí. Organizaron todo. Las fechas de embarque las determinaron para el 16 de octubre, con llegada el 2 de noviembre a Buenos Aires. De aquí, el día 11, él solo se trasladaría a Montevideo. En principio iban a realizar el trayecto en el *Provence*, pero la idea se complicó por dos motivos. Primero porque, a última hora, a principios de octubre, la UNESCO les dijo que existía la posibilidad de contratar a Aurora para cubrir una vacante, pero que, por la naturaleza imprecisa de dicha eventualidad, ella tendría que acudir en avión, lo cual les obligaba, no solo a trayectos separados, sino que les desmontaba el plan que habían calibrado de descender suavemente desde París a Marsella por Bourge, Vézélay, Dijon, Arles, Orange, Nîmes y Aix-en-Provence. El otro motivo de la complicación fue que el *Provence*, en su regreso hacia Europa, había chocado en Buenos Aires, y la agencia les comunicó posibles alteraciones, entre otras que tendrían que hacer el recorrido en el buque mercante *Florida*, bastante más viejo que el *Provence*. Finalmente, ambos hicieron el trayecto juntos en el paquebote *Lavoisier*, con una mezcla de excitación y alegría. También con una marcada tristeza, ya que el padre de Aurora, Francisco Bernárdez González, falleció antes de iniciar el tránsito[95].

---

[94] Ibídem. Dirigida a Damián Bayón, p. 305.
[95] Por este motivo, Cortázar no llegó a conocer a su suegro. Los padres

164

Cortázar estuvo un mes en Montevideo, hospedado en el hotel Cervantes, el mismo que utilizaba Borges cuando viajaba a esa capital, el mismo que utilizará el personaje Petrone, del cuento de Cortázar «La puerta condenada». Alguien se lo recomendó a Julio y allá fue. Por contra, los altos funcionarios de la UNESCO lo hicieron en los grandes establecimientos nuevos.

«La puerta condenada», uno de los cuentos integrados en el volumen *Final del juego*, fue gestado durante este tiempo entre América y Europa. Recoge casi milimétricamente la atmósfera de este hotel. La descripción del ambiente, con Petrone, es la misma descripción que deberíamos hacer con Cortázar llegando por la noche tras las sesiones del encuentro internacional: la recepción con una Venus de Milo en un pedestal, un *hall* y unos pasillos sombríos, un lugar en extremo silencioso, con muy poca gente alojada. La habitación de Cortázar, como la de Petrone, era pequeña, reducida como una cárcel, pero a él no le importaba mucho. Cortázar se encontraba de paso como Petrone (el contrato con los industriales de mosaicos no exigiría más de una semana de permanencia), solo quería cerrar un negocio y regresar a Buenos Aires. Petrone entrará en contacto con sus clientes, charlarán, cenarán, beberán tragos y cada noche volverá dócilmente a dormir, como Cortázar que fue varias veces al cine que había del mismo nombre junto al hotel. Leerá diarios, recibirá una carta de su mujer. Todo normal, todo cotidiano, todo lógico. Todo cognoscitivamente verificable. Pero habrá un llanto de niño (aquí ya será solo Petrone, no Cortázar), casi imperceptible en la primera noche; unos lloros de niño y unos arrullos de mujer, de madre, que irán concretándose en las sucesivas noches. Habrá un descubrimiento, de otra cosa tan posible en un hotel: una puerta condenada, semicamuflada por un armario, tal como observaron Cortázar y Petrone. Petrone intuirá que los mur-

---

de Aurora sí trataron mucho a la familia de Cortázar, tras el anuncio y la boda de ambos en París.

mullos vendrán de ahí. Pero habrá algo más. El gerente del hotel le dirá que no hay niños pequeños en su piso. Al lado de su pieza solo vive una señora. Es este un cuento peculiar porque es de los pocos de Cortázar que explora el ámbito de lo fantasmático, si bien el relato «Bruja» ya andaba en esa órbita de acción, tal como vimos.

En Montevideo, fueron cuatro semanas tediosas de conferencias y delegados, de lluvia fina del «sud» y tiempo libre, que combatió como pudo: con la lectura, con el cine, con algunos amigos, entre otros, Fernando Pereda, Isabel Gilbert; sin embargo no Juan Carlos Onetti ni la gente de *Marcha*, como Omar Prego[96]; y con la escritura. Escribió dos cuentos y una pieza teatral de un acto titulada *Nada a Pehuajó*[97]. «Reconocerás que el título no es como para entusiasmar a ningún director teatral», le comentará a Bayón de esta última. Los cuentos quedarían incluidos en *Final del juego*, cuya primera edición es de 1956.

Final del juego consta hoy[98], tras su edición definitiva de 1964, de dieciocho cuentos de entre los que se encuentran algunos de los más conocidos del escritor. Además del citado «La puerta condenada», están «Continuidad de los parques», «Los venenos», «Torito», «Axolotl», «La noche boca arriba», «Las Ménades», «Los amigos» o «Una flor amarilla». Sin duda en todos se percibe como una identificación la inscripción cortazariana impulsada en *Bestiario*, la cual, con más o menos variaciones, estará presente a partir de entonces en él: la indiscriminación entre lo fantástico y lo real («Axolotl»), de la que se infiere lo relativo a la fractura del tiempo aristotélico («La noche boca arriba»); la experimentalidad formal, aquí en su faceta de metanarración («Continuidad de los parques»); la exploración de una problemática individualista («Las Ména-

---

[96] «Como ya sabés (...) la política y yo éramos dos cosas diferentes en esa época», le dirá años más tarde a este.

[97] Tuvo una publicación póstuma.

[98] En la primera edición, la mexicana, no aparecían algunos cuentos como «El río», «Continuidad de los parques», o «Una flor amarilla».

des»); la persistencia de líneas argumentales encajadas en el universo de la infancia («Final del juego») o algunos de los ejes anecdótico-temáticos más recurrentes en él: el grupo familiar cohesionado, pero en el borde de su desintegración, y lo autobiográfico («Los venenos»); lo popular contemplado con cierto distanciamiento, como algo exótico («Torito»); la soledad («El río») o el azar («No se culpe a nadie»). A destacar que en esta serie de relatos se resta fuerza, no obstante, a aquella cuña entre lo ficcional y, hasta ese momento, su simétrica vinculación con la coyuntura histórica argentina. Digamos que aquí hay otra respuesta diferente: la natural respuesta de alguien que ya no vive directamente bajo esa circunstancia ni bajo esa presión ni tampoco bajo ese peso.

La vuelta a París fue en el mes de abril y se instalaron en la rue Broca, del distrito trece, hasta enero de 1956, fecha en que se trasladaron a Pierre Leroux. Cortázar se había traído de Buenos Aires el encargo de traducir para Sudamericana una novela de Marguerite Yourcenar, las *Mémoires d'Hadrien*, que había leído en Italia el año anterior y le había gustado mucho, y a ello, más el trabajo de la UNESCO y los cuentos que iba escribiendo, irán ocupando su tiempo, compartido con una mononucleosis («una enfermedad bastante enigmática», le dirá con una ingenuidad lógica, pues nos referimos a 1955, a su amigo, el ingeniero y traductor francés Jean Barnabé) y una apendicitis que le llevó a la mesa de operaciones del hospital. Como trasfondo, siempre, el proyecto de viajar, bien aprovechándose de las posibilidades que le ofrecerá la UNESCO en los siguientes dieciocho o veinticuatro meses, bien partiendo de estas para ampliar el recorrido hacia otros países, que fueron por entonces Suiza, India, España, trece ciudades de esta recorridas en mes y medio, de las que le agotaron la comida y los trenes de Renfe; Holanda, Bélgica, Portugal, Turquía o Grecia.

De entre estos países, le impactará la India, en la que es-

Con el Taj Mahal detrás.
Mediados los años cincuenta.

tuvieron, previas seis «malditas» vacunaciones, desde la anti-
tífica a la anticolérica y la antivariólica, dos meses. Los olores,
los colores, el hieratismo de la gente, la percepción distinta del
tiempo, el concepto mismo de existencia de los indios, formará
parte de ese recorrido que se iniciará en Bombay. «Allí, con un
calor espantoso al que resultaba muy difícil adaptarse, empe-
zamos nuestro contacto con el mundo indio. La primera reacción es el miedo, un pavor físico y mental, la sensación de que
se ha cambiado de planeta, de que se está entre seres con los
cuales es imposible la menor relación. A ese primer choque,
sucede uno muy diferente: la paz, la serenidad por contagio
de la manera de ser de los indios»[99], le dirá a Jean Barnabé.

Desde Nueva Delhi, en vuelos domésticos y en coche, irán
hasta Bombay, Aurangbad, Bopal, Sanchi, Gwalior, Agra y
Jaipur: mendigos tirados en la calle que duermen con los ojos
abiertos, vacas intocables, incienso, monos, caos; las cavernas

---

[99] Aurora Bernárdez, op. cit. Carta de J.C., fechada en octubre de 1956,
dirigida a Jean Barnabé, p. 346.

*En Ginebra, mayo de 1955. En una de sus múltiples
estadías como traductor en la ciudad suiza.*

de Ellora y Ajanta, el arte mogol, el Taj Mahal («que corta el
aliento»), las fiestas religiosas en las que se encienden lampa-
rillas de tierra cocida como recuerdo a las almas de los seres
queridos; Benarés con los muertos amortajados, los leprosos,
las piras, el éxtasis al entrar en contacto con el agua del Gan-
ges, en «esa atmósfera de muerte y carne quemada»[100]. Qué
diferencia con las semanas previas transcurridas en la equilibrada y esférica Suiza, en las que la *fondue* y el carácter plúm-
beo de los helvéticos solo le dejarán en la memoria la marca
del tedio. Aurora coincidía con él en esta apreciación con el
país de Rousseau, si bien en su recuerdo quedó para siempre
grabado el vuelo París-Ginebra de finales de aquel mayo de
1955: su primer y magnético viaje en avión.

Es cierto que hemos señalado que el Cortázar de esta época era un escritor que no vendía casi, pero no lo es menos que
era un autor que ya comenzaba a ser advertido. Poco a poco
se van traduciendo y publicando cuentos suyos al francés,

---

[100] Ídem., p. 351.

al italiano, al inglés y al alemán, para revistas o para libros antológicos, además de que también poco a poco va sacando relatos en revistas americanas, principalmente en México y Argentina. Los trabajos sobre literatura fantástica de Emma Susana Speratti y de Ana María Barrenechea, esta última con posterioridad se convertirá en una especialista de su obra, lo engastan y sitúan, por entonces, a un nivel parejo con Borges, Fernández, Quiroga y Lugones; las traducciones de Jean Barnabé (*Bestiario*), de Laure Guille Bataillon («Lejana», «Las puertas del cielo») o de Durand («La noche boca arriba») van abriendo su nombre; la selección que hizo Roger Caillois, precisamente de «La noche boca arriba», para una antología de *contes d'épouvante*, y la inserción también del mismo relato en una revista berlinesa incidirá en ese sentido señalado de apertura; la compra de Kathleen Walker de «Casa tomada» para la prestigiosa revista norteamericana *Américas* o las lecturas de algunos de los relatos de *Historias de cronopios y de famas*, que desde hace meses va escribiendo alternados con otros cuentos, emitidos por la radio germana de Sarrebrück o por una emisora de Nueva York con traducciones de Paul Blackburn; el interés decidido de Rizzoli, de Italia; Luchterhand Verlag, de Alemania, o Alfred Knoff, de EE. UU. por sus cuentos, más la adaptación cinematográfica de «Cartas de mamá» en la Argentina, serán refuerzos y fogonazos de brillo y de alerta para una carrera que comenzará a despegar muy pronto en el plano comercial.

Dos lances ilustran, en esta línea, el momento al que nos estamos remitiendo. El primero tuvo que ver con Roger Caillois y el segundo con Kathleen Walker. Ambos ponen de manifiesto la defensa que Cortázar hizo siempre de la integridad de su obra, aun en detrimento de romper posibilidades de publicación y promoción.

Roger Caillois, futuro responsable de ensayos, entre otros *Images, images* —cuya versión española fue publicada precisamente en Sudamericana—, sobre bibliografía fantástica y difusor de la literatura latinoamericana vía la afamada editorial Gallimard, en los años cincuenta dirigía la revista *Nouvelle Revue Française*. Cortázar había tenido algún trato, pero no muchos, con el autor francés. Sabemos que Cortázar no era alguien que se preocupara en exceso, sí algo más de lo que decía en su madurez, por «mover» sus libros[101]. Por esta época, Jean Barnabé tradujo *Bestiario*, en una versión al francés que a Cortázar le pareció la adecuada, y Cortázar, pese a esa inercia señalada y por compensar el esfuerzo que había supuesto el trabajo de Barnabé, decidió llevársela a Caillois.

Transcurridos unos días, Caillois lo citó en su despacho. Le comentó que el cuento en Francia era muy difícil de vender, lo cual se complicaba si encima el escritor era un desconocido. Además, las traducciones de *Bestiaire* le parecían excesivamente «apegadas a la realidad». Cortázar entendió lo primero, pero no comprendió que lo segundo debiera interpretarse como una crítica. Si había fidelidad en la traducción, no solo al espíritu sino también a la estructura externa decidida por Cortázar y respetada por Barnabé, mejor que mejor. Pero no. Caillois le puntualizó que la traducción se alejaba de los giros franceses para aproximarse demasiado a los españoles. Estaba claro lo que exigía Caillois: que se sacrificara al autor traducido en favor del estilo francés. Ni Cortázar estaba por la labor de cambiar su texto ni le iba a pedir a Barnabé que modificase el suyo. La cosa no acabó ahí.

Una semana más tarde Caillois le dijo que le había elegido un cuento, «La noche boca arriba», para incluirlo en una recopilación que se iba a editar en Gallimard. Recordemos que el relato trata de un joven motorista que tiene un accidente, es hospitalizado y a partir de ese instante se alterna la vigilia

---

[101] A este respecto, en cierta ocasión, manifestó: «El futuro de mis libros o de los libros ajenos me tiene perfectamente sin cuidado. Un escritor de verdad es aquel que tiende el arco a fondo mientras escribe, después lo cuelga de un clavo y se va a tomar vino con los amigos. La flecha ya anda por el aire y se clavará o no se clavará en el blanco. Sólo los imbéciles pueden pretender modificar su trayectoria o correr tras ella para darle empujoncitos suplementarios con vistas a la eternidad y a las ediciones internacionales».

con un sueño de tiempos remotos, dándose en el último tramo de la historia la reversibilidad de la misma, pues lo que era pesadilla es realidad y viceversa. Machacón, Caillois le hizo la siguiente sugerencia a Cortázar, por considerar que, tras los cambios que él le proponía, sin duda el relato ganaba en profundidad y atractivo. El siguiente fragmento es de una carta de Cortázar a Barnabé, de mayo de 1957, refiriéndole, divertido, el incidente: «El peligro de su cuento (es él quien habla [Caillois]) está en que el lector francés pueda pensar que se trata simplemente de una alucinación del hombre a quien han operado... ¿No le parece que convendría agregar una frase al final, por ejemplo que a la mañana siguiente los enfermeros encontraron muerto al enfermo, y al mirar con atención se dieron cuenta de que tenía una herida en el pecho y que le faltaba el corazón?». Cortázar le contestó que él al «cuento no le tocaba ni un pelo, y que si no se publicaba tal cual prefería que no apareciera en francés»[102]. El cuento salió sin ninguna modificación respecto al original.

El suceso con Kathleen Walker fue semejante. Era editora de *Américas*, una conocida revista que veía la luz en Washington y que constaba de edición inglesa y española. En esta ocasión se trató del cuento «Casa tomada», que le solicitaron para su publicación. Al premaquetar el número en el que iba a aparecer Cortázar, detectaron un problema: la extensión del relato. Muy largo para su inclusión en la sección correspondiente. Por lo que decidieron mutilar el texto a fin de que cupiese. Es decir, antes de su publicación, pero sin consulta previa, decidieron readaptar con mano ajena la longitud del relato al espacio a base de lo que llamaron «*condesations*».

La respuesta de Cortázar fue de indignación. En carta fechada el 26 de octubre de 1958, con un tono extremadamente correcto pero no menos firme y exigente, el escritor le expuso a Walker lo inadmisible de pretender inmolar su cuento en be-

---

[102] Aurora Bernárdez, op. cit. Carta de J.C., fechada en mayo de 1957, dirigida a Jean Barnabé, p. 360.

En Francia, verano de 1952.

A orillas del Sena, en el Bois de Boulogne, 1952.

neficio de la apariencia periodística. Argumentó, con un ejemplo del «Burn Norton» eliotiano de *Four Quartets*, que para él «un cuento no se diferencia intrínsecamente de un poema, en el sentido de que sus valores rítmicos, la estructura de la frase y el desarrollo de la acción deben cumplir sobre el lector un efecto de carácter análogo al de la poesía»[103]. Por supuesto que, en tales términos, declinaba publicar en *Américas*. Walker contestó convencida. Todo hay que decirlo: ella supo estar a la altura de las circunstancias. Le dijo que, aunque fuese necesario, recurrirían a los márgenes para publicar el cuento sin suprimirle una coma. Dos meses después de la publicación de «Casa tomada», le solicitaron otro relato para la revista.

Hay que significar que a mediados de los años cincuenta se empezará a operar en Cortázar una reorientación importante, muy en particular desde la escritura del relato «El perseguidor», iniciada a finales de 1955, y cuya culminación será *Rayuela* y los libros (novela, narrativa, ensayo y poesía) posteriores. Hasta entonces, Cortázar pasaba por ser considerado como un escritor de literatura fantástica: *Bestiario*, *Final del juego* y algunos cuentos nuevos, como «Las babas del diablo», así lo acreditaban. Esto es, alguien que había logrado un sistema cuentístico excelente circunscrito a un mecanismo de relojería muy aceitado y nada reprochable. Pero, he aquí, que en el Cortázar de este ciclo algo se activará y le obligará a entrar en territorios a los que nunca había accedido por desinterés: el individuo humano. Así, «El perseguidor» es un relato largo que anuncia una nueva etapa cortazariana, un nuevo enfoque y otra cosmovisión porque supone el descubrimiento del prójimo. Con este cuento, Cortázar andaba buscando la otra puerta, tal como le dirá el escritor a Barnabé. Y la encontró.

---

[103] Ídem. Carta de J.C., fechada en octubre de 1958, dirigida a Kathleen Walker, p. 383.

Como bien es sabido, el protagonista de «El perseguidor» es Johnny Carter, cuyo alias no es otro que el saxofonista alto y compositor norteamericano Charlie Parker, nacido en Kansas en 1920 y muerto en Nueva York en 1955. El tema del cuento es algo bastante sencillo: la vida y la muerte de aquel, situadas en París, aunque Parker solo había estado en dos ocasiones en Europa en 1949 (París) y en 1950 (Escandinavia: Suecia y Dinamarca). La idea de recurrir al músico de jazz para su relato le vino por la devoción que el escritor sentía desde sus años juveniles por Parker y, muy en particular, por el entusiasmo que se le despertó tras leer una biografía suya, en la que vio cómo en él se ajustaban algunas de las peripecias y muchos de los aspectos que le interesaba reflejar en el cuento.

Bird o *Yardbird*, como se le conocía a Parker en los medios musicales, se había iniciado, entre otras, con la orquesta de Jay McShann, y se convirtió en referencia sobre todo tras sus contactos con Kenny Clarke y Thelonious Monk, quienes lo introdujeron en las sesiones del Monroe's y del Minton's de Nueva York. Compañero de Earl Hines, de Bill Ecstine y de Dizzy Gillespie, Duke Jordan, Tommy Potter o Miles Davis, Parker nunca fue alguien de trato fácil y sí muy proclive al consumo de drogas, lo que se proyecta en el relato. La leyenda dice que el médico que tuvo que verificar formalmente su defunción le calculó en torno a los sesenta años de edad, cuando lo cierto es que contaba con treinta y cuatro años.

El reto primero era el de alejar el cuento y el protagonista de enfoques intelectualistas, dicho sea en su sentido preciso. Cortázar pretendía trasladar la problemática vital, existencial, a un héroe que, por definición y formación, no lo era a priori. La experiencia de angustia, la experiencia metafísica, la necesidad de explorar y de observar qué hay del otro lado de las cosas, pero desde gente media, mediocre incluso, gente que, sin embargo, también realiza ese trayecto especulativo, solo que regido por la intuición. Vitalismo, existencia, conciencia de que el hombre se halla en el camino equivocado y tragedia, son los cuatro puntos cardinales de Carter, pero también del Horacio Oliveira de *Rayuela*. Relato del artista empujado al margen de la sociedad y relato que critica el estado y los límites imperfectos a los que ha llegado dicha sociedad, relato como «un caso extremo de búsqueda, sin que se sepa exactamente en qué consiste esa búsqueda, pues el primero en no saberlo es él [Carter] mismo».

En esta línea, en muchas ocasiones Cortázar comentó que «El perseguidor» era una pequeña *Rayuela*, un antecedente de esta, si bien eso será algo que él descubrirá mucho tiempo después de la publicación de la novela, que fue en 1963. «El perseguidor» fue una primera semilla, Carter fue un poco, como decimos, Horacio Oliveira. Sin la escritura de este cuento difícilmente hubiera podido escribirse la novela. «El problema de un hombre que descubre de golpe, Johnny en un caso y Oliveira en el otro, que una fatalidad biológica lo ha hecho nacer y lo ha metido en un mundo que él no acepta, Johnny por sus motivos y Oliveira por motivos más intelectuales, más elaborados, más metafísicos. Pero se parecen mucho en esencia. Johnny y Oliveira son dos individuos que cuestionan, que ponen en crisis, que niegan lo que la gran mayoría acepta por una especie de fatalidad histórica y social. Entran en el juego, viven su vida, nacen, viven y mueren. Ellos dos no están de acuerdo y los dos tienen un destino trágico porque están en contra. Se oponen por motivos diferentes. Era la primera vez en mi trabajo de escritor y en mi vida personal en que eso traduce una nueva visión del mundo. Y luego eso explica por qué yo entré en una dimensión que podríamos llamar política», le confesó a Evelyn Picón Garfield.

El cuento, cuya elaboración le resultó ardua, fue integrado en *Las armas secretas*, junto con el relato que dio título al volumen, más «Cartas de mamá», «Los buenos servicios» y el citado «Las babas del diablo», que inspiraría años más tarde y lejanamente *Blow up*, de Antonioni, y cuya adaptación a la pantalla tan poco gustó al escritor. El libro, en un principio con cuatro cuentos, pues solo antes de la edición definitiva añadió el quinto, lo dejó, según confesión propia, sin mucho optimismo en las oficinas de Sudamericana a finales de 1957, coincidiendo con una nueva estancia en Buenos Aires. Apareció en esta editorial en 1959.

Fue precisamente en ese viaje a la Argentina a bordo del *Claude Bernard* de ida y el regreso a Europa en el *Conte Grande* cuando se gestará la novela *Los premios*, publicada en 1960. A la par que todo eso, iba creciendo anárquicamente una recopilación de pequeños textos que finalmente tomaría en conjunto el título de *Historias de cronopios y de famas* (1962). Podemos así determinar que el trienio 1957-59 constituye un período de serio ensanchamiento de su obra y de presencia progresiva en la sociedad literaria, por colaboraciones suyas en español y por traducciones de sus cuentos que empiezan a ver la luz en diversas publicaciones americanas y europeas. Unamos a estos datos que, en torno al año 1959, en concreto el mes de junio, ya hay referencias explícitas que demuestran que el escritor se encuentra encarando la novela *Rayuela*, su libro más relampagueante. O *Mandala*, esotérica palabra con la que lo bautizó hasta tenerlo casi concluido.

Las armas secretas, en el que sintomáticamente la trama de los cinco cuentos transcurre en París, fue muy bien recibido tanto por la crítica como por el público, en quien Cortázar comenzaba a lograr un sólido hueco. El relato «El perseguidor», pero en especial el hecho de que aquel volumen se cimentaba sobre los dos anteriores libros, lo cual venía a reforzar una unidad de calidad perfectamente cohesionada, comenzó a convertirse, al igual que «Casa tomada» en su momento, en cita común. De cualquier manera, por supuesto, hablaríamos aún de escritor minoritario, y ahí están alrededor de los tan solo dos mil ejemplares vendidos (para todo el público de habla española) de su primera tirada. Algo alejado de la imagen que, es verdad que de un modo distendido, proyecta de sí mismo Cortázar a la traductora Laure Guille Bataillon, a quien en cierta ocasión le comunica que sus libros, *Las armas secretas* y *Bestiario*, «se venden enormemente, [y] mis editores *se frotan*

*Julio, Aurora,
la hermana de esta,
Teresa, y su marido,
Jorge.*

*Manuscrito del escritor
en el reverso de la
fotografía anterior.*

Queridos: Ahí tienen una muestra de la vida bohemia en París. De paso verán un rincón de nuestro bulín. El que está con la "pipa in bucca" y el tambor hindú soy yo. Como pueden ver, Teresa y Jorge resplandecen, y Glop, aunque me tiene agarrado del pescuezo, no tiene intenciones de estrangularme. La biblioteca que se ve era una puerta. La sacamos y yo puse los estantes. La viga de hierro que se ve detrás de Jorge está pintada de rojo y de negro. Queda muy bonita.

Abrazos fuertes de
Aurora y Julio

las manos (¡en un gesto inequívoco!) y *me piden originales*.
Todos los días me entero de cómo se me lee, se me sigue y se
me cita»[104]. A ella misma le comentará que ha rechazado una
entrevista para la televisión argentina y algunas conferencias
en Buenos Aires. Conviene que pongamos las cosas en su sitio:
este Cortázar no es F. S. Fitzgerald tras la reciente publicación
de *This Side of Paradise* en Scribner's. Todavía no ha tocado
el cielo. Ni se imagina la cantidad de entrevistas, encuentros y
conferencias que tendrá que rechazar en un futuro inmediato.
Aunque, cierto es, se halle muy alejado de aquel otro Julio Denis cuyas expectativas de vida en Bolívar se ceñían a las charlas de café y a escribir poemas y leérselos a Madame Duprat, a
su hija y a Mecha Arias. Solo han pasado veinte años entre el
uno y el otro, lo cual vendría a ser casi una vida entera, en la
contabilidad vital de Cortázar. No digamos en la contabilidad
vital del Cortázar posterior a la edición de *Rayuela*.

Es también por este tiempo (1957) el momento en que dirá que empieza a sentirse más cómodo escribiendo novela,
cambiando de género. Puede parecer una paradoja, dado que
ya ha escrito al menos dos docenas de cuentos de magnífica
factura, pero así es. Consideraba que estaba entrando no tanto en una fase distinta (la escritura poemática, sin embargo,
nunca la abandonará, siendo, como era, más antigua y a todas
luces de inferior calidad que los relatos), cuanto saliendo de
una ya recorrida. Sentirá que continuar escribiendo cuentos
fantásticos sería falsear una situación, pues ese planteamiento ya no le satisface. En él se manifestará un decidido interés
por penetrar en zonas nuevas de la expresión creativa, con
el fin de afinar desde otro ángulo en su autoescrutinio, en su
autoconocimiento. En su exploración.

La primera intentona de lograr ese avance será con la novela *Los premios*. El desafío de manejar a quince o dieciséis
personajes en una trama, desenvolverlos en situaciones que

---

[104] Ibídem. Carta de J.C., fechada en diciembre de 1959, dirigida a Laure
Bataillon, p. 410. Las cursivas son de Cortázar.

exigían estrategias diferentes a las técnicas cuentísticas aplicadas en su producción de relato breve, incluso distantes de lo que había sido *El examen*, de ambiciones, como hemos visto, muy comedidas, parecía en principio suficiente para culminar sus perspectivas. Pero no fue así. En seguida sabrá, y lo sabrá antes de supervisar las galeradas definitivas de *Los premios*, que su búsqueda es más ambiciosa, va más allá de este libro. Su aspiración no se conforma con practicar un relato naturalista de la realidad, él busca la noción de contranovela. No es difícil adivinar que lo que Cortázar precisaba no era solo cambiar *de* género sino cambiar *el* género. De hecho, cuando concluya las cuatrocientas cincuenta páginas de la *novela náutica*, seguirá acompañándole una rara sensación, seguirá sintiéndose insatisfecho: «yo quiero acabar con los sistemas y las relojerías para ver de bajar al laboratorio central y participar, si tengo fuerzas, en la raíz que prescinde de órdenes y sistemas»[105].

Ni más ni menos que lo que aquí subyace es la aspiración de atentar directamente contra la naturaleza misma de la novela. La respuesta no será, por tanto, *Los premios*, en suma un discurso tradicional, con una estructura clásica, unos personajes definidos y una peripecia (extraña, pero peripecia al fin y al cabo) deslindada, sino *Rayuela*. «Lo que estoy escribiendo ahora será (si lo termino alguna vez) algo así como una antinovela», le dirá a Barnabé.

La edición de *Rayuela* en el verano de 1963 fue un verdadero aldabonazo para la novela en lengua castellana, muy particularmente para la novela española del momento. Solo en catorce o quince meses fue estudiada o comentada en varios centenares de artículos en prensa general y especializada. Cortázar dejó de ser el escritor subterráneo para convertirse de repente en uno de los nombres pronunciables como sinónimo de magnitud, y lo fue porque *Rayuela* hay que inscribirla,

---

[105] Ídem. Carta de J.C., fechada en junio de 1959, dirigida a Jean Barnabé, p. 397.

además, en el llamado *boom* de la literatura latinoamericana, fenómeno emergente que, suceso mitad comercial y mitad literario, se inició en España a principios de los años sesenta, precisamente desde la aparición de *La ciudad y los perros*, de Mario Vargas Llosa, y de *Rayuela*; sin olvidar que *La región más transparente* (1958), de Carlos Fuentes, marca una factura para el público de América Latina. De otro lado, no nos llamemos a engaños: cuando *Rayuela* se publicó en Francia tardó diez años en agotar una edición de dos mil quinientos ejemplares. Es decir, el *boom* catalizó un público latinoamericano. En Europa, sus nombres, penetraron con cuentagotas.

Conviene subrayar que en este tiempo, pese a la existencia de la editorial Sudamericana, España, con su referencia en Barcelona sobre todo, se convertirá en escaparate de los autores del *boom*, la mayoría de los cuales publicará a través de la opción sobresaliente de la editorial Seix Barral. Algunos incluso se trasladarán a vivir largas temporadas a España: García Márquez, Vargas Llosa, Donoso, Edwards, Bryce, Benedetti; o definitivamente: Onetti. Autores que, en un primer tiempo y en general, entrelazaron sus lazos amistosos. Por ejemplo, Cortázar, Vargas Llosa y García Márquez coincidieron en el mismo tiempo en París, llegándose a tratar muy especialmente Vargas —quien convivía entonces con Julia Urquidi, la tía Julia, la cual dejó sus recuerdos relacionados con los Cortázar en *Lo que Varguitas no dijo*, para quienes solo tiene palabras de gratitud y cariño— y Cortázar.

¿Cuál fue su determinación en el contexto de la novelística de los años sesenta? ¿Fue considerable su grado de infiltración en una novela, como lo era por entonces la que se escribía en español, en América y en España? Recordemos que nos referimos a un discurso rígido en extremo, salvo excepciones, pues ya había muestras de perfiles antirrealistas a partir de Jorge Luis Borges, Roberto Arlt, Adolfo Bioy Casares, Leopoldo Marechal, Macedonio Fernández o María Luisa Bombal.

Más en concreto, con títulos inmediatos como *El Aleph* (1949), de Jorge Luis Borges; *La vida breve* (1950), de Juan Carlos Onetti; *El sueño de los héroes* (1954), de Adolfo Bioy Casares; *Pedro Páramo* (1955), de Juan Rulfo; *Los ríos profundos* (1958), de José María Arguedas; *Hijo de hombre* (1959), de Augusto Roa Bastos; e incluso con *Los premios*. El desbloqueo que introdujo en la idea de relato, ¿abrió caminos a los narradores posteriores?

El referido suceso del *boom* exigirá, como veremos más adelante, cambios vitales a Cortázar. Será imposible mantenerse al margen, quedar esquinado o seguir siendo, como Yurkievich lo calificó, un «dulce erizo, un suave lobo estepario», como lo había sido los diez años anteriores en París. Además, en tanto el *boom* fue una especie de montaje técnico-especulativo con implante español, ¿fue determinante en la novela posterior? Veámoslo.

Julio Cortázar, Mario Vargas Llosa, Carlos Fuentes y Gabriel García Márquez, se convirtieron en el rostro de ese afiche denominado *boom* e inventado por Emir Rodríguez Monegal. Hay que recordar que la aparición de los escritores del *boom* conllevó el descubrimiento por parte del lector de una serie de autores rompedores con el género, serie cuyo trenzamiento se prolongó con posterioridad y gradualmente a José Donoso, Augusto Roa Bastos, Alejo Carpentier, Adrián González León, Manuel Mujica Lainez, José Lezama Lima, Alfredo Bryce Echenique, Juan Carlos Onetti, Mauricio Wacquez, Julio Ramón Ribeyro, Guillermo Cabrera Infante, Mario Benedetti, Álvaro Mutis, Jorge Edwards y Osvaldo Soriano, entre algunos más. El tirón supuso, al mismo tiempo, la recuperación de nombres como Miguel Ángel Asturias, Ernesto Sabato, Jorge Luis Borges y Juan Rulfo. Referirnos, genéricamente, a estos autores desde el bienio 1962-63 es hablar de cuestionamiento de lo instituido en el espacio del discurso y de acción de cambio de las descripciones de cuento y novela. Estos escritores modificaron e impusieron un nuevo eje narrativo que asumió las aportaciones técnicas de los grandes autores del siglo xx, desde Joyce, Kafka, Musil, Mann y Proust, hasta Faulkner, Dos Passos y Woolf, y esa asunción diseñó una atmósfera y un universo cruzados por la investigación expresiva.

La contestación que surgió de los autores del *boom* obedeció a una voluntad de desintegración del relato que se dio en aquellos años sesenta. En el terreno específico de la novela, hay que señalar que afectó frontalmente a la misma y logró descoyuntarla. A la vez, y sin entrar ahora en si ese injerto latinoamericano en la novelística del período obedeció a una imposición de criterios editoriales de Víctor Seix y de Carlos Barral, lo cierto es que la década de los años sesenta estuvo prácticamente presidida por nombres de autores americanos. Es decir, lo que representó entonces a la novela en español en un mapa mundial provenía de estos narradores. En concreto, hablamos de un peruano (Mario Vargas Llosa), dos cubanos (G. Cabrera Infante y Alejo Carpentier), dos argentinos (Julio Cortázar y Manuel Mujica Lainez), un colombiano (G. García Márquez), un mexicano (Carlos Fuentes), un chileno (José Donoso) y un venezolano (Adrián González León). Solo estos nueve escritores cubren el segmento que va desde 1963, con el arranque de Vargas Llosa (ganó el Premio Biblioteca Breve con *La ciudad y los perros* en 1962) y de Cortázar con ambas novelas citadas, hasta 1968, con el cierre de José Donoso y su título *Coronación* (primera edición de 1956), en su edición de Seix Barral.

Respecto a la determinación de Cortázar entre los escritores en lengua castellana, es necesario indicar en qué situación de inmovilismo se encontraba el cuento y la novela de entonces. La opción cortazariana fue proclive desde el primer instante, como ya hemos ido viendo, hacia el principio de la dislocación. Recordemos que, hasta que Barral inició el proceso de lanzamiento, Cortázar era un escritor de relativa presencia entre los lectores latinoamericanos y menor entre los españoles. Pero también era verdad lo que representará la publicación de *Rayuela* cuando ya sea un hecho decisivo la corporeidad del *boom* en medio de las editoriales españolas. De

Julio con una de sus pipas favoritas.

Habitación donde escribió Rayuela.

París bajo la nieve. Notre-Dame al fondo.
Julio se apoya en el pretil, junto a los bouquinistes.
Visitaba con frecuencia esos puestos de libros.

Julio y Aurora en Versalles.
Agosto de 1954.

estrechas miras es no aceptar que la renovación del discurso en castellano provino, en grandísima medida —por mucho que le pesara al novelista español Alfonso Grosso, que enjuició con un desprecio localista y zafio los cambios impuestos por los narradores latinoamericanos—, del empuje de este grupo de autores. En España, si vamos a un ejemplo concreto, la calificada como Generación del 68 (con José María Guelbenzu a la cabeza), que se distanció del modelo de la Generación del 54 y optó por la impronta de transgresión, proyecta una deuda evidente con el registro de ruptura que caracteriza, en general, a los narradores del *boom* y a Julio Cortázar en particular.

Rayuela, por sus juegos estructurales, sus zigzagueos contrapuntísticos, los quiebros, su voluntaria incoherencia, su antítesis de mundos distantes, su rechazo de la causalidad indiscutible, vino a intensificar la descomposición de un modelo de novela sujeto a formas tradicionales. De ahí que el propio Cortázar la catalogara de «antinovela». No obstante, el escritor dejó pronto de aceptar ese calificativo y prefirió el de «contranovela», tal como deja de manifiesto en estas palabras: «No creo que sea una antinovela. La noción es muy negativa. Sería casi una tentativa venenosa de destruir la novela como género, si dices antinovela. Y no es eso, al contrario, es la tentativa de buscar nuevas aperturas, nuevas posibilidades novelescas. Pienso que la novela es uno de los vehículos literarios más fecundos, y que incluso en nuestro tiempo tiene una vigencia muy grande. No hay más que imaginar el número de lectores que tiene una novela. No, no es eso. Cuando alguien dijo que era una contranovela, eso ya está más cerca de la verdad. Porque fue una tentativa para tratar de eliminar, de ver de otra manera el contacto entre una novela y su lector».

Lo bien cierto es que *Rayuela* fue una apuesta por el lector activo y un rechazo del lector pasivo (el famoso y desafortunadamente llamado por el escritor lector-hembra, expresión que luego desterró de su vocabulario). Las posibilidades de una lectura abierta y la destrucción, en definitiva, del formato clásico de relato, más el recorrido por las múltiples incrustaciones culturalistas, desde el jazz a la poesía, la pintura, el glíglico, el cine, la ciudad de París o la literatura, y la permanente invitación a ese lector cómplice, supusieron que la novela pasara a ser considerada casi de inmediato como un texto de culto.

Aunque yo no pensaba individualmente en lectores, toda la tentativa del libro, creo que se nota en el comienzo, es una tentativa destinada a que la actitud del lector que lee novela se modifique. La actitud del lector que lee novela es, en general, pasiva porque hay un señor que ha escrito un libro y tú lo tomas y lo lees de la página una a la trescientas, y entras en el juego de la novela; entonces estás en una actitud pasiva recibiendo el cien por cien de lo que esa novela te da, tienes tus reacciones parciales. Por ejemplo, puede no gustarte y abandonarla o puedes encontrarle aspectos positivos o negativos, pero estás metido en el clima. A mí se me ocurrió, y sé muy bien que era una cosa difícil, realmente muy difícil, escribir, intentar escribir un libro en donde el lector, en vez de leer una novela así consecutivamente tuviera en primer lugar diferentes opciones, lo cual lo situaba ya casi en un pie de igualdad con el autor porque el autor también había tomado diferentes opciones al escribir el libro. Posibilidad de elecciones, de dejar de lado una parte del libro y leer otra, o leerla en otro orden y crearse un mundo en el cual él desempañaba un papel activo y no pasivo. Yo sé muy bien que en la práctica eso no corresponde exactamente con mis deseos teóricos porque finalmente los lectores de *Rayuela* la han aceptado en su conjunto como un libro, y en ese sentido es una novela como cualquier otra, pero también sé que muchos de esos lectores han sentido que se les reclamaba una participación mucho más activa, que es lo que yo llamo, en el libro, el lector cómplice.

De la misma manera, la escritura de *Rayuela*, en un plano estrictamente personal, fue una pretensión de negar la realidad cotidiana y a la vez la admisión de otras realidades, de otras aperturas, como le dirá el escritor al periodista Joaquín

Soler Serrano. ¿Por qué no una confesión, un tipo de confesión dirigida a un lector abstracto? En esa línea hay que decir que el público que se va a encontrar será mayoritariamente joven, algo que no dejó de sorprender al propio Cortázar, quien, a punto de cumplir cincuenta años, había escrito una novela pensando en un hombre de su edad.

Ese libro en ese sentido se desarrolla a lo largo de episodios incongruentes, absurdos, a veces incluso incoherentes, donde las situaciones más dramáticas son tratadas con sentido del humor y viceversa, donde hay episodios inaceptables de un criterio realista cotidiano. Para mi gran sorpresa y mi gran maravilla, yo pensé, cuando terminé *Rayuela*, que había escrito un libro de un hombre de mi edad para lectores de mi edad; la gran maravilla fue que ese libro, cuando se publicó en Argentina y se conoció en toda America Látina encontró los lectores en los jóvenes, en quienes yo no había pensado directamente jamás al escribir ese libro. Los verdaderos lectores de *Rayuela* han sido los jóvenes. Las primeras reacciones, las primeras cartas, o cartas de adhesión o cartas de insultos, las dos eran igualmente positivas, dentro de la óptica, dentro de lo que yo quería con ese libro, venían de jóvenes. Y ese fenómeno se ha seguido manteniendo a lo largo de los años. Entonces la gran maravilla para un escritor es haber escrito un libro pensado que hacía una cosa que correspondía a su edad, a su tiempo, a su clima, y de golpe descubres que en realidad planteó problemas que son los problemas de la generación siguiente. Me parece una recompensa maravillosa. Sigue siendo para mí la justificación del libro.

De otro lado, la implicación de Cortázar en la propia edición de *La Rayuela*, con determinativo, que era cómo la llamaba el escritor tras la primera versión de setecientas páginas concluida en Viena, allá por mayo de 1961, fue completa, y no solo en lo concerniente a la tripa del volumen. Desde el primer momento se sintió vinculado, como no lo había estado en sus libros anteriores, al proyecto material del tomo. En este sentido exigió, por ejemplo, no solo pruebas de texto sino pruebas de galera, dado que así, hasta última hora, se reservaba la posibilidad de modificar cualquier planteamiento del escrito, al tiempo que de esa manera podía controlar milimétricamente el cuerpo, tan resbaladizo, todo sea dicho, de *Rayuela*.

No debemos olvidar que estamos frente a un libro que a la vez «es muchos libros, pero sobre todo es dos libros», con una primera lectura que finaliza en el capítulo 56 y una segunda que empieza en el 73, con una doble paginación, que en verdad es triple cuando concluye cada capítulo. Es decir, parece razonable la inquietud que movía a Cortázar y el deseo de ejercer una supervisión hasta el mismo final previo a la linotipia, el cual evitara cualquier eventual alteración del orden, dispuesto a través del «Tablero de dirección», y con ella el desplome del castillo de naipes que son las vicisitudes de Oliveira y la Maga y Rocamadour, con el París Brassaï de fondo.

Lo curioso, sin embargo, es que en esta ocasión Cortázar quiso participar inclusive en la confección de la tapa y en el resto de implicaciones exteriores, como el lomo o el tipo de letra con que debía ir el título, su nombre y apellido. Para la portada el escritor le propuso a Porrúa, con un encargo previo de la maqueta a Julio Silva, que fue desechado por Sudamericana, el dibujo con tiza de una rayuela en un patio, «todo más bien pobre, gris, conventillo, día nublado, mufa el clima del libro, en suma»[106], una rayuela en horizontal, con la salida del Cielo en la parte trasera, cruzando el lomo, y la entrada de la Tierra en la cubierta. El escritor así estaba por una rayuela acostada frente al criterio de Bernárdez, Silva, Porrúa y demás personal encargado del tema en Sudamericana, inclinados por una rayuela en vertical con los nueve pasos, desde la Tierra hasta el Cielo, en ascenso, que es como vio definitivamente la luz, pero sin las palabras «Tierra» (ahí pondrá Editorial Sudamericana) y «Cielo» (ahí pondrá Julio Cortázar).

---

[106] Ibídem. Carta de J.C., fechada en marzo de 1963, dirigida a Francisco Porrúa, p. 540.

Al final cedió, pero sugirió que apareciese (era idea de Silva) una rayuelita en el lomo del volumen, lo que se le antojaba un efecto magníficamente lúdico. Algo desmitificador el hecho de verla emerger como un animalillo entre cientos de otros lomos serios y académicos en cualquier librería.

En cuanto a fuentes de letras, tamaños y colores, las preferencias de Cortázar, siempre en común acuerdo con el proyecto de Silva, iban por su nombre en azul, no demasiado oscuro, sobre fondo negro; el de «Rayuela» en rojo, y las palabras «Editorial Sudamericana» en amarillo. Su nombre en itálicas no le gustaba, si bien estas consideraciones de cariz más tipográfico las dejó al libre albedrío profesional que, en suma y a la postre, fue el que se impuso, el cual (los números y las palabras de la rayuela en manuscrito, los colores, etc.), aun sin ser el diseñado por Silva, no se alejó demasiado y dejó conforme al escritor cuando, en julio de 1963, recibió el primer ejemplar impreso enviado por Porrúa. Todo correcto, salvo en el hecho de que en el lomo apareciese su inicial «J» en vez del nombre completo «Julio»: «Por mi parte, me declaro muy satisfecho, sobre todo después de haber visto, con pocas horas de intervalo, dos o tres de las últimas ediciones de novelas de Losada, con esas tapas que parecen para escuelas de deficientes mentales. Nuestra rayuela es muy digna, muy copetona, y sobre todo en el lomo queda preciosa».

Rayuela centrará la frontera divisoria no solo en el cambio conceptual del escritor y en su relación con el mundo, fraguado ya, como se ha dicho, en «El perseguidor», sino supondrá también una transformación en el Cortázar social[107]. Al primer aspecto nos hemos referido con anterioridad. Por lo

---

[107] En su casa de la place du Général Beuret, Aurora Bernárdez me contó en 2010 cómo, a partir del reconocimiento generalizado que supuso para Cortázar la publicación de *Rayuela*, se quejaba «con cariño» de la cantidad de libros y cartas que recibía y que debía contestar. «Julio decía: "Si a la vez que me mandan los libros, me enviaran el tiempo para poder leerlos".»

que es al segundo, hay que acentuar el viaje a Cuba que el escritor emprendió en 1963, invitado para ser jurado del Premio Casa de las Américas. Con ello hay que referirse al inicio de una lenta pero inflexible crisis matrimonial con Aurora Bernárdez, culminada esta en parte por la inmediata aparición de Ugné Karvelis, una lituana nacida en 1932 y por estos años vinculada al mundo de la edición a través de Gallimard, con gran peso además y muy buenos contactos profesionales en la vida del escritor.

El Cortázar de la etapa europea contaba con una obra ya respetada, compuesta por *Bestiario*, *Final del juego* (a punto de ser ampliada en la edición de Sudamericana a dieciocho cuentos), *Las armas secretas*, *Los premios* y *Rayuela*. Podemos preguntarnos, pues, ¿qué implicó el surgimiento de su última novela?, ¿qué quedaba del Cortázar recién llegado a París diez años atrás y seguido de cerca por Aurora Bernárdez? Más todavía, ¿qué había en este Cortázar, saltando veinte años atrás, de aquel otro autor, el de los ya lejanísimos *Presencia* y *Los Reyes*, el de Bolívar, Chivilcoy y Mendoza?

Digamos que el trayecto literario-vital de Cortázar es el de la desformalización, para lo cual ese primer decenio vivido por el escritor en París fue un gozne hacia planteamientos de cambio. Desde el punto de vista literario, nos hallamos ante el narrador desestructurado, alguien que ha abandonado el dictado del «buen gusto» e iniciado su propio y personal recorrido a partir de 1951 con un olvido consciente de la normativa estética. Para constatarlo, ahí está el tramo de su producción citado. En su sentido vital, como hemos dicho, también este principio de década expresó un giro, si bien en el fondo a lo largo de toda su vida siempre se mantuvo fiel a aquel Julio Florencio que disfrutaba con la lectura y su soledad en el jardín de los ligustros de Banfield mientras las hormigas hacían de las suyas en los macizos.

Es bien cierto que ese Julio Florencio y el Julio amable, receptor de todo aquel que decidiera ir a su casa, en especial esa nómina de latinoamericanos que se iba pasando de uno en otro y de mano en mano las señas domiciliarias del escritor, son ambos también el Julio Cortázar de este período. A este respecto, Carlos Meneses, escritor limeño y hoy residente en España, cuenta cómo Cortázar lo recibió en su casa dando simplemente una pequeña referencia de conexión entre los dos:

> Me llevó un amigo peruano, un profesor de literatura que lo había conocido en Buenos Aires cuatro o cinco años antes. Fue una visita breve. Yo sólo había leído *Los Reyes* y, encima, no recordaba muy bien esa lectura. Así que no tenía mucho de qué hablarle, y nuestra presencia en su casa no debió de superar la media hora. Lo encontramos con uno de sus gatos en las rodillas, y disponiéndose a escribir. No supe qué era lo que iba a escribir. Pero sí tomé buena nota de todo lo que había publicado para conseguirlo, lo que sí logré con alguna dificultad.[108]

De otro lado, en el mismo sentido, José María Guelbenzu nos cuenta un episodio del que él fue testigo algunos años después, el cual da medida de esa amabilidad que decimos propia del Cortázar de siempre:

> De entre los diversos recuerdos personales que tengo de Julio Cortázar siempre está presente, como emblema de una manera de ser, el de una mañana de Primavera en la Feria del Libro de Madrid. Julio había estado firmando libros hasta el agotamiento, hacía mucho calor y, al cierre, nos fuimos al hotel a tomar una copa y a charlar y comentar incidencias, la clásica distensión que sigue a una dedicación. El grupo estaba formado por unos amigos del mundo de la edición y la escritura y, por esas cosas de la vida, estaba con nosotros una persona más, nada relumbrante en la sociedad literaria; simplemente, una persona más; a la que los demás parecían no ver con esa característica mala educación de los narcisos.
>
> Apenas se inició la conversación todos se dedicaron de un

---

[108] Entrevista directa. Noviembre de 2000.

En su casa de París en 1958. Fotografía de Aurora.

París 2 de sept. 78/ Querida Polly Woolly: En vez de una carta te mando esta foto que te permitirá ver que estoy muy bien y que te da una prueba de lo contento que me siento de saberlos bien a todos en casa. En el fondo podrás apreciar la mesa de trabajo, típica del escritor, con su hermoso desorden... No te escribo más largo porque Glop y yo estamos desbordados de trabajo en vísperas de nuestros respectivos viajes a Viena y Londres. Pero ya podré darte más noticias de mis días. Recibí tu última. Espero que Clarita y Abraham sigan mejor de su gripe: un grande y cariñoso abrazo para los dos tan buenos amigos y tan grandes corazones.

Mil gracias Pube, a abuelita, a Memé y a vos por sus cartas de cumpleaños, que fueron mis mejores regalos (junto con un precioso libro que me dió Aurora). Hasta bien pronto con el cariño de

Manuscrito de Julio en el reverso de la fotografía.

193

modo u otro a sí mismos y a revolotear en torno a Cortázar, y esta persona quedó aislada de todo contacto. Nadie contaba con ella, nadie le hacía caso alguno. Solamente Julio, que se percató inmediatamente del mal rato que debía de estar pasando, le dirigió la palabra —tímida, eso sí, como era él ante desconocidos— y a pesar de la insistencia con que le reclamaban los demás se ocupó, sin dejar de atenderlos, de hacer notar a esa persona, durante todo el rato que duró el aperitivo, que él sí la reconocía dentro del improvisado grupo.

Cuando salimos de allí, los circunstantes se despidieron de esa persona, ahora que Cortázar le había dado carta de naturaleza. Así es la gente. Supongo que todos habían leído las *Historias de cronopios y de famas*; supongo que ninguno, excepto el propio Julio, supo reconocer en seguida en aquella persona a un genuino cronopio. (No era yo, lo advierto; yo sólo fui testigo de la calidad humana de aquel gran inventor de artefactos literarios.)[109]

Exteriormente el Cortázar de estos años del período de *Rayuela*, sin embargo, todavía tenía bastante del de tiempo atrás. Delgado, muy alto, con el cabello ahora sin engominar, pero algo más largo, sin barba aún; los mismos ojos verdes, todavía podía vérsele a veces con corbata, aunque no tanto como en la época argentina. El aspecto, no es necesario hacer mucho hincapié ante una obviedad bien conocida, seguía siendo el de un joven, pese a ese medio siglo que estaba a punto de franquear. Pero nada de *sacos* cruzados, pañuelo brotando del bolsillo del pecho y zapatos lustrados, indumentaria tan típica de los porteños que iban a los bailes del Palermo Palace o a los del Teatro Colón, como es fácil de vislumbrar en las fotografías de su juventud. Resulta difícil de asociar a este Cortázar de pulóver con la pipa en la mano que mira distendido a la cámara de aquel otro Cortázar encorsetado en un traje chaqueta oscuro y corbata preparando un asado en el campo junto a compañeros del Colegio Nacional de San

---

[109] Entrevista directa. Mayo de 2001.

Carlos de Bolívar también tan entrajetados y aparentemente cómodos como él. A lo sumo, a esos dos Cortázar, les une ese reloj de pulsera en la muñeca izquierda con la esfera vuelta hacia abajo, como le gustaba llevarlo, y la ausencia de anillos en los dedos.

Permanecían idénticas las jaquecas, jaquecas que solía combatir con aspirinas. Por esta época vivió una experiencia singular, a causa de una mal calculada dosis de un derivado del ácido lisérgico con la que un médico intentó frenarle las molestias provocadas por dichas cefaleas.

Fue en 1959, en París. Cortázar acudió a la consulta de un doctor y este le aplicó el tratamiento referido. Ya en la calle, de repente, caminando por la rue de Rennes hacia la estación de Montparnasse se sintió extraño, sintió que algo aborrecible lo cercaba, se sintió como tantos de sus personajes que, en plena cotidianidad, se veían inmersos en lo abominable; situaciones inverosímiles en medio de calles con sol, de coches que circulan normalmente, de niños con carteras que salen del colegio. Siguió andando bajo esa sospecha de amenaza y se percató de que alguien caminaba a su lado, alguien pegado a su espalda, por la izquierda. Alguien a quien él no se atrevía a mirar. Fue entonces cuando reconoció su propio perfil, se percató de que era su yo desdoblado, salido de él mismo. No supo cuánto permaneció ese efecto, pero sí sacó las fuerzas necesarias para girar hacia su derecha (el lado opuesto donde estaba ese fantasma o el resultado de un medicamento alucinógeno), entrar en un bar y pedir un café doble, que bebió de un solo trago. A la salida no se topó con su otro yo ectoplasmático, por lo que se dirigió a su casa y durmió el resto del día.

¿Qué quedaba de aquel Cortázar de su juventud en este Cortázar que anunciaba el triunfo profesional? ¿Qué quedaba de aquellos años borrosos? Poco, muy poco. Sombras. Imágenes. Evocaciones, quizá. Algunas sensaciones que como un vidrio puntiagudo le devolvían a la realidad, muy en especial si le asaltaban las reminiscencias de aquellas muertes, ahora sí distanciadísimas pero no por eso menos dolorosas, la de Paco Reta, la de Mariscal; la muerte también de Pereyra, la de su padre (esta nada presente, la verdad), la de su abuela, muy sentida (1961), la de su padrastro, súbita en el último día del año, en plena celebración del arribo del nuevo 1960[110]; su alejamiento de una Argentina que se desintegraba e iba directa aún más si cabía —y vaya si cabía— hacia el caos («todo era tan penoso y tan lamentable en la Argentina de los cuartelazos, que me derrumbé literalmente en dos semanas y me negué a tener contactos personales con la gente», dirá el escritor de un viaje relámpago a Buenos Aires en 1962), ello había ido conformando un hombre nuevo. Un hombre que sabía ya moverse a la perfección por París, que se deslizaba hábil como pez en el agua y que sabía dónde podía tomar el mejor café árabe en St-Séverin o sabía también cómo los pájaros se acercaban a comer las migas de la mano en el Quai de la Seine o había descubierto cómo cazar estrellas en la madrugada en el Quai de Bercy. Alguien que había convertido su casa de la place du Général Beuret en un refugio delicioso, en un kibbutz que, por un tiempo, aún resistirá el drástico envite Karvelis. Alguien que había cambiado, además, su máquina de escribir Royal por una Remington. Un Cortázar que había recorrido prácticamente toda Europa y una buena parte del mundo, un Cortázar tan lejano de aquel adolescente que cierta tarde había planeado con otros amigos embarcarse en un buque mercante y llegar diecisiete días después a París. Aquel joven, ahora adulto, que sin embargo seguía sin preocuparse ni preguntarse por las glorias ni por las nieves, únicamente se interesaba y quería saber dónde, en qué lugar se iban juntando las golondrinas muertas.

---

[110] Según me cuenta Aurora Bernárdez, que estaba presente esa noche, la muerte le sobrevino súbitamente mientras se jugaba una partida de póquer.

*Ventana de la casa de la place du Général Beuret, cuya
vista contemplaba Cortázar mientras trabajaba.*

Patio interior de la casa de la place du Général Beuret.

Cortázar a los cuarenta y dos años.

CAPÍTULO 4
1963-1976

EL HOMBRE EXTERIOR.
CUENTOS, MISCELÁNEAS Y DIVERTIMENTOS.
62. MODELO PARA ARMAR.
EL «CONO SUR».

Julio y Aurora volaron en los primeros días de enero de 1963 por primera vez a Cuba. Él había recibido oficialmente la invitación de las autoridades culturales de La Habana para formar parte del jurado del premio anual Casa de las Américas. Permanecieron en la isla casi un mes, exactamente hasta el 20 de febrero, día en que regresaron a París. Si bien no era un tema que lo desvelase (no hay más que referencias mínimas en algunas cartas de este tiempo), no obstante, el escritor quería saber qué era aquello, qué era la revolución y qué apoyo tenía de la sociedad cubana. Cómo vivía la gente, con qué talante asumían su condición de país comunista puesto en el punto de mira de los EE. UU.

El asunto cubano había empezado ya en 1953, año en que fracasó el asalto al Cuartel de Moncada dirigido por Fidel Castro. Se trató entonces de un intento por el que se pretendía subvertir el régimen autoritario del otrora sargento Batista y en ese momento hombre omnímodo de un espacio algo mayor de 114.000 kilómetros cuadrados, con una población que rondaba los seis millones de habitantes y a tan solo noventa millas de Florida. El suceso, pese a la derrota (Castro fue amnistiado a los dieciocho meses de una condena dictada de quince años), fue visto con ojos esperanzadores por el grueso de la intelectualidad latinoamericana y sirvió para preparar el terreno del posterior golpe revolucionario, este sí triunfante, en 1959. Desde un principio la revolución, con los nombres de Ernesto (Che) Guevara, Fidel y Raúl Castro, Camilo Cienfuegos, como rostros de la misma, se convirtió en un símbolo de la resistencia antiimperialista frente a los norteamericanos, más aún desde la (posterior) llamada «crisis de los misiles», en 1961, que estuvo muy cerca de avivar un enfrentamiento frontal entre los EE. UU. y Cuba.

El bloqueo y el embargo, consecuencia derivada de los acontecimientos de Bahía Cochinos (Kennedy), con el previo hostigamiento desde los exiliados anticastristas entrenados y armados por la CIA en Guatemala (Eisenhower); el encierro y la incomunicación con que los estadounidenses pretendieron colapsar la vida político-económica de La Habana, ahondó más en el respeto, interés y apoyo de esa gran parte de la intelectualidad señalada, y en concreto la revolución cubana fue contemplada con admiración por la misma franja de los escritores del *boom*. Aún se hallaba lejos, a menos de una década, la Primavera de Praga y demás respuestas de la antigua Unión Soviética y, por pura metonimia, de Cuba también (el *affaire* Padilla, por ejemplo), a la creciente oposición social a la ideología marxista; aún se encontraba lejos la escisión entre Mario Vargas Llosa, Octavio Paz y Guillermo Cabrera Infante, opuestos a cualquier concesión al castrismo, y Gabriel García Márquez, Julio Cortázar y Mario Benedetti, proclives a la permisividad del mismo, pues consideraban que, pese a sus defectos, había que apoyar el hecho revolucionario cubano por los logros que implicaba en todos los terrenos y el especial valor simbólico que proyectaba en América Latina la primera revolución socialista.

Desde el primer contacto con Cuba, Cortázar se sintió atrapado por las gentes, por la isla y por la política aplicada por el régimen de «los barbudos». «Me he enfermado incurablemente de Cuba», le dirá al poeta y periodista cubano Antón

Arrufat, y esa expresión no fue en nada puro retoricismo, ya que será cierto cómo estos primeros encuentros calarán en él y lo metamorfosearán en el hombre exterior en que se convertirá a partir de entonces. Estamos frente a un Cortázar que confiesa, y es una confesión a Paul Blackburn, no saber nada de política, pero que sin embargo ya toma partido por un pueblo, el cubano, que le parece maravilloso. No solo eso: Cortázar ya conoce el enemigo, los EE. UU.

Su opinión respecto al rumbo de la revolución, además, en este 1963, era de corte pesimista: «Personalmente creo que las cosas van a terminar mal, muy mal, y no será por culpa de los cubanos, sino del resto de América, empezando por los USA y siguiendo por todas las "repúblicas" democráticas (*democratic my foot*) de América latina. Los cubanos pueden haber cometido errores, pero los cometieron cuando se vieron contra la pared, cuando nadie quería comprarles el azúcar, cuando los USA les negaron el petróleo»[111]. También sabía que uno de los peligros que amenazaba el desarrollo de los programas revolucionarios y su futuro era la posibilidad de que la política gubernamental cayese en el discurso del comunismo duro, de signo estalinista, del que Castro quería alejarse, según Cortázar: «Si esa tendencia triunfara en Cuba, la revolución estaría perdida», dirá en el mes de abril de ese 1963.

En este primer viaje tuvo contactos políticos, culturales y sociales; se reunió con Alejo Carpentier, que era director de la Editora del Estado y que había publicado en 1962 *El siglo de la luces*; se vio con el tan esperado y admirado José Lezama Lima, más poeta entonces que novelista, ya que *Paradiso* saldrá en 1966, con quien se había carteado en varias ocasiones y había intercambiado libros; con Nicolás Guillén, autor de *La paloma de vuelo popular*, que representaba la poesía oficialista; y con tantos más gestores culturales, con Haydée Santamaría, fundadora de la *Casa de las Américas*, a la cabeza;

---

[111] Aurora Bernárdez, op. cit. Carta de J.C., fechada en abril de 1963, dirigida a Paul Blackburn, p. 547.

poetas y narradores, desde el citado Antón Arrufat, Virgilio Piñera, Humberto Arenal, Jesús Díaz, Miguel Barnet, Roberto Fernández Retamar, Edmundo Desnoes, Lisandro Otero, Calvert Casey, Lino Novás, José Triana o José Rodríguez Feo, entre otros, a quienes escuchó sus críticas positivas a la revolución y con quienes departió y de quienes concluyó que «una revolución que tiene de su parte a todos los intelectuales, es una revolución justa y necesaria». (Guillermo Cabrera Infante, que ya había publicado *Así en la paz como en la guerra*, aún no se había alejado de los planteamientos ideológicos de la revolución, pero residía en Bélgica desde 1962, donde era agregado cultural de la embajada de Cuba.)

Fotografiaron y recorrieron la isla en coche (Varadero, Cárdenas, Cienfuegos, Baracoa), visitaron las impactantes formaciones cársticas, entraron en cooperativas agrícolas, en casas, comieron en restaurantes populares, charlaron con la gente, con los obreros de las centrales azucareras, con los campesinos de la zafra, con maestros y con estudiantes. Se asombró positivamente de la campaña de alfabetización emprendida por la revolución y se asombró también de lo felices y confiados que se les veía a todos, de lo solidarios que se les veía en medio de una profunda reforma agraria que se contemplaba como intolerable por EE. UU. (incluida en esa intolerancia la United Fruit), merced a expropiaciones de millones de acres y bienes norteamericanos adquiridos durante el régimen anterior. Le turbaron algunas (muchas) cosas que le contaron, como, por ejemplo, que en los tiempos de Batista cerraban por las noches con cadenas y con hombres armados las calles de los ricos; y la impresión y la lectura que obtuvo fue que, en su inmensa mayoría, la ciudadanía se sentía identificada y vindicante con el hecho revolucionario, con los estudiantes reubicados en los palacios antiguos de los ricos, con los guajiros sintiéndose libres, con una sanidad precaria pero que llegaba a todos y con la idea de que aquello, ese estatus revolucionario, podía desintegrarse apenas los norteamericanos se empeñaran en hacerlo, aunque también con la sensación de

La Habana, 1962. Julio entre Aurora y José Lezama Lima.
Este aún no había publicado su novela Paradiso.

que cada uno de los cubanos estaba dispuesto a dejarse la vida
en la defensa de lo conseguido ese año cero que era 1959. Con
una única excepción, la de «los que piensan con la barriga»,
esto es, los antiguos propietarios y mozos de los restaurantes
y casinos clausurados por decreto, nostálgicos de los tiempos
en que llegaba el turismo de Miami. Por todo ello el escritor le
dirá a Blackburn: «Y te digo francamente que si ya no fuera
demasiado viejo para esas cosas, y no amara tanto a París, me
volvería a Cuba para acompañar la revolución hasta el final».

A partir de esos momentos el escritor colaborará con la isla
allá donde su implicación fuera necesaria y posible: a través
de su dialéctica y por medio de sus escritos. Jamás desarrolló
un proselitismo tendencioso, pero sí un entusiasmo intransi-
gente. Además Cortázar no fue nunca un hombre de rigurosa
acción política. Recordemos que no lo había sido en la toma de
la universidad mendocina, ni siquiera lo sería posteriormente,
sensu estricto, en su defensa de la Nicaragua sandinista, en
la que participó hasta cotas de compromiso muy altas. Y no lo

fue porque ello le hubiera supuesto una dedicación completa a la causa política, una aplicación total con la renuncia de su propio tiempo como escritor. Pero sí fue siempre muy sensible y generoso con cualquier solicitud que le llegara de Cuba, y, ya en los años setenta, de Nicaragua o del Tribunal Bertrand Russell. En esta línea, el escritor confesará a Alfredo Barnechea, en 1972, «soy y seré un escritor que cree en la vía socialista para América Latina, y que en el plano político emplea los instrumentos que le son propios para apoyar y defender esa vía. Cuando lo creo necesario intervengo en un plano, digamos, directo de acción política, pero me sigo creyendo más eficaz en el de la palabra escrita. Sigo siendo un cronopio, o sea, un sujeto para el que la vida y el escritor son inseparables, y que escribe porque eso lo colma, en última instancia, porque eso le gusta»[112].

En este sentido, tras este primer viaje, estableció un flujo de intercambios con diversas publicaciones y revistas vinculadas a la Casa. Por ejemplo, desde ya le editaron en los *Cuadernos* la conferencia que él mismo había dictado en La Habana titulada «Algunos aspectos del cuento», apretado y distendido ensayo acerca del género de una solidez elogiable; cedió la publicación de «El perseguidor» y permitió —permiso clandestino, todo sea dicho, dado que lo dio sin comunicación previa con Sudamericana— que Arrufat y Casey armaran una antología con cuentos suyos seleccionados de *Bestiario, Final del juego* y *Las armas secretas*.

Del mismo modo, consiguió que Italo Calvino, cubano de nacimiento e italiano de ascendencia, y con quien empezaba a unirle lazos de amistad, al igual que con su esposa, Esther Singer (Chichita para los amigos), los cuales durarían siempre (Bernárdez, que conocía a Chichita desde los tiempos de Buenos Aires, se convertirá en traductora de Calvino, como ya hemos señalado), les enviara el relato de registro autobio-

---

[112] Alfredo Barnechea, *Peregrinos de la lengua*, Alfaguara, Buenos Aires, 1997, p. 89.

gráfico «La Strada di San Giovanni», e incluso logró que este viajara a Cuba a participar en actividades culturales a principios de 1964. El mismo Cortázar remitió a Arrufat un poema que mucho le gustaba de un autor argentino, Saúl Yurkievich, quien, casi inédito aún, había publicado en 1961 *Volanda linde lumbre*. En el mismo envío, en el que prometía hacer llegar en breve el cuento de un novelista joven peruano, Mario Vargas Llosa, adjuntó el relato «Rosaura», de Jorge Edwards. Valgan como observación estos dos nombres (más el de Cabrera Infante, cifrado antes), tres rostros del *boom*, los cuales con el paso del tiempo, al igual que ocurrirá con muchos otros (sirva el de Arrufat), se convertirían en distanciamiento, primero, y en anatema después para el régimen. Vargas Llosa se desmarcó de una manera definitiva de la política castrista a partir del caso Padilla; Cabrera Infante se distanció antes, en 1965, exiliándose en Londres; Edwards, en 1971, con Salvador Allende en la presidencia de Chile, fue encargado de negocios en la embajada de su país en La Habana, y fue considerado «persona non grata» —he ahí el título clónico del libro que escribió al respecto— por el régimen y expulsado de la isla.

La cooperación y complicidad de Cortázar con Cuba irán en aumento, en una proporción cada vez mayor. Con Cuba descubrió y llegó a entender el fenómeno de las masas y la devoción al mito que, sin embargo, tanto había aborrecido del peronismo. Se puede decir que ese régimen, el cubano, tan asociado a Castro y a Guevara, le devolvió a sus años juveniles, y tanto tiempo después, ahora, comprendía el fervor que prendió los ánimos en la sociedad argentina, también con su régimen personalista de Perón, a finales de los años cuarenta. En esta onda el escritor dirá: «Ese contacto con el pueblo cubano, esa relación con los dirigentes y con los amigos cubanos, de golpe, sin que yo me diera cuenta (nunca fui consciente de todo eso) y ya en el camino de vuelta a Europa, vi que por primera vez yo había estado metido en pleno corazón de un pueblo que estaba haciendo su revolución, que estaba tratando de encontrar su camino. Y ese es el momento en que tendí los lazos mentales y en que me pregunté, o me dije, que yo no había tratado de entender el peronismo. Un proceso que no pudiendo compararse en absoluto con la revolución cubana de todas maneras tenía analogías: también ahí un pueblo se había levantado, había venido del interior hacia la capital y a su manera, en mi opinión equivocada y chapucera, también estaba buscando algo que no había tenido hasta ese momento».

No nos hallamos lejos, apenas a cuatro años, de la conocida carta del escritor, fechada el 29 de octubre de 1967 y enviada al poeta y ensayista Roberto Fernández Retamar, director de la revista *Casa de las Américas*, relativa a la muerte de Guevara. En ella da cuenta de cómo se entera en Argel de la muerte del Che Guevara («El Che ha muerto y a mí no me queda más que el silencio») y de cómo el dolor le embarga hasta el llanto. La impotencia ante la muerte del líder cubano, la incredulidad —la esperanza de que esa muerte no fuera cierta, hasta que el discurso de Castro la confirmó—, la tristeza incontenible se tradujeron en el panegírico titulado «Che» y cuyo primer verso resume el contenido de todo el poema: «Yo tuve un hermano».

De igual modo la revolución, en ese 1963, lo situó, con dolor, ante su gran carencia política, frente a su inutilidad política, como él mismo confesará. Desde ese instante, sin llegar a cambiar sus libros de cabecera, inició un recorrido bibliográfico con marcadas referencias políticas desde las que documentarse, «traté de entender, de leer», lo cual dio lugar a que temas de implicación ideológica fueran abriendo y ocupando espacios en su producción literaria. El primer título —quizá el más explícito o, mejor dicho, casi el único tan explícito, y podríamos pensar también en «Apocalipsis en Solentiname», «Segunda vez» o «Graffiti»; al margen, la novela *Libro de Manuel*— que surgirá de ese estado de cambios será el relato «Reunión», que el escritor insertaría posteriormente en el volumen *Todos los fuegos el fuego*, publicado en 1966. Lo escribió al mes y un poco de su regreso a París.

Trata sobre la gesta aventurera de Fidel Castro y sus se-

Saúl Yurkievich. Poeta y crítico argentino,
fue uno de los grandes amigos de Julio.

guidores en la playa de La Colorada. A Aurora no le gustó desde el principio por la ideologización del discurso, y Cortázar,
tras reflexionar, decidió dejarlo por un tiempo en el cajón de
sus originales prepublicables, aunque emocionalmente desde
su primera escritura se sintió identificado con él. En el primer trimestre de 1964, el poeta Jaime García Terrés le pidió
una colaboración para la revista de la Universidad de México
y Cortázar se lo envió. Es una narración en primera persona
con una nada disimulada voz del Che Guevara —quien un
par de años atrás había publicado una serie de relatos de raíz
aventurera y mensaje político—, en la que el escritor quiso
meter en ella «toda la esencia, todo el motor, todo el impulso
revolucionario que llevó a los barbudos al triunfo».

Y lo logra. Al leer este cuento, que sin embargo al propio
Che no le gustó, sentimos cómo Cortázar, por vez primera,
coliga su yo existencialista —culminado en «El perseguidor»
y en *Rayuela*— con el yo histórico, dándole primacía a este,
con lo que percibimos el grado voluntario de penetración que
él quiere imponer en su afinidad de pensamiento con la Cuba

207

nueva. Nos encontramos, en este planteamiento, ante un relato que abandona sus presupuestos fantásticos para mostrar una cara diferente con matices eticistas, de otro lado distanciado de los otros siete cuentos que integrarán el futuro y citado volumen.

Se puede afirmar que la posición de Cortázar respecto a la revolución fue siempre de una casi absoluta aquiescencia, incluso en los momentos de crítica seria por parte de otros intelectuales latinoamericanos y europeos, como Vargas Llosa, Sartre, Bryce, Donoso, Calvino, Beauvoir, Moravia, Paz, Edwards, J. Goytisolo, Grass, Pasolini, Duras, Enzensberger, Semprún, Barral, Sarduy, Fuentes, Moravia, Cabrera Infante, a la vez muy vinculados en el inicio expansivo de aquella. Sucesos como el alineamiento de Cuba a favor de la entrada de los tanques del Pacto de Varsovia en la Praga de 1968, la detención de Heberto Padilla durante poco más de un mes y la consecuente carta de intelectuales dirigida a Castro (Cortázar firmó la primera, pero no la segunda, que fue redactada en la casa de Vargas Llosa en Barcelona) o el propio enrocamiento del régimen castrista hacia posiciones marcadamente estalinianas, valga o no la propia situación de bloqueo norteamericano que pudiera justificar dicho giro, acabó por asumirlos como acontecimientos colaterales, los cuales, si no defendibles en términos de individuo, debían aceptarse por la defensa de ese hecho sobresaliente en América Latina que era para él la Revolución con mayúsculas.

En esta línea, resulta cuando menos reseñable el proceso de ideologización que Cortázar sufrirá en los años sesenta, un proceso en permanente crecimiento intensivo no exento a veces de cierta ingenuidad y, desde luego, de un destacable sometimiento a las autoridades revolucionarias. Que Cortázar tuviera que tantear a Fernández Retamar, buscar su plácet para publicar en determinadas revistas, como es el caso de *Mundo Nuevo*, con Emir Rodríguez Monegal a la cabeza y editada en París, o algo más tarde en *Libre*, impulsada entre otros por Juan Goytisolo; que tuviese que aplacar los posibles vetos del cubano por haber aceptado una entrevista para la revista *Life* o rechazar permanencias en la Columbia University para el dictado de conferencias y así no proyectar falsos efectos, produce cierta sonrisa ajena (por no decir cierto sonrojo ajeno), por venir de un intelectual formado e independiente, alguien que tiene cincuenta años y una producción literaria ya más que vigorosa.

La posible colaboración sobre Lezama Lima en *Mundo Nuevo* y la entrevista en *Life* presentan ribetes de un comportamiento, el del escritor, que pretende no despertar ningún resquemor en las autoridades de la isla. El receptor de esos pedidos era Fernández Retamar. A este respecto, es verificable por su correspondencia cómo el escritor se adaptó a las exigencias de aquel, quien adivinaba «gusanos» y agentes de la CIA tras el proyecto de *Mundo Nuevo*, motivo por el que Cortázar dejó de publicar su ensayo, el cual aparecería posteriormente en *La vuelta al día en ochenta mundos*. En una carta dirigida a Fernández Retamar y fechada en julio de 1966, le comenta que tiene preparado un artículo sobre *Paradiso* y que, tras observar «que los tres primeros números son inobjetables desde el punto de vista que te imaginas», le parecería oportuno enviarlo, pues el mismo además incorporaba en su cuerpo distintas reflexiones en clave positiva sobre la revolución. Ese cuidado extremo en consultar antes de realizar cualquier movimiento fue una actitud que se mantuvo siempre de una manera u otra, lo cual nunca fue entendido por muchos de sus coetáneos del *boom* ni de sus lectores. La referencia de la entrevista para *Life* es igualmente ilustrativa.

A finales de 1968 *Life* había contactado con el escritor con el fin de hacerle una entrevista para su edición en lengua española. Su primera reacción fue negativa: ninguna relación con los Estados Unidos, el diablo, salvo la que pudiera darse con los amigos escritores de ese país. Pero en seguida comprendió las posibilidades que dicha entrevista le brindaba para expresar sus opiniones respecto al imperialismo y sus devastadoras consecuencias en países como Cuba. Estaba dispuesto a aceptar siempre que tuviera potestad de supervisar la textualidad del trabajo antes de su edición. La dirección de la revista, no sin dejar de manifestar su sorpresa (ni Winston Churchill ni John Fitzgerald Kennedy habían impuesto tales exigencias), acató y el artículo fue adelante. Por el siguiente fragmento de una carta al mismo Fernández Retamar podemos pulsar los niveles de incomodidad y celo en los que se mueve el escritor en estos temas: «En este tiempo de malentendidos frecuentes, me interesa que estés enterado de esto, que lo estén Haydée y todos los amigos de la Casa. Cuando salga la entrevista, te enviaré inmediatamente un número; entonces podrás juzgar si valía o no la pena de utilizar esa revista, tan increíblemente difundida entre un público latinoamericano que no tiene el menor acceso a nuestras publicaciones revolucionarias o simplemente literarias. Toda la primera parte de la entrevista está dedicada al problema político; no te digo más, tú has de verlo y juzgarlo personalmente. Pero no quiero que algún rumor equívoco se adelante a la publicación, y por eso me curo en salud»[113].

Con todo, el episodio que más crispaciones e inquietudes despertó en Cortázar fue el caso del escritor Heberto Padilla, apresado junto con su esposa, la también poeta Belkis Cuza Malé, por el gobierno de La Habana y acusado de contrarrevolucionario a principios de 1970. El arresto de Padilla, a quien vincularon con el periodista Pierre Golendorf y con el escritor Jorge Edwards, ambos señalados como colaboradores de la CIA, significó la ruptura definitiva entre el poeta cubano y el gobierno, ruptura que había venido precedida de una serie de desencuentros cada vez más ruidosos desde 1968, fecha de publicación de su poemario *Fuera de juego*, por el que había obtenido el premio de la Unión de Escritores y Artistas de Cuba

---

[113] Aurora Bernárdez, op. cit. Carta de J.C., fechada en enero de 1969, dirigida a Roberto Fernández Retamar, p. 1.324. Voll. III.

(UNEAC)[114], e instante en que se le empezó a calificar de disidente, públicamente, o de gusano, privadamente.

El escándalo, con ecos en la prensa europea y americana en las que se hablaba de torturas infringidas a Padilla, se extendió como una mancha de aceite y situó el régimen de Castro, incluso tras la carta hecha pública por Padilla en la que al poco de su detención expresaba su autocrítica y crítica hacia quienes le habían apoyado, razón por la cual salió de la cárcel (en 1980 será definitivamente «invitado» a abandonar el país), en una situación de gran incomodidad y de difícil defensa, ya que la propaganda anticastrista empezó a destapar hábilmente supuestas noticias de otros casos de torturas en prisiones, la existencia de campos de concentración en la isla y la gradual pero imparable tutela soviética del régimen.

El propósito inicial de Cortázar hubiera sido el de ser un observador del momento para así poder juzgarlo, pero ese comodín ya no le servía a principios de los setenta. Sus lazos afectivo-políticos con Cuba le exigían tomar partido (y rápido) y cerrar filas (y rápido) con lo que dispusiera el régimen castrista. Del mismo modo, las resoluciones en contra del silencio de personas tan queridas por él, como Mario Vargas Llosa (la actitud de este frente a Cuba comenzó a enfriarse a partir de los sucesos de Checoslovaquia, por lo que escribió un artículo muy crítico en *Caretas*, además de dejar de asistir al Congreso Cultural de La Habana y a la Reunión de la Revista de la Casa los primeros días de 1969), con quien había ido trenzando una amistad profunda más o menos desde 1960 y que dura-

---

[114] Padilla obtuvo el premio del Concurso Julián del Casal, cuyo fallo se debió al jurado constituido por José Lezama Lima, José Zacarías Tallet, Manuel Díaz Martínez, César Calvo y J. M. Cohen. El jurado tuvo que aguantar importantes presiones por parte de la Seguridad del Estado. Finalmente el libro, con un prólogo de la UNEAC explícito en cuanto a su rechazo hacia el volumen («Padilla resucita el viejo temor de las minorías selectas a ser sobrepasadas por una masividad en creciente desarrollo. Esto tiene, llevado a sus naturales consecuencias, un nombre en la nomenclatura política: fascismo»), fue publicado, pero no se le concedió el galardón.

ría hasta su muerte, le llenaban de ansiedad, si bien nunca de dudas. En estas consideraciones, el escritor mantuvo siempre una línea despejada y, si se quiere, alarmantemente ortodoxa con respecto a Cuba.

Si es verdad que firmó, como hemos adelantado, una primera misiva pidiendo explicaciones a Castro por la detención de Padilla, no lo es menos que simultáneamente trató de justificarse frente a Fernández Retamar y Haydée Santamaría, emisarios e interlocutores entre las autoridades de La Habana y él mismo. A ellos les reprochó un silencio inmerecido por parte de Castro y de la embajada cubana en París durante las primeras semanas tras el arresto de Padilla, y a ellos les tranquilizó, dado que ya no firmó la segunda demanda (tampoco lo hizo García Márquez) argumentando giros semánticos que no compartía. La postura de Cortázar, no obstante, sembró un alejamiento inicial, que mucho le dolió, no tanto con los anillos intermedios y la cúpula del poder cuanto con los sectores sociales que no comprendieron esa adhesión con el escrito dirigido a Castro, ni siquiera cuando la revista de la Casa publicó su «Policrítica a la hora de los chacales», con la que Cortázar quería despejar cualquier duda relativa a su invariable apoyo en lo concerniente a la revolución.

Los vínculos entre la Cuba de Castro y Cortázar se mantuvieron siempre en esta misma tónica de integración. Con el tiempo, consolidada y explicitada su posición, el escritor fue ganándose el respeto y la credibilidad política de la isla a la vez que pudo ir dejando patente su percepción ideológica sin tener que andarse con temores de ser mal interpretado en todo aquello que hiciese relacionado con sucesos internos o externos de Cuba. Hay que añadir que, con el paso de los años, la posición política de Cortázar se hizo más nítida y abarcó un espectro más amplio que el ámbito cubano (Chile, Uruguay, Paraguay, Argentina, Nicaragua). De un lado, expresó su implicación en materia relativa a los derechos humanos, a través del Tribunal Bertrand Russell, junto a otros artistas, teólogos, políticos y científicos; y desde otro adoptó la postura del intelectual comprometido sin necesidad de ceder su independencia a un partido político específico. El propio escritor dejó muy claro cuál era su parecer a este respecto en un texto del que extraemos un fragmento iluminador:

Personalmente, hace ya muchos años que he dejado bien en claro cómo entiendo mi propio compromiso de escritor en lo que se refiere a la política latinoamericana en general, y me limitaré aquí a resumir mi punto de vista, puesto que es extrapolable a una gran mayoría de los intelectuales latinoamericanos que combaten por la identidad y la soberanía de sus pueblos. Muchos teóricos marxistas, que parten de la noción de la lucha de clases, tienden a considerar que los únicos escritores revolucionarios son aquellos que pertenecen plenamente a la clase oprimida o que han roto con su propia clase burguesa o pequeñoburguesa para sumarse a sus filas; consideran también que un escritor como yo, que por origen y que por evolución cultural pertenece a la pequeña burguesía, es solamente un compañero de ruta; y preciso es agregar que la gran mayoría de escritores más leídos en América Latina entran en esta segunda categoría. Frente a eso, y desde un principio, yo opté por aceptar una situación que me parece prácticamente fatal a esta altura de la evolución geopolítica de nuestros países y comprometerme en la lucha por un futuro socialista de América Latina sin renunciar por ello a lo que me es natural y conocido, un sistema de valores culturales que ha hecho de mí lo que soy como escritor, y sobre todo a un individualismo sin duda criticable en el plano de la militancia activa, pero que en el plano de la creación literaria no ha podido ser reemplazado hasta ahora por ninguna identificación colectiva, por ningún trabajo de equipo o sumisión a una línea de orientación basada en criterios políticos.[115]

---

[115] J.C., *Obra Crítica*, Alfaguara, Madrid, 1983, p. 121.

En este mismo sentido, ya en 1977, el escritor exigió una rectificación en el diario madrileño *El País*, a raíz de una entrevista realizada en ese medio al escritor por el poeta y periodista español José Miguel Ullán. En esta se le definía como «militante comunista». En una breve y correcta pero enojosa misiva reclamó a Juan Luis Cebrián, por entonces director de ese diario, una corrección porque «esta calificación es falsa, y perfectamente gratuita».

Lo hemos dicho ya: el Cortázar que regresa en febrero de 1963 a París es un hombre distinto o cambiante, espiritualmente hablando sobre todo. En su aspecto externo, pasará algo de tiempo hasta que se deje crecer la barba (varios años), pero ya el cabello es cada vez más largo, aunque continuaba representando no más de la mitad de la edad que tenía en realidad. El refugio formidable, aunque algo alejado del Sena y distante del Barrio Latino, en el 9 de la place du Général Beuret, aún con Aurora, seguirá inviolable, pero a la vez entreabierto a todo aquel que llevase dos líneas de presentación en la cara o en un papel arrugado en el bolsillo al pulsar tímidamente el timbre, y si era latinoamericano, mejor que mejor: cigarrillos, mate y conversación.

Desde el punto de vista profesional, la circunstancia de ver traducidos sus libros a otras lenguas, el recibir notables envíos de cartas de lectores, el hecho de que editoriales extranjeras, desde Gallimard hasta Pantheon Books, Souvenir Press, Penguin, Luchterhand Verlag o Einaudi, se muestren interesadas en publicar o reeditarlo; o que textos suyos sean adaptados al cine (Manuel Antín, cineasta y novelista argentino, llevó a cabo algunos de esos proyectos, como «Cartas de mamá», «Intimidad de los parques»[116] o «Circe»), que su nom-

---

[116] Surge de la fusión narrativa de «El ídolo de las cícladas» y «Continuidad de los parques», idea que a Cortázar nunca le sedujo. Como tampoco le gustó la película de Antín.

El 9 de la place du Général Beuret.
La sobriedad exterior esconde un patio con árboles
y una hermosa y personal vivienda.

bre sea cada vez más público (obtuvo, como ya hemos dicho, el Premio Kennedy, compartido con la novela *Bomarzo* de Mujica Lainez en 1964[117], y fue finalista del Premio Formentor, que ganó Nathalie Sarraute frente a *Rayuela*) con el aumento en las tiradas editoriales y consecuentemente también el aumento, sin llegar a exageraciones, de ingresos en su nómina, no alteró sus vínculos con la UNESCO.

Desde luego, el verse obligado a traducir documentos «en jerigonza» relativos al trigo, a la alfabetización en Mozambique, al algodón o a las relaciones consulares, poco le seducían, pero del mismo modo eso les permitía viajar gratis allá donde se conferenciara. De hecho, algunos años atrás, en 1956, había tenido la oportunidad de lograr plaza de traductor fijo con oficina en París o en Nueva York, y la había rechazado; prefirió seguir siendo traductor *free lance*, aun con las ventajas que implicaba la otra categoría, sobre todo en el sentido de seguridad laboral. Aceptó a lo sumo el puesto de revisor de traductores, más cómodo y con una remuneración más alta que la de traductor raso. Sobre este considerando, el escritor, recién ascendido, le confesó a Juan Prat, marido de la escritora española Mercè Rodoreda y por entonces interventor de documentos en la Agence International de l'Enérgie Atomique, que, con lo que ganaba de revisor en cinco o seis meses, podían sobrevivir todo un año tranquilamente. En cuanto a la posibilidad rehusada, se preguntaba en voz alta: «¿Para qué un puesto permanente? Bastante permanente será la muerte un día». Cortázar, pues, se mantenía fiel a sus ideales de siempre, desde sus años en la Cámara Argentina del Libro: trabajar lo menos posible en lo que a uno no le interesaba, aunque se obtuviese menos dinero, y así gozar de una mayor libertad para poder ser uno mismo y dedicarse a lo que le apeteciera.

---

[117] Mujica, que no conocía a Cortázar pero sí admiraba sus cuentos y no sus novelas, le escribió expresándole su satisfacción por compartir dicho premio, a lo que Cortázar le contestó proponiéndole, en broma, hacer una edición conjunta de *Bomarzo* y *Rayuela* con el título de *Boyuela* o *Ramarzo*.

El siguiente trimestre lo pasaron en Viena traduciendo para la Agence International de l'Enérgie Atomique. La ciudad ya la conocían. En ella era precisamente donde Cortázar había concluido la primera versión de *Rayuela*. En esta ocasión debían haberse trasladado a Austria a principios de marzo, pero por una gripe que afectó a Julio y que en Aurora se complicó en bronquitis retrasaron el viaje una semana, que pasaron en cama con aspirinas y diversas lecturas de Svevo, Michaux y Lezama Lima, otra forma antipirética, menos ortodoxa si se quiere pero posiblemente igual de válida, de combatir la fiebre y el malestar. En Viena, en medio de una primavera que no se acababa de decidir a abrirse y que mantuvo frías las mañanas y gélidas las noches, fomentando con ello la nostalgia por la cálida Cuba y los amigos del lado de allá, se hospedaron en un principio en la pensión Suzanne, en 4 Walfisch, para pasarse a los diez días a «un pisito muy simpático», si bien, tras el paréntesis de una escapada a principios de abril a Praga inducida por la lectura *El Golem* de Gustav Meyrink y un regreso fugaz a París, Cortázar se reinstaló en la citada pensión, lugar en el que iniciaría la corrección de las pruebas de *Rayuela* en la primera semana de mayo. Esto último muy a su pesar, ya que hubiera preferido hacerlo con su mejor pipa y en su escritorio parisino (lo que hizo en alguna medida, pues el punto final de la revisión lo puso en París, el 21 de mayo), aunque a esas alturas los jardines del Prater comenzaban a descubrir sus crocos y a salpicar de colores sus macizos bajo los castaños, lo cual invitaba a sentirse feliz.

Con un tiempo cronometrado, pese a las exigencias del trabajo, pudieron, como era habitual en ellos, sacar partido de la estancia austríaca: revisitar la ciudad.

Asistieron a conciertos («la música, aquí, es el gran rescate», dirá el escritor a Porrúa), anduvieron por los clásicos palacios como el Schönbrunn o el Belvedere, este con la colección de los Gustav Klimt; museos austeros pero hermosos como el de La Orangerie, el antiguo invernadero; y el Kunsthistorisches, con los cuadros de Brueghel *el Viejo* que tanto gustaban al escritor. En estas semanas dio forma a los cuentos «Reunión», del que ya hemos hablado, y «Una flor amarilla», que lo incorporaría a la nueva edición de *Final del juego* en Sudamericana, el cual verá la luz después de *Rayuela*.

De igual modo, cerró una entrevista que le había hecho a Lezama en los días caribeños y la remitió al periódico cubano *Bohemia*. Aún en Viena recibió la invitación de Manuel Antín para que asistiese al Festival de Cine Sestri Levante, en la costa italiana, cita a la que acudió y que se prorrogó entre la última semana de mayo y los primeros días de junio. El propósito era, además de ver cine principalmente latinoamericano, «mientras Aurora se quemaba como una tortuguita en la playa», colaborar con Antín en el guión cinematográfico de la adaptación del cuento «Circe», determinación en la que el realizador argentino había puesto todo su empeño en los últimos meses.

Mientras, las noticias que le llegaban de la Argentina cada día eran más desazonantes. Los rasgos que marcan el decenio de los años sesenta en el país austral son más bien sombríos: inestabilidad política, descomposición económica, deterioro del tejido social, aumento de la violencia y de la inseguridad en la calle y en el empleo, descreencia popular y necesidad de regenerar unos comportamientos políticos, dado que, de lo contrario, si persistían los parámetros heredados del sistema desarrollado por el general Aramburu, el país entero podría verse abocado al más profundo de los desórdenes. Es decir, justo lo que se impondrá en la década siguiente con el llamado Proceso de Reorganización Nacional.

Las presidencias de Frondizi (1959-62) e Illia (1962-66), tuteladas de una manera indirecta por el ejército, dieron paso a un descontento genérico. Las elecciones parciales de 1962 significaron la ruptura final entre Frondizi y los militares, quienes, conocido el resultado de los sufragios que daban el triunfo a la facción peronista, lo derrocaron y lo detuvieron el 29 de marzo. «O sea que pasó lo que tenía que pasar —le escribió Cortázar a su viejo amigo Jonquières poco antes de dicha detención y refiriéndose al avance justicialista—. Les dieron seis años para rehacerse, les permitieron la propaganda más desaforada, y hace dos días los peronistas le han puesto a Frondizi la tapa de su vida.»

El siguiente paso lo dio José María Guido, quien fuera presidente del Senado, el cual, apoyado por los sectores más retrógrados de los ámbitos castrenses, interrumpió la vida parlamentaria y proscribió, ilegalizándolos, tanto al Partido Comunista como al Partido Justicialista. La tensión fue en aumento, muy en especial en medio del ejército, algunos de cuyos círculos se enfrentaron a planes elaborados para frenar el posible retorno del peronismo. Así, las Fuerzas Armadas se dividieron en dos grupos, los «azules», con el general Juan Carlos Onganía, partidarios de una normalidad aparente de modelo constituyente, y los «colorados», inclinados por laminar cualquier signo que anunciase el regreso a un sistema cameral. Se impuso la tesis de los «azules», y con ello, en principio, se vio la luz de un restablecimiento del poder militar sometido al civil. Sin embargo, el escenario histórico era mucho más complejo de lo que parecía, y eso afloró en las elecciones de 1963.

En estas, la coalición del Frente Nacional y Popular, que integró entre otras facciones a peronistas y miembros de la Unión Cívica Radical, mantuvo como propuesta a Vicente Solano, que era un candidato tapado-apoyado por Perón (residente fuera del país) y por Frondizi. El resultado electoral, con una abstención muy considerable y cerca de dos millones de votos en blanco, dio la victoria a Arturo Illia, respaldado por la Unión Cívica Radical del Pueblo. A partir de este instante, con la aplicación de medidas con las que se buscaba paliar la situación socioeconómica, con intentos de subir los sueldos, animar el hipotenso consumo interior, frenar la expansión creciente de los precios, el país se metió en un túnel cada vez más oscuro debido, principalmente, no solo al deterioro del proceso político (la presión peronista iba en aumento) sino por las tensiones surgidas por la elevadísima tasa de inflación y su cara trágica que es el desempleo.

En carta a Porrúa, desde Viena, Cortázar escribe: «Lo que me decís de la Argentina lo sé bastante bien porque todos los diarios franceses e ingleses que leo aquí (y creo que los leo todos porque para eso los cafés vieneses son una institución genial) me tienen tristemente informado de ese tatetí inverosímil que se juega entre las "fuerzas armadas" y el resto del país. Una negra pesadilla, decís vos, y me la imagino, y la sufro como vos. El vaso se va a desbordar uno de estos días, no sé cómo, pero me sospecho que los arreglos telefónicos pueden dar paso en cualquier momento a los balazos»[118].

La previsión de Cortázar fue acertada. Illia fue destituido, en medio de movilizaciones obreras y peronistas, y se hizo con el poder el general Onganía. Este había pasado a retiro voluntario y contaba con un relativo prestigio social. No obstante cuando asumió su designación para la presidencia se destapó un individuo insospechado de principios e ideales autoritarios basados en un anticomunismo patológico, un concepto del mundo absolutamente reaccionario y un discurso moral decimonónico. Censura y represión en la calle, en la universidad y en el mundo laboral, marcaron la tónica de una dictadura férrea que se mantuvo firme hasta 1969, año en que, tras la respuesta popular del *Cordobazo*, se vio forzado a dimitir en 1970.

¿Entrará, con ello, la Argentina en una fase histórica resolutiva? ¿Se acabarán las convulsiones? El escepticismo de Cortázar a un eventual cambio profundo derivado de dicha dimisión, no se hará esperar. Tampoco su nueva previsión: «La verdad es que no comparto tus esperanzas [le escribe a Jonquières]; tengo la impresión de que, como en la historia de Bizancio, todo ocurre dentro del palacio y afuera las cosas siguen como antes, es decir mal»[119].

---

[118] Aurora Bernárdez, op. cit. Carta de J.C., fechada en abril de 1963, dirigida a Francisco Porrúa, p. 549. Vol. I.

[119] Ídem. Carta de J.C., fechada en junio de 1970, dirigida a Eduardo Jonquières, p. 1.397.

La situación argentina de los años sesenta, el período turbio de los cuartelazos, le resultará desasosegante. Para seguir escribiendo «en argentino» y «sobre Argentina» necesitará mantenerse alejado de allá. Si en algún momento de su vida el escritor se notó distante del mundo argentino, posiblemente fue en esta fase. Por supuesto que nunca se sintió ajeno a su país, pese a lo que mantuvieran los chauvinismos porteños que pretendieron, por ser residente en Francia, paralizar la concesión del Premio Kennedy a *Rayuela*, pero sí profundamente hastiado de las noticias que de él llegaban. Conservaba sus ataduras emocionales con la Argentina, pero tenía menos necesidad de ella por su realidad europea, ya profundamente arraigada y fructífera. «Yo no pienso ir por allá; vaya a saber si alguna vez volveré a ir, cada vez lo creo menos», le dirá a Porrúa en mayo de 1964, aunque le confesará dos meses más tarde a Graciela de Sola, profesora de la Universidad Católica de Buenos Aires: «Tal vez llegue el día en que necesite volver para mirar de nuevo unos álamos de Uspallata que no he olvidado, un carril fragante de Mendoza. [Pero] Por ahora soy un argentino que anda lejos, que tiene que andar lejos para ver mejor».

Muchos sectores de la sociedad argentina no le perdonarán nunca esa determinación y tratarán de hacérselo saber en sus últimos años de vida. Incluso hoy perduran gestos de reproche localista hacia su «huida» de la Argentina por más de treinta años. A la vez, esos mismos sectores olvidarán cómo el escritor, no obstante, se implicó rotundamente con la causa de la sociedad argentina apenas en la década siguiente el ruido de sables comience de nuevo y dé lugar a uno de los períodos más desdichados y siniestros de su país: la dictadura de Jorge Rafael Videla.

Por esta época aparecerá el que será el primer documento fijativo y de análisis del *boom*, no obstante integre otros nombres que habrán de considerarse previos al mismo o adheri-

Julio fotografiado por Gisèle Freund.
Principios de los años sesenta.

dos: *Los nuestros*, de Luis Harss, profesor y escritor angloespañol, chileno de nacimiento.

Se trata de un trabajo psicobiográfico de diez autores (Miguel Ángel Asturias, Jorge Luis Borges, Joâo Guimarâes, Juan Carlos Onetti, Julio Cortázar, Juan Rulfo, Carlos Fuentes, Gabriel García Márquez y Mario Vargas Llosa) que el propio Cortázar alentó con su apoyo para su versión española en Sudamericana (1966), dado que el volumen era un encargo para Harper's y salió originariamente en inglés, *Into the Mainstream*. El manual sirvió para agrupar y consolidar nombres cuyo interés era algo más que una sospecha en el ámbito de la literatura hispanoamericana. Por citar un ejemplo: Borges, que veinte años atrás no cubría ediciones de quinientos ejemplares, comenzaba a dejar su huella potente en los lectores no solo americanos sino también en los europeos, y su demanda se extendía a ediciones ya de miles de ejemplares por tirada.

En cuanto a los casos de los cuatro «capos del boom», como los llamó cariñosamente José Donoso, algunos solo habían dado el arranque de su producción. Vargas Llosa tenía publicadas, en la fecha de salida del libro de Harss, las novelas *La ciudad y los perros* y *La casa verde*; Fuentes, *La región más transparente*, *La muerte de Artemio Cruz* y *Cambio de piel*; Cortázar, *Los premios* y *Rayuela*; y García Márquez, *La hojarasca*, *El coronel no tiene quien le escriba* y *La mala hora*, encontrándose en plena escritura de *Cien años de soledad*.

El libro de Harss fue muy bien recibido y pasó a ser punto referencial a partir del momento de su publicación. Por entonces, Cortázar ya conocía o había mantenido contactos epistolares con la mayoría de los insertados y con otros escritores latinoamericanos no incluidos, como Cabrera Infante, Paz, Benedetti, Asturias, Bioy, Mujica Lainez. Con el que sostenía relaciones más estrechas, desde la época de *Los impostores*, que fue el primer título de *La ciudad y los perros* y que a Cortázar seguía gustándole, era con Mario Vargas Llosa. Este, tras una primera incursión en París, gracias a *La Revue Française* —la cual impulsaba un certamen de cuentos cuyo premio era una estadía en la capital de Francia por quince días con todos los gastos pagados, siendo esa convocatoria de 1957 ganada por Vargas con el relato «El desafío»—, se había instalado con su primera esposa Julia Urquidi en Europa gracias a la concesión de la beca Javier Prado para realizar el doctorado en la Universidad Complutense de Madrid. Los encuentros en sus respectivas casas fueron habituales entre los Cortázar y los Vargas Llosa. (A García Márquez no lo conocerá en persona hasta septiembre de 1968, recién separado Julio de Aurora.)

También tuvo, en estos meses de 1964, encuentros parisinos con autores del *boom* o próximos como Fuentes, Cabrera Infante, Bioy Casares, Lihn, Benedetti, Edwards, Carpentier, Ocampo... y con Borges. Remoto le quedaba a Julio el recuerdo de 1946 de «Casa tomada» y de *Los Anales de Buenos Aires*, relato aquel que volvería a publicar precisamente Borges con Bioy Casares en este tiempo en su *Antología de cuentos fantásticos*. El encuentro ahora fue absolutamente fortuito. Fue en ese noviembre de 1964 y en la sede de la UNESCO.

Tras una larga sesión, Aurora y Julio habían decidido hacer un receso e ir a tomar un café, «a la hora en que está terminantemente prohibido y por lo tanto es muchísimo más sabroso», cuando descubrieron que la persona sentada en uno de los sillones del *hall* era ni más ni menos que Jorge Luis Borges, a quien Cortázar no había vuelto a ver desde sus años argentinos. Borges estaba acompañado de María Esther Vázquez y esperaban —les dijo Borges— a Roger Caillois. Lo habían invitado a dictar dos conferencias, una sobre literatura fantástica y otra acerca de Shakespeare, y después emprenderían viaje a España, donde le esperaban otros compromisos. Se saludaron con afecto, e incluso, lo que le sorprendió a Cortázar, se abrazaron y charlaron unos minutos. Borges le recordó su cuento «Casa tomada» y las ilustraciones que hizo para el mismo su hermana Norah; Cortázar le agradeció de nuevo lo que había significado para él aquella su primera publicación en una revista de tanto reconocimiento, publicación que había sido aceptada sin mediar compromiso personal alguno, pues, como hemos recordado en algún momento, Borges no conocía entonces a Cortázar.

A partir de este encuentro parisino, entre Borges y Cortázar más bien hubo desencuentros. Las conocidas posiciones políticas antitéticas de ambos ayudaban poco en este sentido. Menos que las de Cortázar, que en todo momento supo y quiso deslindar al Borges narrador y creador de un mundo fantástico propio, del Borges reaccionario, políticamente hablando, las opiniones de Borges —que también solían separar al Cortázar narrador fantástico del narrador comprometido, aunque no siempre— en especial durante la dictadura de 1976, fueron más bien incendiarias. Sabido es que las de este, a veces, eran una especie de amalgama en la que se daban cita contradicciones, ironía y conservadurismo obcecado. De cualquier manera, Cortázar nunca podría haber aceptado como amigo a alguien que, en mayo de 1976, mostraba a Videla su agradecimiento público a lo largo de un almuerzo, compartido además por Ernesto Sabato, Horacio Esteban Ratti, Leonardo Castellani y el mismo militar, por salvar «al país de la ignominia». Difícil que Cortázar pudiera aceptar como amigo a alguien que el 23 de diciembre de 1977 publicaba en el semanario *Somos* una soflama a favor del gobierno militar, perorata por la que pedía colaboración ciudadana con la Junta, ya que «es un gobierno de señores» y porque «por el momento somos indignos de la democracia». No obstante, es falso —y así nos lo confirma Aurora Bernárdez— el rumor de que, en cierta ocasión, ambos coincidieron en el Museo del Prado de Madrid y no se llegaron a saludar. «Julio jamás le hubiera negado el saludo a Borges», nos dice Bernárdez.

En este mismo sentido, en 1968, Borges dictó una conferencia en Córdoba sobre literatura contemporánea en América Latina. En ella ensalzó a Cortázar como un espléndido escritor, como un autor ya de obra consolidada e importante. En la conferencia, no obstante, Borges lamentó que Cortázar militara en la ideología en que lo hacía, pues ello le imposibilitaba considerarlo amigo porque «desgraciadamente nunca podré tener relación amistosa con él porque es comunista». Sobre este asunto y acerca de cuál era el valor que el Borges literario despertaba en él, Cortázar le comentó a Fernández Retamar, en octubre de ese mismo año, «cuando leí la noticia en los diarios, me alegré más que nunca del homenaje que le rendí en *La vuelta al día*... Porque yo, aunque él esté más ciego ante la realidad del mundo, seguiré teniendo a distancia esa relación amistosa que consuela de tantas tristezas»[120].

A lo largo de 1964 fue fraguándose el grueso del tomo de *Todos los fuegos el fuego*, a la par que la novela *62. Modelo para armar* sufría varios intentos de arranque. Al relato «Reunión», le siguieron «El otro cielo», «La autopista del sur», «La salud de los enfermos» y «La señorita Cora» (la escritura de este data de principios de 1965).

Los cuatro cuentos sumaban aproximadamente cien páginas. La idea de Cortázar era lograr otras cien y cerrar el volumen, «cosa que me está quemando las manos», pero el trabajo de la UNESCO, muy en especial la exigencia de desplazamientos fuera de París; los compromisos sociales, aunque selectivos pero algunos ineludibles; el exceso de gente llamando constantemente a la puerta de su casa y el volumen de correspondencia, que había crecido de un modo muy considerable y al que Cortázar contestaba casi en su totalidad, le impedían dedicarse por completo a los nuevos libros. Con todo, los viajes eran lo que más alteraba su rutina, y más porque a la obligatoriedad de asistir como traductor a las diversas conferencias de la UNESCO, básicamente en Viena, Ginebra o Bruselas, Julio y Aurora solían, fieles a una dinámica tradicional en ellos, sumar días de estancia allá o por los alrededores de donde acababan de trabajar y concederse con ello unas pequeñas vacaciones exploradoras. En este tiempo, ambos sentían una

---

[120] Ibídem. Carta de J.C., fechada en octubre de 1968, dirigida a Roberto Fernández Retamar, p. 1.279.

La galerie Vivienne, en la zona de la Bolsa.
El cuento «El otro cielo» usa ese escenario.

pasión creciente por recorrer iglesias románicas. Establecían circuitos con estas en el trayecto y lo cumplían a rajatabla, morosamente.

Así, desde la primavera hasta entrado el verano de 1964, con parada laboral obligatoria en Frankfurt a principios de junio (ese era el motivo), recorrieron con el «autito», un Citroën rojo, Léonie, comprado meses atrás, Bélgica, Holanda, Alemania, Suiza («un país que nunca se debe mencionar para no ensuciarse la boca») e Italia. El periplo inicial no incluía esta última, pero Aurora fue contratada para la Conferencia de la OACI y tuvieron que insertar a Como, por lo que siguieron por el Rhin a Baden-Baden, Basilea, Berna hasta la capital de Lombardía. El regreso a París lo hicieron lentamente, en dirección a la Provence, con la intención de seguir inspeccionando no solo la ruta románica sino también con el propósito de recalar en la Costa Azul y darse baños de sol y de mar. En septiembre volvieron a viajar por quince días a Viena y por una semana a Venecia, y en octubre a Bruselas y a Rotterdam.

En diciembre, antes de Navidad (Aurora volaría a Buenos Aires por cuestiones familiares), Julio estuvo solo en Londres, ahora con el fin de descansar, ver teatro (el *Marat*, con texto de Weiss y puesta en escena de Peter Brook, que mucho le impactó, tanto que volvió a verla con Aurora al regreso de esta a mediados de enero), recorrer exposiciones de pintura y hacer un buen acopio de libros de cuentos fantasmáticos de autores ingleses.

De esta última estancia nació «Instrucciones para John Howell», un cuento más para el nuevo título y sobre el que volveremos en seguida; y de los días en la Provence surgió la idea de comprar —y compraron— una pequeña casa con dos mil metros de tierra situada en la región de la Vaucluse, en el pueblecito de Saignon, apenas con doscientas almas registradas y a unos ochenta kilómetros de Marsella. Casa sin teléfono y con goteras que el escritor bautizará como su «ranchito», y que será su refugio predilecto, aunque también lugar de encuentros cálidos con amigos de allá y de acá y asados y Pernod y vino rosé. Pero los viajes de la pareja Cortázar, en estos más o menos diez o doce meses, no acabarán aquí. Los otros siguientes doce meses iban a ser más relajados. El invierno lo pasarían en París, merced a un trimestre de poco trabajo en la UNESCO, y a principios de la primavera, hasta bien metido el verano, irían a Saignon.

Como hemos señalado, *Todos los fuegos el fuego* avanzaba —si bien el cuento que da título al libro será inicialmente el último que escriba, aunque con posterioridad incluirá a destiempo «La isla al mediodía»— y exigía una revisión pormenorizada antes de remitirlo a Sudamericana. Saignon se presentaba como el lugar adecuado para acometer esa labor, más el intento, ya citado, de afrontar la nueva novela que lo marcaba de cerca. Antes de partir a la Provence, Aurora viajó por tres semanas, entre marzo y abril, a Roma a una conferencia de la FAO. A su regreso cargaron la Léonie y se fueron al ranchito.

La casa estaba necesitada de reparaciones, por lo que ambos se pusieron manos a la obra, con la ayuda profesional del matrimonio Franceschini, en materia de electricidad, cristales, puertas, pintura, *placards*, muebles, armarios, baño (no había cuando decidió comprarla Cortázar) y huerto. O sea, un repaso a casi todo. Al esfuerzo físico se le unía, fructífero, el trabajo intelectual. Por ejemplo, la revisión de los seis cuentos le llevó quince días, lo que en París hubiera exigido el doble de tiempo.

El escenario de colinas verdes y los valles como mares cubiertos de lavanda y de retama en flor, el silencio profundo, el perfume del tomillo, del romero y de la salvia que ascendía con la caída de la tarde, la vigencia de un tiempo vital que poco tenía que ver con el registrado por el reloj en París, el bajar por la mañana a través de la carretera secundaria hacia el mercado de la plaza de Apt para proveerse y mantener disponible la despensa, comprar libros en la librería Dumas; tomar un *pastis* en el bar Grégoir sin ninguna urgencia, o recorrer los alrededores, Rustrel, Sivergues, Simiane La Rotonde, Castellet, Gordes, Rousillon, Bonnieux o Lacoste, donde estaba el castillo del Marqués de Sade, invitaba a un ritmo de vida desafiante, distinto, lento y tan plácido como empezaban a ser los atardeceres a principios de ese verano prematuro —salvo en los días en que el viento mistral, frío y violento, traidor, hizo acto de presencia—, el primero que pasaban en Saignon.

Los Franceschini, Aldo y su esposa Rosario, esta de apellido Moreno, él mecánico de automóviles y ella pintora, argentinos, dos auténticos cronopios para Cortázar, llegaron a la Provence con y por indicación del escritor, igual que lo haría posteriormente el pintor Luis Tomasello, quien se instalaría en una casa a mitad de camino entre la de Cortázar y la de Aldo y Rosario. En realidad, esta se trataba de una hermosa puerta renacentista con una casa en ruinas detrás de ella[121]. Es curioso destacar que Tomasello, llamado a ser uno de los

---

[121] Con el paso del tiempo, Tomasello compró nuevos terrenos de va-

íntimos amigos de Cortázar, conoció a este y a Aurora al recibir el encargo de pintar su casa, labor por la que, recién llegado a París en 1957, pudo sobrevivir hasta que entró en contacto con la famosa Galería Denise René, la más prestigiosa del mundo en el ámbito del arte abstracto-constructivo (vinculada a artistas como Michel Seuphor, Soto, Vasarely, Schöffer o Jean Arp), momento a partir del cual desarrollará una intensa carrera repleta de reconocimientos internacionales tanto en el terreno de la pintura como en el de las integraciones arquitectónicas.

La casa de los Franceschini —a quienes Julio y Aurora llamaban «los condes»—, restos de un castillo del siglo XI, era la más elevada del pueblo, pegada a la *chapelle* y volcada hacia el valle. La vista era muy parecida a la que se disfrutaba desde la casa de Cortázar: de un lado, un paisaje suave, de matorral bajo, hermoso, salpicado por los colores morados de la planta de lavanda; de otro, los *rochers* impresionantes, los espectaculares volúmenes como enormes buques de piedra contra el cielo. La amistad y la relación de los Franceschini con Julio y Aurora, fuertes ya en París, fueron muy estrechas en Saignon. Tras remozar la casa del escritor, Aldo y Rosario vivieron trece meses en la de Cortázar, hasta que pudieron habilitar la propia.

«Yo lo conocí en Mendoza», nos comenta Rosario, «en los años en que él impartía en la universidad y yo estudiaba Bellas Artes, aunque no nos tratamos mucho. Ya en Francia, sí, a partir de París. Yo llegué en 1957, después que él. En Saignon o Saigón, como lo llamaba él a veces, tuvimos un trato continuo, con él y con Aurora, con quien conservo una estrecha amistad; todos los días venía a matear con mi marido, se sentaba en uno de los escalones de la puerta, porque tenía unas piernas larguísimas y así decía que estaba más cómodo, y fumaba un Gitanes y cebaba amargos. Además, Julio cons-

rias casas en ruinas de Saignon con la intención de levantar la Maison de l'Artiste, lugar destinado a conservar y mostrar sus obras.

Casa de Julio Cortázar en Saignon, Provence (Francia).
Por su fachada oriental podía contemplarse
el valle morado de lavandas.

Casa de los Franceschini en Saignon. Antiguo
castillo, remozado por Aldo, junto a la iglesia.

tantemente andaba llamando a Aldo para que le echara una mano en la casa o porque el auto no le arrancaba o porque una cerradura no funcionaba. Él hacía sonar su trompeta desde su casa y esa era la señal para Aldo; Julio lo reclamaba, porque algo se le había estropeado, y Aldo, que era muy habilidoso, acudía en su ayuda.»[122]

La casa de Cortázar, más sencilla y en un punto menos escarpado que la de Aldo y Rosario, tenía, abandonando el casco del pueblo, un acceso bastante más fácil, a través de un camino arbolado y llano, muy tranquilo, que desembocaba en el ranchito. Por este camino podía arribarse en coche. Por él haría circular primero a Léonie y luego a su Fafner, el dragón guardián de los tesoros Nibelungos, la Volkswagen *station-wagon* que compraría más adelante, en 1971, y en la que recorrería, por ejemplo, la autopista París-Marsella durante 32 días y cuya experiencia sería materia para el libro *Los autonautas de la cosmopista*. Casi lo primero con lo que uno se topaba al trasvasar la verja era la barbacoa, que a tantos amigos convocó.

«¿Amigos? Todos», sigue diciéndonos Rosario. «Desde García Márquez hasta Carlos Fuentes, José Donoso, Vargas Llosa... y muchos más. Y Aldo se encargaba, con Tomasello y con Julio, del asado».

Aldo fue quien le contó a Cortázar aquel viaje desde Mendoza a Buenos Aires, el cual narraría Julio en *Un tal Lucas*, en el que sin un motivo preciso sintió uno de los pánicos más grandes de su vida. La historia tuvo fronteras de siniestralidad. Fue a finales de los años cincuenta, en la carretera desde Córdoba a Buenos Aires. De repente el coche de los Franceschini se quedó sin gasolina, justo cuando comenzaba a anochecer. Llegó la noche sin que pasase ningún coche. Permanecieron en la oscuridad fumando, esperando, deseando que surgiera alguien que pudiera prestarles la «nafta» necesaria o los trasladase al pueblo o al hotel más cercano. Sobre la una

---
[122] Entrevista directa. Abril de 2001.

de la madrugada vieron el primer coche desde hacía horas. Le hicieron señales con una linterna para que se detuviera, se colocaron casi en medio de la carretera; lo que obligó a parar al coche con un derrapón. Aldo se aproximó y le pidió ayuda al conductor, pero apenas se había apoyado en la ventanilla ya había percibido algo extraño, un miedo enigmático que lo invitaba a desistir del auxilio solicitado, una inquietud que provenía del copiloto, un cuerpo humano hundido, desdibujado en la sombra y en el silencio. Aldo le explicó que se habían quedado sin combustible y el conductor le dijo que no llevaban para prestarles. A continuación arrancó y dejó a los Franceschini de nuevo en el centro de la noche pampeana. Paradójico que Aldo, viéndolo alejarse, sintiese un alivio inexplicable. Horas más tarde los rescató un camionero. La hipótesis que insertó Cortázar en la historia fue la interpretación sobre qué era aquel bulto que acompañaba al conductor y que no movió un solo músculo de su cuerpo: era un cadáver.

La razón obedecía a causas de ahorro económico. En los años cuarenta y cincuenta era frecuente mudar a enfermos pulmonares desde la capital federal hasta las sierras cordobesas, lugar seco y sano por definición. Dichos enfermos a veces morían, con lo que había que enterrarlos en Buenos Aires. Eso suponía un gasto por el pago de derechos federales e impuestos, por lo que se generó un traslado nocturno, clandestino, dado que se simulaba que la persona había fallecido en su casa de Buenos Aires, con lo que así se evadía ese tributo.

A mediados de ese junio, se encendió la alarma económica, la luz roja de las cuentas del banco: los gastos que suponía el poner a flote la casa excedía los ingresos en la cuenta de los Cortázar.

«La melancólica verdad —le confesará Julio a Sara Blackburn— es que Aurora y yo hemos descubierto que estamos cortos de fondos (en el Midi la plomería, la pintura y la electricidad resultan muy caras, aunque se hagan en un plan muy

*Saignon. Puerta renacentista
propiedad del pintor Luis Tomasello.*

modesto) y decidimos aceptar una oferta muy tentadora de la UNESCO.» Con lo que de nuevo hubo que hacer equipajes, llenar de gasolina a Léonie y regresar a la busca de documentos que traducir.

Volvieron a París y desde allí viajaron, en su coche, a Ginebra por un mes, casi todo agosto. Se instalaron en una pequeña granja en Nyon, en pleno campo. Luego, también por trabajo, Julio marchó a Teherán, mientras Aurora partió, invitada por Claribel Alegría, a Mallorca. Ambos se reencontraron a finales de septiembre en Viena, donde permanecieron por cuatro semanas, traduciendo. Aún en octubre hubo una escapada a Roma, relacionada con la compra por el director de cine Antonioni y por el productor Carlo Ponti del cuento «Las babas del diablo» por cuatro mil dólares, que sería luego la película *Blow up*, y en diciembre de 1965 Aurora fue a Buenos Aires por dos meses a atender a su madre, Dolores Nóvoa de Bernárdez, delicada de salud.

Añadamos que Julio, por sistema, rechazaba invitaciones a encuentros, congresos, seminarios y participaciones en jurados de premios o concursos literarios, lo cual hubiera multiplicado sus salidas. En este tiempo había excusado su asistencia en Alemania (Hamburgo, Berlín), México, Italia (Génova), Argentina (Buenos Aires), Yugoslavia y EE. UU. (Nueva York). La única excepción por la que estaba dispuesto a cambiar circunstancialmente este criterio era por Cuba. Si La Habana se lo pedía, siempre estaba y estuvo dispuesto a asistir. Más tarde su actitud sería idéntica, en este sentido, respecto a Chile, Argentina y Nicaragua. La respuesta a Cuba y a Nicaragua iba más allá de su implicación en un suceso: suponía apoyar una vez más lo que representaba la revolución y todas sus consecuencias. En los casos de Chile y Argentina, obedecía a su obcecada lucha y defensa de los derechos humanos.

A finales de agosto de 1965, Cortázar tenía concluido *Todos los fuegos el fuego*. Como hemos señalado, inicialmente el libro contó con siete relatos, aunque luego le añadió «La isla al mediodía», cuya redacción se le ocurrió en el vuelo de Viena a Teherán, y el cual ocuparía el quinto lugar en el orden de los ocho de la edición en Sudamericana. El índice que le propuso a Porrúa, a quien le dedicó el volumen, fue el que se mantuvo en dicha edición final: «La autopista del sur», «La salud de los enfermos», «Reunión», «La señorita Cora», «Instrucciones para John Howell», «Todos los fuegos el fuego» y «El otro cielo». Poco antes, Einaudi, en una tirada con unas palabras preliminares de Calvino, había publicado todos sus cuentos, menos dos, que, a juicio del editor, podían ser malinterpretados en Italia, en un solo volumen.

De otro lado, ediciones de sus libros se multiplicaban con el paso de los meses. Se le reeditaba, vendía mucho en Latinoamérica (paradójicamente, por entonces, en España aún era un escritor desconocido y lo será por unos años más) y se le traducía, no ya a las lenguas nucleares, como el inglés, francés, alemán, portugués o italiano, sino a otras de mayor dificultad penetrativa como son el sueco, el finés, el checo, el eslovaco, el yugoslavo, el polaco, el danés e incluso empezaban a haber posibilidades de traducción al japonés (a finales de los años setenta, salió una edición pirata de *Rayuela* traducida a este idioma, a partir del texto en inglés).

En *Todos los fuegos el fuego* se dan cita algunos de los mejores de sus relatos hasta ese momento, como es el caso de «El otro cielo», «Instrucciones para John Howell» y «La señorita Cora».

El primero de estos tres relatos empezó a anotarlo mentalmente hacia enero de 1964. La pareja andaba escasa de dinero, razón por la que habían determinado pasar el invierno en París y aceptar cualquier trabajo de la UNESCO. Había sido una Navidad blanca. París se había encapotado de nieve, quedando hermoso como uno de esos pisapapeles de vidrio recién agitado: el Luxembourg con el estanque congelado, los bulevares y el Flore con los cristales empañados, los tejados de Montmartre, el Sena silencioso y brumoso, un Pont des Arts más melancólico que nunca. A la casa de los Cortázar a diario arribaba un aluvión de correspodencia ya de difícil archivo: lectores a favor (más) y en contra (algunos) de *Rayuela*. Cierta tarde de desintoxicación epistolar, Cortázar decidió pasear por la zona de la place des Victoires, donde había vivido y muerto Isidore-Lucien Ducasse, el conde de Lautréamont, y le atrajo una vez más la atmósfera del barrio: las calles, los cafés, las galerías cubiertas con sus estucos y sus librerías de lance, las escaleras y el halo de misterio.

La Galerie Vivienne, posiblemente conservada tal como el conde la había conocido a mediados del siglo XIX, le pareció, como siempre le habían parecido todos los pasajes, un sitio atractivo, un lugar en el que el tiempo se paralizaba, se desorganizaba, y perdía su condición cronológica, y resolvió escribir un relato largo que bebiese de ese ambiente, que citara implícitamente a Lautréamont, que recreara ese cielo de mentira, las claraboyas y esos rincones oscuros, húmedos e inquietantes donde acechará Laurent, el asesino del cuento.

Un recorrido no solo por el espacio etéreo de la Vivienne sino por los espejos envejecidos y las sombras del passage du Caire, por la Galerie Sainte-Foy y por los pequeños comercios esquinados de la Galerie Colbert. A mediados de febrero había iniciado la redacción y al término de marzo ya tenía finalizada la primera versión. En agosto lo dio por concluido y se lo mandó a Porrúa, quien se lo alabó un mes más tarde. No obstante, aún en septiembre, Cortázar le pidió a la poeta Alejandra Pizarnik, quien tenía intención de publicarlo en una revista a la que ella tenía acceso, que le devolviera la copia porque quería introducir algunos retoques. Definitivamente, el cuento, que apareció en italiano, en el citado volumen de Einaudi, antes de hacerlo en el tomo de *Todos los fuegos el fuego*, regresa al territorio de lo fantástico.

El cuento, cifrado en el planteamiento tan suyo de imbricar realidades simultáneas, está perfectamente trazado en una atmósfera de gran riqueza. La Galerie Vivienne y el Pasaje Güemes son las dos bocas de un espacio que conduce a la destrucción de lo real, pues son una apertura a otro ámbito, el de lo fantástico, en el que están Josiane y Laurent; pero también Irma y el narrador y la conexión de dos planos temporales ajenos. Con ese trasfondo lautremontiano, Cortázar explora de nuevo la operación literaria, se remansa en los atributos de la mecánica cuentística; reitera su compromiso con la transgresión del tiempo y el espacio unívocos, y con ello nos invita a seguirle por un trayecto inquietante (¿lo intentaría de nuevo aquella noche Laurent?) y seductor.

De otro lado, «Instrucciones para John Howell» lo escribió en París, en plena fiestas navideñas, si bien la idea germinó en el viaje que hizo a Londres en la primera quincena de ese mismo mes de diciembre. Como hemos dicho, aprovechando que Aurora había tenido que ir contratada por la FAO a Italia, el escritor había partido a Londres por espacio de diez días, se había hospedado en un pequeño hotel de Bloomsbury Street, había recorrido la noche neblinosa del Soho, escuchando música en los clubs de jazz, comiendo «*steak and kidney pie* en pequeños restaurantes con el ambiente dickensiano que tanto quiero» y había acudido al Aldwych Theatre a ver la representación de *The persecution and assasination of Marat as Performed by the inmates of the asylum of Charenton under the direction of Marquis de Sade*, obra puesta en escena por Peter Weiss y dirigida por Peter Brook —a quien le dedicó el relato—, y a la salida del teatro de golpe se le ocurrió escribir la historia de alguien que, siendo espectador de una pieza teatral, de repente se ve implicado en la puesta en escena de esta sin justificación alguna.

«Instrucciones para John Howell» es un cuento que atrapa al lector desde sus primeras palabras. Tal como decía Cortázar que debía ser un buen cuento, golpeador a K.O. desde el principio. Cortázar, de nuevo, traslada el absurdo al plano de lo real. Rice, una tarde de lluvia, Londres, ¿qué mejor hacer que entrar al Aldwych? ¿Para qué vagar sin rumbo aquella tarde otoñal por el Soho? A partir de ese arranque, la incoherencia, la extravagancia de una situación inverosímil formará el ábside de la trama, dado que Rice es invitado a subir al escenario, pero no solo eso sino que, sin posibilidad de renuncia, Rice debe participar de la representación teatral en la que la vida (la de Eva y, en definitiva, la suya también) corre peligro.

Por su parte, «La señorita Cora», que trata de un joven ingresado en un hospital y de las relaciones confusas que nacen entre este y la enfermera que lo cuida, data de febrero de 1965 y fue, a priori, una tentativa experimentalista buscada para acometer, una vez más, el discurso de *62. Modelo para armar*. En este cuento, Cortázar pretende, fiel a su dinámica exploradora, eliminar por completo al narrador rígido, tradicional, a través de una perspectiva en primera persona continua y ubicua. La idea de establecer una estructura narrativa a partir de esos presupuestos no era fácil, así se lo confesará a Porrúa: «Resulta muy difícil de hacer, porque los "pasos" tienen que ser muy hábiles y sutiles, y muchas veces no le veo la salida».

Es, por entonces, uno de los temas obsesionantes del escritor: lograr la abstracción narrativa, restar la mancha de color a sus textos, desplazar personajes y acciones; eliminar procesos o cuadros naturalistas, empáticos en el sentido clásico. Algo que ya estaba en *Rayuela*, aunque no todos los lectores habían querido verlo, dado que la mayoría se había dejado llevar por el hechizo de los personajes protagónicos y París, siendo para Cortázar lo importante en la novela no esos elementos sino sus módulos estructurales y sus soldaduras. Pretensión que será también el motivo básico en *62. Modelo para armar*. Cortázar, con «La señorita Cora» y con *62. Modelo para armar*, no quería contar una historia más, mucho menos que esta última fuese una segunda parte de *Rayuela*, lo que intentaba no era otra cosa que abrir un pasillo en el aire desde una noción que dinamitara el móvil de una narración teatralizadora de lo real y que optara por componentes metafísicos.

Pasó solo la Navidad de ese año 1965 en París. Fueron días largos, algo melancólicos. Aurora había viajado repentinamente a Buenos Aires y él había decidido no acompañarla, decisión que mucho le pesó, dado que el haber ido con ella hubiera supuesto un encuentro muy deseado, sobre todo, con sus amigos Francisco y Sara Porrúa, con quienes mantenía ya una cotidiana y muy cálida correspondencia. La opción de París se había impuesto por el trabajo pendiente del escritor, desde las supervisiones de traducciones de sus libros hasta el nuevo proyecto iniciado con Julio Silva, que sería *La vuelta al día en ochenta mundos*, pero en especial le preocupaba e interesaba —ya, en esos momentos, le obsesionaba— el conseguir que despegase con fluidez *62. Modelo para armar*, la cual seguía creciendo de una manera anárquica.

«Pasarlo solo aquí fue bastante lúgubre, y mi único consuelo era imaginarlos a ustedes charlando con Aurora», le dirá por carta a Porrúa. Lógicamente, recibió invitaciones de amigos para que pasara con ellos la Nochebuena y el fin de año, pero prefirió regresar a las formas del lobo estepario de años atrás a las que ya nos hemos referido, ese Hyde blanco que acompañaba a su Mr. Jekyll exterior: comer en un bistrot, ir al cine, volver a casa con la noche ya descendida, cebar mates y simplemente leer. Pero no fue agradable.

Encajó mal los días como a veces se encaja mal un trago. No es necesario recordar que Cortázar estaba curtido en soledades. Desde el lejanísimo Banfield (¿qué sería de los ligustros de la casa de Rodríguez Peña?), Bolívar (¿qué sería de Duprat, de Mecha, las farolas del paseo?), desde la pensión de los Varzilio (¿qué sería de Cancio, de Sordelli, de Nelly Martín?), desde Mendoza (¿y aquella universidad tomada?, ¿qué pensarían ahora de él?) o Buenos Aires (¿y los billares y boliches de la calle Corrientes a la altura del 3.000?), Cortázar conocía bien el rostro del aislamiento, pero esta Navidad, con las calles frías e iluminadas, con las Galeries Lafayette destacando como un buque en altamar, se le atravesó. «Vos te das cuenta, uno se cree muy liberado de supersticiones cosmogónicas, de aniversarios y de años que mueren para que entren otros, pero cuando te vas acercando al filo de la medianoche empieza algo que ya nada tiene que ver con la inteligencia, que se instala en pleno estómago y que hace mucho daño.»[123]

Para combatir esas sensaciones, una vez más echó mano del trabajo. Además del ya citado, derivado de *La vuelta al día en ochenta mundos* y de *62. Modelo para armar*, se interesó, por ejemplo, por la portada del nuevo volumen de relatos. Desde *Rayuela*, la preocupación del escritor por el aspecto externo de sus libros había ido en aumento, razón por la que reprochaba a Sudamericana su escasa sensibilidad en esta cuestión en las sucesivas ediciones que iban surgiendo de sus títulos. Ya hemos comentado cómo Porrúa y él coincidieron en el diseño de la tapa de *Todos los fuegos el fuego* a quince mil kilómetros de distancia y sin comentario previo.

Ahora el escritor, además, implicó a Julio Silva. Barajaron varias posibilidades alrededor de los mismos elementos: el Pasaje Güemes y la Galerie Vivienne. La idea primaria fue la de colocar en la tapa y en la contratapa ambas galerías, siendo el lomo, esa parte de los volúmenes a la que Cortázar siempre consideró importante, el punto de fusión de las dos fotografías, con lo que se sugería el tránsito de un pasaje a otro. También se optó por ofrecer la tapa ilustrada con la Galerie Vivienne partida en vertical, en dos tramos, de modo que una quedara en positivo y la otra en negativo, lo que invitaba a la vez a ese paso de un plano a otro. En este sentido, Cortázar se encargó de buscar fotografías en una vieja librería de la zona y las mandó a Buenos Aires. Otro planteamiento fue poner el Pasaje Güemes en la contraportada y repetir el título del libro como si se tratase del reflejo provocado por un espejo. Sepamos que esa insinuación, que había partido de Porrúa, fue exactamente la conclusión a la que habían llegado Cortázar y Julio Silva al mismo tiempo.

El otro lado de su tiempo lo dedicó, como hemos señalado,

---

[123] Aurora Bernárdez, op. cit. Carta de J. C., fechada en enero de 1965, dirigida a Francisco Porrúa, p. 801: hay error de fecha en la cronología establecida por Bernárdez: es de enero, pero de 1966.

a *La vuelta al día en ochenta mundos*, que fue un encargo de Arnaldo Orfila Reynal para la editorial Siglo XXI, de México. Lo compuso al alimón con Julio Silva, responsable de la selección de viñetas, ilustraciones y fotografías, claro que con la connivencia del propio Cortázar, y fue una suerte de tomo-*collage*. A Cortázar, el proyecto le sedujo desde sus principios. Agrupar poemas, comentarios, pequeños cuentos, artículos, recuperar citas ajenas, reflexiones, era entrar en un territorio que mucho le atraía por su carácter de discurso heterogéneo. Lo llamó el libro-almanaque, como también llamaría después a *Último round* (1969), el cual seguiría el mismo modelo de *La vuelta al día en ochenta mundos*. Ambos lejanamente, pero al mismo tiempo de un modo cercano por su estructura, venían a recordar el *Almanaque del Mensajero*, que era un tipo de publicación muy popular en la Argentina del primer tercio del siglo XX y al que Cortázar quiso homenajear.

Los *Almanaque del Mensajero* eran una especie de cartilla con una periodicidad anual y cuyo público era sobre todo del medio rural. Esa cartilla contenía pequeños juegos destinados a los niños, como acertijos o laberintos, trabalenguas y además incluía infinidad de datos prácticos e históricos, horóscopos, chistes, poemas, nociones sobre cómo sanar heridas domésticas, recetas de cocina o soluciones para dolencias superficiales del ganado, «había de todo para la familia, y, claro, en esas familias analfabetas o apenas alfabetas, el *Almanaque del Mensajero* les cubría todo un año; era útil, porque les daba los elementos necesarios, como el de curar la enfermedad de una vaca, ese tipo de cosas, y al mismo tiempo tenían un contenido estético, inocente, pero muy bello», confesará Cortázar en entrevista a Soler Serrano.

El planteamiento, en tanto que volumen aglutinante de muchas partes descolocadas entre sí, era el de confeccionar un libro tan inconexo orgánicamente como lo eran aquellos almanaques de su infancia, y eso es lo que consiguió trasladar al lector: esa sensación de encontrarnos ante un libro para jugar. Un libro, dividido en dos tomos, escrito con una entonación muy distendida, con gran sentido del humor y con evidentes rastros autobiográficos, en el que habla de boxeo, de los estudios patafísicos de Buenos Aires, de Louis Armstrong, de Lezama Lima, de su gato Teodoro W. Adorno, de Thelonious Monk, o en el que aparecen, por ejemplo, cuentos como «La caricia más profunda» o «La estación de la mano»; y todo ello presentado a través de una diagramación, como hemos señalado, de Silva, sumamente atractiva en la que se combinan grabados, fotografías, dibujos, textos apaisados, cambios de letra y espacios en blanco con gran habilidad.

Con todo, en esos días la cuota de tiempo más grande intentó dedicársela a la nueva novela. Tras sucesivas interrupciones e intentos de consolidación, Cortázar tenía ganas de afrontar y enfrentarse de lleno con aquel «monstruo narrativo». Desde 1963 los meses se sucedían sin que diera con las claves ni con el tiempo necesario para acometerlo. El trabajo de la UNESCO y sus viajes, las revisiones de sus propias traducciones y los libros que también se le cruzaban en el camino le obligaban a constantes aplazamientos.

La primera pretensión data de finales de 1964 y principios del año siguiente, momento en que planeó abordar el libro a lo largo de la primavera y verano en la casa de Saignon. La necesidad de recaudar fondos, con el consiguiente regreso prematuro del ranchito a París, más el viaje a Suiza, Irán y Austria, postergaron de nuevo la dedicación a tiempo casi completo que exigía *62*. Un año después, en enero de 1966, de cualquier manera, la novela rondaba ya el centenar de páginas; iba creciendo a la sombra de otras ocupaciones, aunque seguía pidiendo convertirse en una actividad monotemática. Hacia mediados de febrero de ese mismo año, zafado ya en su escritura («he llegado a la etapa maravillosa y desesperante en que uno es esclavo de su trabajo», le escribirá a Porrúa), estará en sus cálculos finalizarla hacia el verano en Saignon. No obstante, ya en la Provence, se sintió alejado del libro. No acababa de dar forma a ese «escribir desescribiendo». Tanto se le resistió que se vio tentado de tirarlo a la chimenea.

62. Modelo para armar presentaba una estructura tan resbaladiza y una anécdota tan opaca que resultaba complejo trabarlo: «Como he escrito dejándome llevar por las constelaciones que se armaban, hacia el final la cosa se vuelve terrible para mí porque no tengo mucho asidero fáctico o psicológico sobre tipos y tipas que se han enredado en otra alfombra jujeña de esas que para qué»[124]. Por fin, en junio dio por terminada la primera versión, que en realidad era la segunda, y lo dejó en reposo hasta el invierno. Es en estas fechas cuando decidió titularlo simplemente *62*, a secas. Era evidente que haciendo referencia al capítulo 62 de *Rayuela*. También es el año en que barajará la posibilidad de cedérselo, en una edición conjunta con Sudamericana, a Seix Barral, que presionaba al escritor para lograr algún título suyo, pues, como hemos dicho, el escritor por entonces seguía siendo una entelequia inalcanzable para los lectores españoles. En este sentido, Carlos Barral llegó a sugerirle que se presentase al Premio Biblioteca Breve, lo cual molestó mucho al escritor por interpretar falta de ética en esa proposición.

En diciembre, Aurora viajó a Buenos Aires a causa de la salud de su madre que había empeorado, y esa Navidad, Julio voló a Cuba por mes y medio, con lo que la novela siguió madurando en el cajón. Pasaron la primavera, el verano y el otoño, y en noviembre se llevó el mecanoscrito a Suiza, con la intención de rematarlo. Trabajó a fondo, por supuesto sin descuidar sus ocupaciones con la UNESCO, durante el mes de estancia; regresó en diciembre a París casi de tránsito hacia un nuevo viaje a Cuba, donde permanecería, sin Aurora, durante tres semanas en un congreso cultural, pero dejó el original a una mecanógrafa, que cobró ciento ochenta dólares por el trabajo de transcripción. A su vuelta a París, de nuevo viajó,

---

[124] Ídem. Carta de J.C., fechada en mayo de 1966, dirigida a Francisco Porrúa, p. 1.017.

ahora acompañado de Aurora, a la India, en cuya casa de Octavio Paz (la embajada de México) en Nueva Delhi estuvieron hospedados. Desde esta capital, ya retitulada como *62. Modelo para armar* y con una lectura definitiva de Aurora («vos sabés que el juicio de mi mujer me merece profunda confianza»), se la remitió, temeroso por el irregular correo indio, a Porrúa, algo antes de partir a un periplo de placer por el sur de la India y Ceilán. Era el mes de febrero de 1968.

La novela fue recibida con alguna frialdad por críticos y público. No así por sus incondicionales. Como hemos dicho, es muy posible que fuese por el hecho de que se esperaba una segunda parte de *Rayuela* y *62. Modelo para armar* no lo era. De otro lado, la opinión genérica era que Cortázar exigía mucho al lector. Y es verdad. Igual que lo había exigido en *Rayuela*, aunque los lectores ahí habían preferido quedarse precisamente, como hemos indicado, con los fundamentos más clásicos del relato, esto es, los personajes, la ciudad y la intriga, eludiendo la dimensión metafísica del libro, que era la que interesaba a Cortázar. No obstante esa demanda activa del lector, en *62. Modelo para armar* digamos que sube unos grados de presión. No solo estamos ante un deseo de desestandarizar la lengua, de anular convenciones estructurales y de apelar por nuevos caminos expresivos, que van desde la desnaturalización de la anécdota narrada hasta el experimentalismo, tan steiniano, del no transcurrir temporal en la historia y presente ya desde las primeras imágenes de Juan en el restaurante Polidor, sino que nos encontramos ante una fórmula que persigue la máxima expresión de lo abstracto. Algo que el escritor no supo mostrar o que el lector no supo ver.

En abril de 1968 la pareja se encontraba en Irán. Los tres meses previos los habían pasado en la India trabajando para la UNCTAD, pero como residentes de lujo en la casa de Octavio y María José Paz, él por entonces embajador de México en Nueva Delhi.

La casa de Paz era la propia legación y se encontraba en uno de los barrios residenciales, Golf Links, diseñados por los ingleses en los tiempos coloniales. Era una hermosa y muy amplia vivienda «donde tenemos tantas habitaciones y criados para nosotros que nos sentimos incómodos, avergonzados, y sólo el afecto de Octavio y de su mujer nos rescata un poco de un tipo de vida para el que yo no he nacido», le comentará a Jean Barnabé.

En esta segunda estancia en el país de Nerhu, Cortázar tenía el propósito de indagar más en la persona y menos en el cromatismo de las ciudades y sus templos. Quería conocer más del hombre histórico y social que del efecto estético devenido de la arquitectura, los olores y los colores del país, y lo hizo y llegó al convencimiento de que aquello solo podría cambiar con una revolución a lo maoísta.

Realizaron —con Paz en varias ocasiones— diversos recorridos de fin de semana. Templos, como el de Mahabalipuram o los de Kajuraho y el del Sol en Konarak, las mezquitas de los mogoles y las aldeas paupérrimas, más allá del límite de la supervivencia. La muchedumbre con que se topará a diario le parecerá miserable y hermosa al mismo tiempo, pero sobre todo condenada a una existencia desprovista de las mínimas condiciones vitales. Un dato que le resultó sintomático y representativo: el precio por habitación/día de un hotel de primera clase era equivalente al dinero con que en torno a seiscientas familias podían alimentarse también por día.

En este mismo sentido le contó a Julio Silva lo siguiente: «Una noche no encontramos taxi para volver y tomamos un carricoche conducido por un viejo. Nos divertimos mucho en el viaje, donde por lo demás arriesgamos la vida, y cuando llegamos a casa yo le di diez rupias al viejo. Se bajó del carro, mirando el billete como si no lo pudiera creer, y empezó a seguirme, arrodillándose a cada tantos metros y queriendo abrazarme las rodillas; hasta que nos entramos en casa no

Con Aurora en un bazar de la India.

hubo manera de alejarlo. Supe luego que con esa suma podía alimentar a su familia una semana»[125]. Por comparación, digamos que los traductores como él cobraban noventa rupias por día, lo que venía a ser una cantidad tres veces mayor que lo que percibía un barrendero por el trabajo de un mes.

La escapada de dos semanas con Aurora por el sur de la India y el recorrido por Ceilán, desde Jaipur, Bombay, Aurangabad, Madrás, Calcuta, viendo decenas de pueblos, playas, llanuras, santuarios y festivales religiosos, sirvió para corroborar los planteamientos que en él se iban imponiendo ante las evidencias cotidianas: a la propia situación económica del país se le unían los componentes culturales. Por ejemplo, la cuestión de las castas. Este sistema determinante, a su juicio, ejercía de rémora ante cualquier actitud de cambio de esa sociedad india anclada en el drama permanente: «Quise conocer Calcuta, y todavía no he conseguido lavarme de esa impresión. Creer que estamos en la edad moderna, después de una visión semejante, es ser hipócrita o imbécil». Niños esqueléticos, familias enteras sentadas en los andenes del ferrocarril, en las aceras, niños cha-

[125] Ibídem. Carta de J.C., fechada en febrero de 1968, dirigida a Julio Silva, p. 1.227.

poteando y bebiendo aguas podridas; perros hambrientos, podredumbre, piras funerarias, muchachos famélicos, leprosos, elefantiásicos, hombres y mujeres hundidos en un orden de vida desafortunado: «No sé de una imagen mejor del infierno que la de una familia viviendo al aire libre, entre dos vías de tranvía y rodeada de otros centenares de grupos análogos, mientras una inmensa muchedumbre camina incesantemente de un lado para otro, sin trabajo, sin dinero, mirándose unos a otros con esa insondable mirada de los indios». La mirada del esteta de doce años atrás quedaba sustituida ahora por la conciencia desgarrada de este Cortázar comprometido.

Desde Nueva Delhi volaron a Teherán, donde permanecieron hasta mediados de mayo. La siguiente escala fue Grecia, a la que acudieron por motivos de trabajo (una conferencia, una vez más, sobre el algodón) y donde coincidieron con Mario Vargas Llosa, también contratado a tal efecto como traductor. En estos días de finales de primavera se empezará a concretar entre Julio y Aurora una situación de crisis, inapreciable incluso para amigos muy próximos, pero crisis que, sin embargo, estaba ya enquistada desde hacía al menos cuatro años y que a partir de este instante entrará en una fase de irrevocable solución.

De regreso a París, un París en el mes de mayo convulsionado por estudiantes y obreros, la realidad se impuso con fuerza. No porque fuese aceptada la determinación de separarse dejó de ser dura. Habían sido muchos años de complicidades, de un casi perfecto acoplamiento de vidas en hoteles y casas, en trenes, aviones, países, calles, rincones, vivencias y recuerdos. Un lado adjunto extraordinario durante más de dos décadas de compartir básicamente París, pero también viajes por casi todo el mundo: Italia, Francia, España, Bélgica, Suiza, Holanda, Alemania, Luxemburgo, Austria, Cuba, Checoslovaquia, Portugal, Turquía, India, Hungría, Gran Bretaña, Argelia, Irán, Ceilán, Grecia; de compartir profesión y

UNESCO, de compartir libros, amigos y vida. En aquel lejano Buenos Aires de 1948 ambos se habían descubierto mutuamente con un complemento que se ajustaba como la mano a un guante, habían dado con la alteridad, y eso acababa de desintegrarse de una manera definitiva en un París —en el que de inmediato Cortázar se implicará y subirá a escena— atrapado en las barricadas anti-gaullistas y en los gases lacrimógenos de la policía, en el golpeteo de los adoquines contra los furgones de la emblemática Compagniers Republicaines de Securité, la CRS, en el Barrio Latino y en la toma romántica de la Sorbonne por los estudiantes al grito de «prohibido prohibir» o «vive el presente». (Se dio la ocupación simbólica de diversos pabellones de la Cité universitaire, en el argentino participó activamente Cortázar.) El latigazo inicial de la ruptura tenía nombre y apellido, Ugné Karvelis; un lugar y una fecha algo anterior: Cuba, 1967.

Ugné Karvelis, lituana, germanista, veintidós años más joven que el escritor, a principios de los sesenta trabajaba para la editorial Gallimard. En referencia al inicio de sus relaciones con el escritor, Karvelis cuenta: «La historia de amor fue un encuentro a cuatro: un libro, dos personas y un continente, América Latina. Un continente que yo quería y conocía más que Julio por aquellos años. Probablemente porque me era un mundo familiar. Quizá yo haya nacido en una vida anterior en el Trópico o haya otra razón que es también mágica. Yo vengo de un país subdesarrollado de Europa, Lituania, con una estructura agraria precapitalista. Por lo tanto, cosas que los franceses encuentran muy exóticas a mí me parecen totalmente naturales. Cuando conocí a Julio, él ya había escrito *Rayuela*. Ese libro fue mi gran encuentro con él. Yo quedé absolutamente deslumbrada con ese libro. Sé que todo el mundo dice que *Rayuela* es su libro. Pero yo creo que es mucho más mi libro que el de la mayoría de la gente: llegué a París en el mismo año que Julio, sólo que yo tenía dieciséis años. Pero mate menos y vino tinto en vez de mate yo he llevado una vida igual a la vida que se describe en *Rayuela*, en la misma época y en los mismos parámetros geográficos. Nos habremos cruzado, Julio y yo, miles de veces en aquellos años»[126].

Fue a raíz de la antología montada en Gallimard con cuentos de *Bestiario, Final del juego* y *Las armas secretas*, cuando Karvelis empezó a tratar esporádicamente a Cortázar. También cuando se tradujo *Rayuela* al francés, en 1966, tuvo algún contacto profesional con él. La editorial quería rebautizar la novela como *La marelle*, pero el escritor optaba por eliminar el artículo, dejándola en *Marelle*. No obstante, según cuenta la propia Karvelis, fue en enero de 1967 y en La Habana cuando se decidió a abordar al hombre y al escritor. Por entonces se acababa de estrenar *Blow up* en Nueva York y Cortázar se hallaba inmerso en la escritura de *62. Modelo para armar* y en *La vuelta al día en ochenta mundos*. Debía volar a Cuba sin Aurora, pues ella no podía acompañarle, dado que su madre —lo hemos señalado— estaba gravemente enferma y la situación exigía su presencia en Buenos Aires al menos por un tiempo de dos meses, y el escritor encaraba su viaje caribeño con cierto desagrado. Cerrar la casa de París por varias semanas, desordenarse en el ritmo de trabajo, dedicar sus esfuerzos a actividades que, por definición, no le seducían en extremo, era una alta cuota solo comprensible en él por su inflexible amor por Cuba.

En La Habana, como siempre, fueron unos días asombrosos y extraordinariamente cordiales que borraron al instante la sombra de desazón con la que había subido las escaleras del avión tres días después del inicio de aquella Navidad de 1966. Participó en encuentros maratonianos, en charlas, en reuniones interminables que empezaban a primera hora de la mañana, seguían en almuerzos de ensaladas de mango, arroz congri, papitas y pollo, y se extendían hasta el amane-

---

[126] «El París de Cortázar», Marilyn Bobes, *La Gaceta de Cuba*, septiembre de 1988.

cer del siguiente día con tragos de ron lentos y paladeados en compañía de voraces amigos, escritores, editores y lectores invitados como él: Marechal, Viñas, Dalmiro Sáenz, Fernández Moreno, Urondo, García Robles, Jitrik, Rozenmacher, Pacheco, Oviedo, Thiago de Mello, entre otros. Además tuvo la oportunidad de revalidar su apoyo, como lo hizo al mismo tiempo con Fernández Retamar, Haydée Santamaría, Arrufat, Lezama Lima y tantos otros, por la causa revolucionaria asistiendo a una conmemoración presidida por Fidel Castro en la plaza de la Revolución, acto en el que se recordó con sentimiento y se exaltó la figura del Che. Aquellos días, entre los concurrentes en la Casa de las Américas estaba también Ugné Karvelis, admiradora silenciosa de Cortázar. «Acorazada tras mi ejemplar de *Rayuela*, terminé por lanzarme al asalto del gran hombre, interponiéndome entre él y el mostrador de la recepción en donde iba a depositar su llave. ¡Oh!, sorpresa: me invitó de inmediato a tomar un mojito.»[127]

Ese año y medio transcurrido entre los días cubanos y la decisión de separarse de Aurora fue un período de comprensibles dificultades emocionales. Si aquel Cortázar se le antojó a Karvelis como el hombre de dos caras, pues «el hombre cerrado de París se desvanecía tras un nuevo ser, feliz, con todas las antenas afuera», este, ya de regreso a París, volvía a su refugio y a sus pautas cotidianas, volvía a su orden fortificado de Aurora y Général Beuret y sus paseos solitarios por el Canal Saint-Martin. Pero la decisión de Cortázar iba ganando terreno: la evidencia de su interés por Karvelis. «Yo vivo un tiempo de disolución y quizá de reconstrucción», le dirá el escritor a Porrúa en junio de 1968. Y así fue.

A finales de junio, Aurora y Julio se trasladaron a Saignon y la herida de su relación resentida solo fue abriéndose

---

[127] Artículo de Ugné Karvelis publicado en el número 145/146, julio-octubre de 1984, *Casa de las Américas*.

más. «Una crisis lenta pero inevitable», le dirá el escritor a Julio Silva, fue imponiéndose y espaciándose como una sombra, buscando sitio en la casa que aún olía a recién pintada y en la que el césped sembrado por Aurora comenzaba a ser una realidad más que virtual en medio del pasto silvestre que rodeaba la casa. Un mes más tarde la decisión de Julio de rehacer su vida —y, con ello, dejar que Aurora rehiciera la suya— estaba firmemente tomada, «con alguien a quien vos conocés, porque la visitás con frecuencia en la rue Sebastien-Bottin», seguirá diciéndole a su amigo.

El paso siguiente fue una separación momentánea: Aurora se iría a París, Julio permanecería trabajando en Saignon en un nuevo proyecto, que sería *Último round*; en agosto, Julio volvería a París y Aurora viajaría en otoño a América, primero quizá a los Estados Unidos, a visitar a su hermana; y luego a la Argentina, a Buenos Aires. Así fue. «Aquel día —me comenta Rosario Moreno— Julio y Aurora estuvieron en nuestra casa comiendo, y luego Aurora me pidió que le guardase sus valijas y algunas cosas que quería llevarse a París.»[128]

Ese tiempo de reflexión que se marcaron sirvió para afianzar y clarificar posiciones cuyo único desenlace pasaba por la separación definitiva. «Hay alguien que llena plenamente mi vida, y con quien confío recorrer ese trecho final de una vida ya muy larga»[129], le confesará a Porrúa.

Cortázar alargó los días de permanencia en Saignon hasta mediados de septiembre, un septiembre lluvioso que acortó de golpe las tardes y perfumó los campos más intensamente. Mientras tanto, Aurora contó, como contaría en todo momento, con el apoyo de los amigos comunes, algo que a Cortázar siempre le preocupó y se preocupó de que ella no se sintiera sola o desplazada de las antiguas relaciones trenzadas por tantos años en París. Desde el principio Aurora había asumi-

---

[128] Entrevista directa, 20 de abril de 2001, en Saignon.
[129] Aurora Bernárdez, op. cit. Carta de J.C., fechada en julio de 1968, dirigida a Francisco Porrúa, p. 1.260.

do la idea de que Cortázar era quien la había abandonado, cuando lo cierto era que la aparición de Karvelis en la vida del escritor vino a coincidir con el final de un proceso de descomposición de la pareja de lentas admisiones, según Cortázar; el final de un proceso formado por progresos, claudicaciones y falsas ilusiones. Por su parte, Karvelis viajó a Saignon, de paso hacia Saint-Tropez, y tuvo un encuentro con el escritor en el ranchito. A la vuelta de Cortázar a París, este dejó la casa de Général Beuret, en la que siguió Aurora, y se instaló en un apartamento cercano.

Ese septiembre, ambos, Aurora y Julio, con un pasado recién desestructurado, lo recordarían siempre como una dura prueba, aunque entre ellos el cariño mutuo seguía y siguió intacto. Fue entonces, en esos días, cuando Cortázar conoció a García Márquez y a su mujer Mercedes Barcha, con quienes mantendría una buena amistad durante toda su vida. También fue cuando dio por concluidas las pruebas de *62. Modelo para armar* y se las envió al editor; y es el instante, al que ya nos hemos referido, en que se fragua el plan de escribir una carta, con Goytisolo, Fuentes, Vargas Llosa, el propio Cortázar y otros escritores, a Fidel Castro acerca de la problemática de los intelectuales en La Habana.

Entre finales de 1968 y la primera mitad de 1969 fue también un tiempo viajero. Solo entre diciembre y junio visitó Checoslovaquia[130], Cuba, Polonia, Uganda y Egipto. Saignon seguía siendo el lugar del sosiego, ahora con Ugné.

Saignon para él siempre fue un refugio. Ahí estaban las co-

---

[130] A principios de diciembre de este 1968 tuvo lugar el célebre viaje a Praga compartido en tren por Cortázar, Carlos Fuentes y Gabriel García Márquez, e invitados por la Unión de Escritores Chechos. García Márquez lo evocó dieciséis años más tarde en una cálida nota necrológica en la que dejó constancia de cómo a una sencilla pregunta de Fuentes, referida a la introducción del piano en la música jazzística, desencadenó una conferencia sobre el tema en la respuesta de Cortázar.

linas de lavanda, el silencio de los días y los fieles Franceschini. Apenas recorría el sendero umbroso y arbolado, saludaba al entonces pequeño Frédéric, monegasco, vecino suyo y pronto aliado en los juegos del hijo de Ugné, Christophe. Su primer viaje de adolescente a París lo hizo en la Fafner de Cortázar, de quien nos dice que este «siempre estaba en la estratosfera, su cabeza se encontraba por encima de la realidad; lo recuerdo escribiendo en todo momento». Apenas Cortázar enfilaba el camino de hierba y piedras, ya cruzaba la pequeña plaza del pueblo con la fuente de cuatro caños y empujaba la puerta de madera de Aldo y de Rosario. Normalmente, tras intercambiar cigarrillos, curioseaba por el estudio, preguntaba por lo que en ese momento estuviera pintando Rosario, una pintora que no vende sus cuadros por voluntad propia: los regala.

«Luego mateaba con Aldo, a mí no me gusta el mate», nos dice Rosario. «Julio era una magnífica persona, pero algo interesado también, y digo esto con cariño», sigue comentándonos, «Aldo tenía que resolverle todos los problemas domésticos». Aun así, pese a esa supuesta incapacidad, Cortázar era aficionado a rodearse de materiales de bricolaje. Bajaba al cercano Apt y compraba clavos, martillos, destornilladores y otros utensilios. Tomasello, como hemos señalado con casa también en Saignon, ha dicho en algún momento que a Cortázar le encantaban los destornilladores y que él mismo había llegado a contarle cuarenta unidades.

Saignon, además se convirtió en referencia para los amigos de Cortázar y punto de encuentros y proyectos. En esa casa, sin calle y sin número, en una de esas reuniones multitudinarias, por ejemplo, se planeó en agosto de 1970, y en torno a un asado, la idea de fundar la revista *Libre*, a la que ya nos hemos referido.

El motivo de la cita había sido el estreno de la obra teatral *El tuerto es rey*, de Carlos Fuentes, en el festival de Avignon, cita a la que acudió una buena parte de lo que los libros han bautizado como el *boom* de la literatura latinoamericana. «Tuve a Carlos, a Mario Vargas, a García Márquez, a Pepe Donoso, a Goytisolo, a todos ellos rodeados de amiguitas, admiradoras (y ores), lo que elevaba su número a casi cuarenta; ya te imaginás», le comentó el escritor a Jonquières, «el clima, las botellas de "pastis", las charlas, las músicas, la estupefacción de los aldeanos de Saignon ante la llegada de un ómnibus especialmente alquilado por los monstruos para descolgarse en mi casa».

María Pilar Donoso, viuda del escritor chileno José Donoso, deja testimonio de dicha reunión y se detiene en una anécdota en la que ella y Rita, la mujer de Fuentes, fueron confundidas por prostitutas:

> Los García Márquez viajaron con los niños, que ya eran suficientemente grandes como para disfrutar del viaje. Los Vargas Llosa y nosotros dejamos a los nuestros en el Parvulario Pedralbes, Patricia y yo muy frustradas al despedirnos de ellos, que en vez de llorar agitaban las manos y reían contentos ante la perspectiva de pasar unos días sin sus padres.
>
> Cortázar y Ugné Karvelis estaban como en su casa en Avignon, pues la propiedad de Julio en el pueblito de Saignon queda bastante cerca.
>
> La noche del estreno, después de la función, fuimos todos a cenar a un restaurante. Rita, la mujer de Carlos, estaba muy bella esa noche con un *palazzo pyjamas* confeccionado por ella misma con un sari hindú verde oro. Yo también iba vestida con un sari pero a la manera hindú, como un traje largo recogido en pliegues por delante, con un hombro fuera. Íbamos juntas a corta distancia del grupo que formaban Fuentes, Pepe y Juan Goytisolo. Caminábamos lentamente disfrutando del espectáculo de las calles medievales llenas de gente. Muchos jóvenes, muchos hippies en esa época. El ambiente era festivo, la temperatura tibia muy agradable, y Rita y yo hablábamos muy serias de la educación de nuestras hijas.
>
> De pronto sentimos un frenazo y un enorme coche policial se detuvo ante nosotros. *«Mesdames!»*, nos espetó el *flic*, el policía se nos acercó. Rita se dio cuenta inmediatamente de la situación.

Yo, más ingenua, no comprendía nada. «*Mais messieurs...*», les dijo con su mejor acento y entonación teatral más dramática, «*nous en sommes pas des prostituées...*». Pasamos tres o cuatro días en Avignon. Uno de ellos Cortázar y Ugné organizaron un almuerzo en una bonita posada campestre para los amigos del grupo de Barcelona y otros que de París u otros sitios estaban también de paso por allí. Después fuimos a la casa de Cortázar a pasar la tarde y allí sucedieron dos cosas importantes: se fundó la revista *Libre* y Mario Vargas Llosa cambió de peinado.[131]

Como he señalado, este es el tiempo de *Último round*. El libro se acopla a los mismos parámetros de *La vuelta al día en ochenta mundos*: fotografías, recortes de prensa, poemas, dibujos, relatos, comentarios. Todo propio y ajeno. Todo estructurado pero a la vez desestructurado, sin más ábsides que los impuestos por el ritmo y dirección del lector. De la serie de textos, cabe citar los tres cuentos, «Silvia», «El viaje» y «Siestas», además de las aproximaciones que Cortázar hace al cine de Resnais, a la poesía de Mallarmé, a la grafología o, críticamente, a la figura de Salvador Dalí. Al igual que en el otro almanaque hallamos referencias autobiográficas, como el texto «Uno de tantos días en Saignon», pero también reflexiones lúcidas, si bien algo encubiertas por una apariencia de ironía, como «Del cuento breve y sus alrededores».

Del conjunto, subrayo la narración «Silvia» por su componente fantástico y biografista. La anécdota trata de un encuentro de amigos en una casa de campo y de una joven, Silvia, a quien solo ven los niños, pero a quien también ve el personaje-narrador del cuento. Según Alain Sicard, profesor en la Universidad de Poitiers, el cuento fue escrito a raíz de otro encuentro, este verificable, en la Provence. Estuvieron presentes, entre otros, Cortázar, Saúl y Gladis Yurkievich, el propio Alain Sicard, su mujer y sus dos hijos. Y una joven *nurse*.

---

[131] José Donoso, *Historia personal del boom*, Alfaguara, Madrid, 1999, p. 150.

Su explicación es la siguiente:

Saúl había preparado un asado e invitó a Julio a la Provence. Yo viajaba con mi mujer y mis dos hijos. Llevábamos también a una muchacha que se encargaba del cuidado de los niños. Por descuido, en el momento de las presentaciones, yo olvidé presentarle a Julio a aquella muchacha que había venido con nosotros. Era una joven de 13 o 14 años. Muy bonita, por cierto. Saúl, Gladis (su esposa), mi mujer y yo, conversábamos de cosas muy intelectuales. Un tanto como en el cuento, donde desempeño el papel muy horroroso y pedante del profesor Borel. Esa discusión es el telón de fondo de todo el cuento. Porque el narrador, Julio, está observando a esta muchacha que pasa y vuelve a pasar delante del fogón encendido y a partir de allí se desarrolla toda la secuencia fantasmática con la niña. Estuvimos aquella noche conversando hasta la una o las dos de la mañana, hora en la que nos separamos todos un poco borrachos. Antes nos citamos para almorzar al día siguiente en un restaurante cercano. A las doce ya Julio estaba allí y nos contó que, durante la noche, había escrito un cuento. Entonces no lo leí. Pero cuando apareció publicado me di cuenta inmediatamente de que aquel era el cuento.[132]

En cierto sentido, los viajes emprendidos a raíz de la separación con Aurora no dejaban de ser, además de una obligación básicamente laboral, un mecanismo de defensa frente a la gente, el teléfono, la casa, los amigos, la presión emocional que sentía en París por la ruptura. Esa coerción fue la que le empujará a instalarse por casi dos meses, marzo y abril de 1970, en Londres. En principio, Vargas Llosa le buscó hospedaje en Cadogan Gardens; si bien, al final, se instalaron él y Ugné, que lo acompañó unos días, en la casa del escritor peruano y de su esposa Patricia, dado que estos se encontraban

---

[132] «El París de Cortázar», op. cit.

de viaje. No pudieron coincidir ambas parejas en Londres, algo que habían ansiado tanto Julio como Mario.

En Londres, Julio y Ugné se adaptaron e hicieron planes, pero a los pocos días de tomar posesión, el frío fue en aumento, tanto que, al final, nevó. La ciudad, que en la semanas previas no había pasado de los cinco grados de máxima, descendió vertiginosamente por debajo de cero, el hielo hizo acto de presencia en los cristales de la ventanas, en las fachadas de las casas, en las aceras, y la humedad fue colándose en habitaciones y camas. Añadamos que Ugné tuvo que partir, con lo que Julio se quedó solo.

El frío y el enfermar en el extranjero, además de acobardarle, eran dos de las cosas que más podían turbar a Cortázar, y la casa de los Vargas Llosa, debido a que la calefacción se había estropeado, se convirtió en una especie de iglú. Empezó a toser, lo cual ya era de por sí un síntoma de alarma. Intentó combatir el frío a base de whisky, calcetines dobles, jerséis y una manta que cada mañana se ponía a modo de capa, pero esa ofensiva no fue suficiente: el frío penetraba las lanas y las guatas, helaba los tejidos, lo paralizaba en el trabajo de traducción que estaba haciendo. Comenzó a sentirse molesto, irritante. De otro lado, no quería abandonar la casa de los Vargas Llosa, ya que habitarla era un modo de guardarla, además de atender el correo, como tuvo que atenderlo haciéndose pasar (con barba incluida) por el mismo Vargas Llosa en la estafeta más próxima, y vigilar el coche de Mario, auto que ni Ugné ni Julio se atrevieron a manejar en un país donde se conduce, como es sabido, por la izquierda, y solo el intento de hacerlo era temerario para dos inexpertos como ellos. Por lo que se decidió a buscar otro alojamiento. La intención fue la de no alejarse demasiado y así poder ejercer de casero, aunque fuese de una manera más o menos indirecta. Tras investigar por los alrededores, dio con un hotelito, el Astor House, en Trebovir Road, donde se trasladó y donde pudo leer, escribir más cómodamente y seguir traduciendo en una habitación con calefacción.

La cosa poco a poco cambió. Pese a la ventisca, los días londinenses le sirvieron como estímulo. Londres le gustaba. Cortázar nunca fue ajeno al hechizo de la ciudad y el peculiar espíritu inglés: el trazado de sus calles, los frontispicios de las casas, los escaparates de cristal y madera de sus tiendas, el recuerdo histórico de la guerra tan presente. Además siempre quedaba «El tigre de Tippoo» devorando a un europeo en el Victoria and Albert Museum. Los días que le restaron visitó exposiciones y teatros, anduvo la ciudad de arriba abajo. De entre los encuentros, tuvo uno con Octavio Paz, a quien le contó lo de su separación con Aurora y lo de su nueva pareja, Ugné. También recordaron los momentos vividos en la India. Después regresó a París.

El hecho de la separación entre Aurora y Julio nunca supuso un alejamiento entre ellos. Ambos mantuvieron su amistad a lo largo del tiempo. Pero las nuevas circunstancias sí alteraron, lógicamente, el orden de sus vidas; en especial el de Aurora, quien empezó a vivir largas temporadas en la Argentina, si bien conservó el *pavillon* de Général Beuret, al que regresaba durante los períodos en que tenía que residir en París por su trabajo en la UNESCO. Cortázar pasó a vivir a un apartamento cercano al que tenía Ugné Karvelis en el 19 de la rue Savoie, junto a Notre-Dame y a tres manzanas del Sena, próxima al Pont des Arts. El de Cortázar era un apartamento pequeño, de techos bajos, lo que le incomodaba, pero tan bien situado como el de Ugné, dado que apenas ponía un pie en la acera se hallaba cerca de los cafés y los cines del Barrio Latino, a corta distancia del río, que siempre fue uno de sus lugares preferidos. Precisamente la circunstancia de esas estrecheces fue lo que les animó a mantener cierta independencia en ambos apartamentos y así poder trabajar con mayor comodidad.

En el primer trimestre de 1971 ya habrá noticias de dos cuentos que quedarán posteriormente integrados en el volumen *Octaedro*. Se trata de «Cuello de gatito negro» y de «Lugar llamado Kindberg». También en este período, Cortázar inició los trámites para lograr la naturalización francesa. La cosa burocrática en Francia, y más tras el mayo del 68, recomendaba, ante contingentes imprevistos, hallarse lo más integrado posible. De ahí que, desde una discreción más que buscada, el escritor comenzara los trámites para obtener la doble nacionalidad, dado que la argentina no se perdía al convertirse en ciudadano francés. Pese a ese deseo de discreción, la noticia saltó a la prensa y, envuelta en sensacionalismos, se manipuló, con lo que no fue entendida su posición, pues algunos sectores argentinos quisieron ver una renuncia a sus orígenes étnico-culturales. De otro lado, pensó que la cuestión de la nacionalización se resolvería en un año, pero lo cierto es que tuvieron que pasar diez, ya con Miterrand en la presidencia de la República, para que el escritor obtuviera, tras dos negativas del gobierno de Giscard d'Estaing, su condición de francés adoptivo.

En este sentido, el escritor español José María Guelbenzu señala cierta ocasión en que Cortázar fue recriminado por esa supuesta renuncia de su argentinidad: «Recuerdo una llegada de Julio Cortázar al aeropuerto de Madrid, recién estrenada su nacionalidad francesa, en que una turista argentina, al reconocerlo, se lo reprochó de manera bastante desagradable. Es un asunto gracioso porque la Argentina está (o al menos estaba) llena de argentinos que le reprochaban inventarse una Argentina y un Buenos Aires ficticios, de vivir fuera, en París, y escribir de adentro, inventando una realidad argentina que poco tenía que ver con la realidad real. Se lo reprochaban gentes que eran argentinos hasta la muerte, pero que, miren por dónde, se han sentido siempre los parisinos del Cono Sur».

Este tema lo acompañó siempre. Y siempre, también, fue polémica. En ese mismo ánimo se inscribiría la controversia que sostuvo con el escritor peruano José María Arguedas. Cortázar, como sabemos, era defensor de abandonar el ambiente localista y de romper su perímetro para así explorar la vida, convencido de que el alejamiento físico no provocaba la pérdida de visión del mundo denominado patria y patriotismo. Mientras que Arguedas, poco relacionado con el viaje y sus circunstancias, defendió la imperiosa necesidad de vivir en la tierra en que se ha nacido como el único modo posible de entenderla mejor y así poder defenderla.

Ugné Karvelis y su hijo Christophe. Karvelis, lituana,
se convirtió en la agente literaria de Cortázar.
La fotografía es de Julio.

Se ha especulado con la idea de que la obra de Cortázar, gracias a la intervención de Karvelis y por los vínculos de ella con el mundo de la edición, sufrirá por esta época un notable impulso. Es decir, que la relación con Karvelis, en el plano profesional, implicó un reforzamiento de Cortázar en el ágora literario. Es posible, pero con la perspectiva de los cuarenta años que nos separa es fácil advertir cómo no fue nada decisivo, entre otras razones porque, recordémoslo, a la altura de 1968 Cortázar y su obra iban abriéndose espacios con fuerza por sí mismos en el panorama literario sin la necesidad de empujes adicionales, aunque si los hubo, tampoco le perjudicó.

En estos años, Cortázar había publicado el núcleo más significativo de su producción, y su presencia, con la excepción paradójica en editoriales de España, ausencia que muy pronto será subsanada a través de Seix Barral y luego por Alfaguara, en al menos doce idiomas, aparte del castellano, era un hecho. Pero, además, era una realidad creciente, pues no hablamos de ediciones semisecretas de puro testimonio sino editoriales arraigadas en el mercado librero: idiomas y editoriales a los que nos hemos referido en otro tramo de esta investigación.

Como hemos señalado, en el momento de romper con Bernárdez, Cortázar acababa de revisar las pruebas finales de *62. Modelo para armar* y estaba trabajando en un volumen de fotografías, estas de Sara Facio y Alicia D'Amico con texto de Julio, *Buenos Aires, Buenos Aires*, y en el nuevo volumen *Último round*. Ya había publicado, pues, los tomos de cuentos *Bestiario*, *Final del juego*, ampliada, como se ha dicho, en Sudamericana; *Las armas secretas*, *Historias de Cronopios y de famas*, *Todos los fuegos el fuego* y *La vuelta al día en ochenta mundos*. Más las novelas *Los premios* y *Rayuela*. ¿Fue determinante la convivencia con Karvelis para que Cortázar fuese más conocido en el ámbito de la literatura? Creemos que no.

De igual manera, también se ha teorizado con la creciente politización de Cortázar a partir de 1968, actitud motivada del mismo modo por su vida junto a Karvelis, quien manifiestamente, a su vez, se encontraba comprometida con la revolución castrista. Si es cierto y hemos observado cómo la imagen de hombre exterior que Cortázar irradiaba en estos años era algo progresivo desde principios de la década, no lo es menos que la actividad política de Cortázar será un hecho constatable especialmente conforme las respectivas situaciones de los países como la propia Argentina, Chile, Uruguay, Bolivia, Paraguay, Nicaragua o El Salvador entren en un camino sin retorno en materia de derechos humanos, y eso viene, en efecto, a coincidir con los años cercanos a Karvelis. No obstante, el paulatino proceso de descomposición democrática, sus vaivenes ideológicos, los cuartelazos y los nacientes regímenes militares de la zona del llamado Cono Sur, cuyo segmento temporal llegará hasta principios de los años ochenta, son circunstancias impulsadoras de una irrefrenable disposición de denuncia por parte del escritor, quien, desde 1973 a 1983, vivirá sujeto, básicamente vía Tribunal Bertrand Russell, a una actividad pública de primera línea.

Pongamos por caso Chile.

La experiencia socialista en Chile tuvo su expresión con la llegada al poder de Salvador Allende, liderando la Unidad Popular en 1970. La otra cara de esa realidad será la intransigencia de un ejército, el chileno, opuesto a cualquier cambio profundo que pudiera afectar el aceitado sistema capitalista en vigor. En medio, la política económica de nacionalizaciones emprendida por el gobierno de Allende, a todas luces inaceptable por los intereses norteamericanos (recordemos la presión en contra de esta ejercido por la empresa telefónica ITT), encabezados estos por Nixon y su hombre fuerte, Henry Kissinger. La consecuencia no será otra que tres años de allenderismo, con su política expropiativa en aumento progresivo, y el rechazo expreso a dichas prácticas por parte de una oligarquía inamovible a la renuncia de sus privilegios. La respuesta la darán determinados sectores de las Fuerzas Armadas, en connivencia con esferas de las sociedad civil chilena: el bombardeo del Palacio de la Moneda el 11 de septiembre de 1973.

El golpe de Estado, con la muerte de Salvador Allende y

la anulación de la Constitución de 1925, puso a la cabeza del país la figura de Augusto Pinochet. Pinochet, que se había sumado tardíamente a la asonada, pero que rápidamente capitaneará la rebelión militar, por años será el rostro siniestro de un régimen autoritario y bárbaro, el cual asumirá la triste hazaña de hacer presos solo en el primer mes de su mandato a más de cincuenta mil personas que serán distribuidas en estadios de fútbol y cárceles, cuando no asesinadas sin juicio previo, valiéndose de artimañas como la tristemente famosa y trágica «ley de fugas».

Las primeras medidas que adoptó el nuevo régimen fueron encaminadas a restar cualquier posibilidad de oposición, por lo que disolvió los partidos políticos integrados en la Unidad Popular, así como prohibió el resto de organizaciones político-sindicales. El paso siguiente e inmediato fue el de la depuración de la Administración Pública, desde oficinistas hasta maestros y profesores universitarios, con el fin de afianzar y asegurarse el taponamiento del más mínimo brote de cuestionamiento a su propia esencia. Tortura, fusilamientos y «desaparecidos», con la intervención de la policía secreta, la inhumana Dina, bajo la dirección del coronel Manuel Contreras, implicó, según cifras refrendadas por organizaciones internacionales, más de quince mil muertos a manos de las fuerzas militares y paramilitares pinochetistas.

Por las dimensiones de lo que se ha calificado como «genocidio chileno», el cual extendió sus tentáculos ejecutivos más allá del propio ámbito del país andino (el general Prats fue asesinado en Buenos Aires, Montalvo Bernardo Leighton, que fuera ministro del Interior, lo mataron en Roma; a Orlando Letelier, en Washington), numerosos intelectuales latinoamericanos y europeos se movilizaron en los años setenta. Es razonable, si seguimos la trayectoria de Cortázar, que este se involucrara a fondo en la defensa de las víctimas de una situación que pedía solidaridad más allá de alineamientos ideológicos. Y así lo hizo.

La adhesión de Cortázar a la causa chilena se inició desde la misma toma de poder por parte de Salvador Allende. A mediados de noviembre de 1970, Cortázar voló a Santiago y expresó su completo respaldo al recién constituido gobierno socialista. A partir de ese momento su posición de soporte y auxilio, y más desde el golpe de Estado de Pinochet, irá en aumento: se integrará en comisiones, participará en congresos culturales y en actos diversos directamente formulados a tal fin, como fueron el «Comité para la defensa de los Presos Políticos» o el propio Tribunal Bertrand Russell, viajando a Bélgica, México, Italia o la RDA, entre otros países y otros foros de diálogo. Allá donde fuera útil su participación. En abril de 1975, su amigo y profesor de literatura latinoamericana Jean L. Andreu le invitó a hablar sobre *Rayuela* en la Universidad de Toulouse, donde trabajaba, a lo que Cortázar le contestó: «No podría ahora. Todo me parece distinto, distante, absurdo. América Latina es una jungla salvaje. La limpiaremos un día, lo sé. Pero hoy tengo que estar solo, tengo que volver a mí mismo». (Fue, precisamente, en este mismo trimestre cuando contrajo en un viaje a Turquía una extraña enfermedad que no pudo diagnosticársele. El virus en cuestión lo mantuvo afiebrado mes y medio, con una hospitalización en París de una semana, virus y fiebre que poco a poco fueron remitiendo y por los que perdió siete kilos.)

Según Cortázar, el plateamiento era el de insistir ante la prensa, no dejar que la opinión pública se olvidara de lo que estaba ocurriendo en Chile; alertar a la gente de las arbitrariedades que la Junta Militar estaba cometiendo con la más aborrecible de las alevosías y en nombre de un supuesto orden. Incluso decidió ir a EE. UU., superando su antigua animadversión a aceptar viajar a ese país (recordemos que, años atrás, había renunciado a la invitación del profesor y escritor Frank McShane para impartir unas conferencias en la Universidad de Columbia[133]), y llevar allá su protesta, aprovechando un co-

---

[133] No obstante, el primer y fugaz viaje de Cortázar a EE. UU. data de 1960. Conoció Washington y Nueva York.

En una calle parisina.

*Fotografía enviada por Julio
a su abuela en 1959.*

Con su madre en Estrasburgo. Al fondo, la Petite France
en 1962. Su madre, muy sensible, gran lectora,
era de ascendencia francoprusiana.

Con Laure Guille Bataillon. La fotografía data de 1964.
Con Bataillon, que fue traductora suya, mantuvo una gran amistad.

loquio organizado por el Center for Inter-American Relationes y el PEN Club internacional sobre el tema de las traducciones, plataforma desde la que pudo expresar su opinión acerca del pinochetismo, al tiempo que establecer lazos y alientos desde los grupos de izquierda de los Estados Unidos contra Pinochet y contra todos sus cómplices.

Por las mismas fechas (junio de 1974) participó activamente, con otros escritores e intelectuales y amigos como Saúl Yurkievich y Mario Muchnik, en la elaboración del libro *Chili: le dossier noir*, que vio la luz en Gallimard; y en la organización del «Primer Encuentro Cultural Antifascista de Santiago», que pretendía ser el homenaje en París a un congreso que debió hacerse en Chile a iniciativa de Salvador Allende, Pablo Neruda y otros intelectuales y políticos. Para el que se celebraría en París, se intentaba darle un componente de taller creativo, de manifestación, de discurso popular, con el que desafiar a la Junta desde una convocatoria integrante de grupos de teatro, conferencias, música, y a partir de nombres ya de reconocida proyección internacional como los de Gabriel García Márquez, Ernesto Cardenal, Carlos Fuentes, Atahualpa Yupanqui, Alejo Carpentier, Glauber Rocha o Jorge Amado, entre otros.

Cabe reseñar, de otro lado, que la decisión de viajar a Norteamérica invitado por el PEN Club implicó el principio de otros regresos a EE. UU. Cortázar supo ver lo eficaz que podía ser utilizar el escaparate amplísimo que ese país le ofrecía para canalizar su concepción ideológica en favor de Latinoamérica, además de que, de esa manera, podía explorar un ámbito que le resultaba altamente interesante, al tiempo que se le presentaba la posibilidad de encontrarse con viejos amigos, como Gregory Rabassa, Jaime Alazraki o Sara Blackburn (su esposo, Paul, había muerto en 1973), algunos de ellos hasta entonces solo epistolares.

La cadena de viajes a EE. UU. se concentraron en poco tiempo. Entre noviembre y diciembre de 1975 pasó cinco semanas en la Universidad de Oklahoma, la cual había organizado un ciclo con especialistas en su honor. El tiempo libre le permitió recorrer en un coche alquilado parte del oeste del país, Arizona y Nevada, estados en los que se detuvo y visitó algunos lugares que desde siempre le habían resultado atractivos, como el Grand Canyon, junto al desierto de Mohave, y el valle de la Muerte, en la meseta del Colorado; y otros que le confirmaron el juicio negativo *in situ* que le merecían ciudades como Las Vegas. Estuvo después en San Francisco y en sus alrededores (desde Santa Rosa hasta Salinas), que le gustó mucho y al que volvería, y voló a Nueva York. Dos años más tarde viajó a Canadá, a una reunión internacional de escritores. Su actividad se centró especialmente en Montreal, donde conoció a Carol Dunlop. Meses después repitió con Nueva York y se entrevistó en esta ocasión con Frank MacShane, que acababa de biografiar a Raymond Chandler. Desde 1979, comenzó a recibir invitaciones multiplicadas para que acudiera a citas en los EE. UU. y tuvo que seleccionar y desestimar, como una de la Universidad de Harvard. En abril de 1980 conferenció en el Barnard College y en el City College, ambos de Nueva York, viaje que aprovechó para ir a Washington y luego a Montreal. Seis meses después aceptó impartir en Berkeley (donde vivió ya con Carol) unas semanas reconfortantes a orillas de la bahía, entre la universidad y San Francisco. De estos últimos días data el cuento «Botella al mar», del libro *Deshoras*.

En estos años publicará *Viaje alrededor de una mesa* (1970), el libro de poemas *Pameos y meopas* (1971) y *Prosa del observatorio* (1972), que es una serie de textos monologados sobre fotografías suyas que sacó en la India de los observatorios del sultán Jai Singh. El profesor Joaquín Marco, catedrático de la Universidad Autónoma de Barcelona, tuvo contactos con Cortázar en este tiempo, fue editor suyo también. Me contó lo siguiente:

«Tuve varios encuentros con Cortázar en Barcelona. Edité una antología de sus cuentos en la colección RTV, de Salvat/Alianza, donde trabajé entonces dirigiendo ésta y otras colecciones. Fue cuando le conocí. La selección la realizó él mismo. Más tarde, en Ocnos le publiqué *Pameos y meopas*, que eran poemas inéditos. Hicimos una modesta promoción, con cartel incluido, fue en 1971. De ese tiempo, más o menos, recuerdo una anécdota acerca de su hospedaje en Barcelona, que es un anticipo sobre su libro de *Los autonautas de la cosmopista*. Un día me llamó por teléfono y concertamos una cita. Luego, mientras charlábamos, le pregunté en qué hotel iba a dormir, y me respondió que lo hacía en la plaza de Lesseps, pero que no era en un hotel sino en su propia camioneta. Era de

En los bouquinistes *del Sena. La fotografía, de 1969, es de Pierre Boulet.*

estos seres mágicos con los que uno se tropieza pocas veces. Recuerdo que aquel día, en un restaurante, hablamos mucho, mano a mano. Le pedí que me explicara el fenómeno del peronismo, algo que yo no acababa de entender.»[134]

A finales de los años setenta, cuando le preguntaban si habría otra novela en algún plazo breve, solía decir que le gustaría, pero que escribirla exigía un tiempo del que él, por su constante y cada vez más amplio enredo en el ámbito de lo que entendía por actividad política (en ese período, en especial, el tema que lo ocupará será la defensa de la Nicaragua

---

[134] Entrevista directa, Valencia, marzo de 2009.

sandinista), carecía. Esa cuota de tiempo fragmentado, decía, solo le permitía acometer cuentos y relatos breves, dado que estos podía escribirlos en habitaciones de hoteles, en el compartimento de un tren o en la terminal de un aeropuerto; en un receso entre conferencias o mientras volaba a nueve mil metros de altura y contemplaba a través de la ventanilla del avión el mundo infinitamente diminuto y destemporalizado, tan silencioso como inmóvil allá abajo; y tan ajeno también.

CAPÍTULO 5
1976-1982

ARGENTINA: «PERSONA NON GRATA».
LIBRO DE MANUEL.
VIAJES Y APOYOS A LA CAUSA SANDINISTA.
OCTAEDRO.
CAROL DUNLOP Y LA RUE MARTEL.

Por supuesto, su implicación también será en la Argentina. Tras la caída de Onganía, el país se abría por múltiples fisuras. «Onganía kaputt», le dirá Cortázar a Julio Silva, «pero la tal Junta militar me da la impresión de una Rejunta (o del tango Mala Junta, ¿te acordás?»). Y es que tras Onganía, se intuía más de lo mismo en un contexto de profundo deterioro.

De un lado el destejido económico, con una deuda externa que estaba por encima de los tres mil millones de dólares en 1969 y casi cinco mil millones un año más tarde, más todo lo que implicaba en destrucción de empleo y sus secuelas sociales; y de otro lado, la emersión de grupos armados partidarios de la guerrilla urbana y decididos a llegar a fondo en el tema de lo que consideraban «la liberación».

Las Fuerzas Armadas Revolucionarias, los Montoneros, Las Fuerzas Armadas Peronistas, el Partido Revolucionario de los Trabajadores y una serie de grupos menores, pero muy operativos en las regiones del interior, desarrollaban un proyecto de regeneración completa basado en el vencimiento total del enemigo y sirviéndose de cuantos recursos, sangrientos o no, pudieran serles útiles para alcanzar tales fines. Hay que

París, 1967. La famosa fotografía que le hizo Sara Facio
y que tanto agradaba al escritor, a sus 53 años.

Julio en 1969.

En 1973.

En 1976.

En 1979.

subrayar que el caldo de cultivo producido por Onganía y su estricta política represora, venía, a no dudarlo, a favorecer el apoyo tácito de grandes sectores de la sociedad argentina ante determinadas actuaciones de estas organizaciones, del mismo modo que también amplios sectores de esa misma sociedad preferirá mirar hacia otro lado cuando acontezca el negro período del Proceso de Reorganización Nacional, tras la caída del gobierno de la viuda de Perón, María Estela Martínez.

Pero el momento histórico aún se iría complicando más y más apenas iniciada la década de 1970. Con Marcelo Levingston, la guerrilla fue intensificando sus actividades violentas (en el mes de mayo, los Montoneros habían secuestrado y asesinado al general Aramburu, como respuesta por la muerte de activistas peronistas y por la desaparición del cadáver de *Evita* en 1955), la inflación continuó su crecimiento galopante y la política interior del gobierno, basada en un intervencionismo económico con el que granjearse el auxilio de las clases media y media-baja y así rechazar la presión peronista cada día más presente, el empuje de determinados sectores del ejército y la coacción de los grupos guerrilleros también cada día más amplios e inconexos, no funcionó, con lo que Levingston fue reemplazado por el general Lanusse.

Con estas sustituciones, el cuadro socioeconómico entró en tintes más oscuros: huelgas, manifestaciones, atentados, economía completamente desatada, aparición de grupos ultraderechistas (tomarían el afiche de la AAA o Triple A), represión gubernamental (los sucesos de Trelew, en los que un número de guerrilleros fueron asesinados en los pasillos, patio y celdas de la cárcel, en agosto de 1972), todo lo cual fue favoreciendo la posibilidad del retorno de Perón, como eventual solución a tan compleja y dramática circunstancia, dado que su influencia en la vida argentina era en extremo evidente.

Las elecciones de marzo de 1973, con el triunfo de Cámpora frente a la Unión Cívica Radical, de Balbín, supuso una especie de tregua interior. La amnistía aplicada a presos políticos y concretas adopciones para con la vía política de grupos como los Montoneros, parecían allanar el camino hacia una pronta reconciliación. No obstante, organizaciones como el Ejército Revolucionario del Pueblo mantuvieron como objetivos de sus acciones a empresas multinacionales o al propio ejército, las primeras por «explotadoras» y al segundo por «represor». La coyuntura económica no mejoró, muy al contrario, fue profundizando en su propio pozo, pese a la estrategia de Cámpora dirigida a recuperar unos modos populistas, desde la protección al trabajador, el derecho a la huelga y a la manifestación o pactos con los interlocutores sindicales, que fueron aceptados por los argentinos no como una concesión de gracia del gobierno sino como un legítimo e inviolable derecho rescatado. La culminación dramática de este panorama se precisó con la llegada de Perón, el 20 de junio de 1973. Miles de personas lo esperaban en Ezeiza, en cuyo aeropuerto finalmente no aterrizó su avión. El choque de tendencias próximas al general, desde las Juventudes Peronistas y los Montoneros hasta militantes de extrema derecha, la cual disparó indiscriminadamente sobre la gente concentrada, se tradujo en la muerte de decenas de personas y puso de manifiesto que el instante histórico que atravesaba el país exigía una voluntad por parte de todos sus actores, el cual, ante ese tipo de hechos, dejaba en evidencia el laberinto argentino y su difícil solución.

Tras la renuncia de Cámpora, las elecciones dieron el triunfo a Perón, quien gobernó en triunvirato con su tercera esposa, María Estela Martínez, y con quien estaba llamado a jugar un papel siniestro en esos años y que fuera ministro de Bienestar Social, José López Rega, *El Brujo*. La incapacidad del gobierno de Perón, con su alejamiento en la práctica de cualquier gesto revolucionario, tras el discurso del propio Perón en mayo de 1974 en el que se desmarcó de la juventud y de sus proclamas socialistas, fue ostensible: devaluación del peso, elevación vertiginosa de los precios en todos los sectores, desempleo, carencias sociales; caída, en suma, del PIB.

Si párrafos arriba nos referíamos a la llegada de Perón al país como la culminación dramática de un panorama, hay que decir que, con su muerte en julio de 1974 y la toma de la presidencia por *Isabelita*, su ausencia supondrá ahora la culminación trágica de un panorama marcado por el caos y la pérdida de rumbo, en todos los órdenes. También la excusa para que el golpismo, inicialmente con los nombres del general Jorge Rafael Videla, el almirante Emilio Massera y el brigadier Orlando R. Agosti, hallara su justificación una vez más. El 24 de marzo de 1976, día del *putsch* que adoptó eufemísticamente el marbete de Proceso de Reorganización Nacional, la Argentina entró en un larguísimo túnel de dolor y resentimiento de consecuencias duraderas en el recuerdo colectivo por muchos años. Tantas que hoy, a más de un cuarto de siglo de distancia y con una Argentina inserta en un sistema democrático pleno, aún es palpable la angustia que en las nuevas generaciones despierta un pasado histórico enquistado y no superado, a causa de la frustración que en grandes sectores sociales supusieron las leyes de Punto Final y de Obediencia Debida[135], y

---

[135] La Ley 23.492, sancionada el 23 de diciembre de 1986, promulgada el 24 de diciembre de 1986 y publicada en el Boletín Oficial el 29 de diciembre de 1986, llamada Ley de Punto Final, establece en su art. 1º: «La extinción de la acción penal respecto de toda persona por su presunta participación en cualquier grado, en los delitos del art. 10 de la ley 23.049, que no estuviere prófugo, o declarado en rebeldía, o que no haya sido ordenada su citación a prestar declaración indagatoria, por tribunal competente, antes de los sesenta días corridos a partir de la fecha de promulgación de la presente ley. En las mismas condiciones se extinguirá la acción penal contra toda persona que hubiere cometido delitos vinculados a la instauración de formas violentas de acción política hasta el 10 de diciembre de 1983». (Extracto.) La Ley 23.521, sancionada el 4 de junio de 1987, promulgada el 8 de junio de 1987 y publicada en el Boletín Oficial el 9 junio de 1987, llamada Ley de Obediencia Debida, establece en su artículo 1º: «Se presume sin admitir prueba en contrario que quienes a la fecha de comisión del hecho revistaban como oficiales jefes, oficiales, subalternos, suboficiales y personal de tropa de las Fuerzas Armadas, de Seguridad, Policiales y Penitenciarias, no son punibles por los delitos a que se refiere el art. 10, punto 1 de la ley 23.049 por haber obrado en virtud de obediencia debida. La misma presunción será

los posteriores decretos de indulto de 1989 y 1990 que dejaban en libertad a quienes elaboraron las órdenes desde el llamado Órgano Supremo del Estado.

El gobierno de facto será el reponsable del período más tétrico de la historia contemporánea de la Argentina, en lo concerniente a la violación de los derechos humanos y al exterminio masivo de seres humanos en función de su credo político o de su simple tibieza ideológica opuesta a las nuevas autoridades gobernantes. La implacable dictadura impuesta por los militares arbitró un modelo de Estado en el que todo aquel que no se identificase con sus soflamas era considerado subversivo y, por ende, sujeto a abatir. Una vez más, pero en esta ocasión con una ferocidad inédita hasta lograr sus objetivos (las cifras de desaparecidos del período 1976-1983 se fijarán oficialmente en torno a diez mil[136], pero oficiosamente rondarán el número de treinta mil), las Fuerzas Armadas se otorgaban el rótulo de salvapatrias y de reserva moral frente a lo que denominaban las formas (desgobierno, corrupción, sedición) conspiradoras de la sociedad. En este sentido, desde la Junta Militar, como señala Hilda López Laval, «no sólo se reprimieron las organizaciones sindicales y los partidos políticos, historiadores y politólogos coinciden en que la represión también estuvo dirigida contra intelectuales, estudiantes, trabajadores, sacerdotes del movimiento para el tercer mundo y

---

aplicada a los oficiales superiores que no hubieran revistado como comandante en jefe, jefe de zona, jefe de subzona o jefe de fuerza de seguridad, policial o penitenciaria si no se resuelve judicialmente, antes de los treinta días de promulgación de esta ley, que tuvieron capacidad decisoria o participaron en la elaboración de las órdenes. En tales casos se considerará de pleno derecho que las personas mencionadas obraron en estado de coerción bajo subordinación a la autoridad superior y en cumplimiento de órdenes, sin facultad o posibilidad de inspección, oposición o resistencia a ellas en cuanto a su oportunidad y legitimidad». (Extracto.)

[136] 8.960 desaparecidos, según la Comisión Nacional sobre la Desaparición de Personas. CONADEP, *Nunca más* (Informe de la Comisión Nacional sobre la Desaparición de Personas), Eudeba, Buenos Aires, 1985.

en general hacia los jóvenes»[137]. Pero, y eso es lo que refuerza el carácter amargo del período, hay que hablar además de culpabilidad extensible a grandes anillos de la sociedad, ya que «la mayoría de los ciudadanos argentinos renunció a su derecho a las instituciones democráticas con la esperanza de que las Fuerzas Armadas cumplieran los objetivos prometidos. En ese momento de renuncia, cuando la mayoría aplaudió el golpe de Estado, es cuando los militares sintieron que su posición era legítima»[138].

La respuesta de Cortázar, frente a los sucesos de la Argentina, al igual que había hecho ante los de Chile, no se hará esperar. Incrementará su presencia en cuantos foros de repulsa quepa su nombre. E irá más lejos: escribirá *Libro de Manuel*, que publicará en 1973 y del que cederá los derechos de autor a favor de la defensa de los presos políticos.

> Ese libro fue escrito mal. Es el peor de mis libros porque yo soy muy vago para escribir. Escribo cuando me da la gana y me tomo todo el tiempo necesario. No soy un escritor profesional. Soy un aficionado que escribe libros. He escrito unos cuantos, pero me considero un aficionado y quiero considerarme un aficionado. Muy importante para mí es no sentir la noción de profesionalización. Ahora, cuando empecé a escribir *Libro de Manuel*, eso lo hice como si me lo hubiesen encargado. Me lo encargaba yo mismo como argentino, porque era el momento de la dictadura de Lanusse; era el momento en que empezaba en la Argentina esa escalada de la violencia que llevó a hacer de la tortura no sólo una institución sino una técnica tan absolutamente monstruosa que va más allá de toda descripción. Ahora estoy hablando como miembro del jurado del Tribunal Russell, con las pruebas concretas de la forma en que, bajo la dirección

[137] Hilda López Laval, *Autoritarismo y cultura. Argentina 1976-1983*, Fundamentos, Madrid, 1995, p. 31.
[138] Ídem. p. 31.

de asesores entrenados en Panamá, por ejemplo, más los aficionados locales, que abundan, se torturaba.

La novela, de perfil tan cismático como *Rayuela* y *62. Modelo para armar*, se construye sobre la realidad de esa tragedia latinoamericana, concretada en un grupo de exiliados en París. El relato, entreverado, va dibujando la situación de una realidad precisa que sale al encuentro de una ficción, pues Cortázar construye el libro en paralelo a los personajes y a noticias de prensa que incorpora al cuerpo de la novela. El libro no será bien recibido ni por el lector «de izquierdas» ni por el «de derechas». El primero consideraba que no podía hacerse literatura de un tema tan grave; el segundo le pareció inaceptable su mensaje político.

Ese libro fue una tentativa de escribir una novela. Porque yo no he nacido para escribir literatura política, no tengo ideas coherentes; puedo ver una situación, puedo tomar un partido y puedo decir a mi manera lo que siento frente a esa situación. Mi manera es una manera literaria. Si yo hubiera escrito en ese momento un libro que hubiera sido un panfleto político, no tenía ningún sentido; hubiera sido malo y no habría tenido ninguna eficacia. La tentativa fue escribir una novela en donde la literatura conservara todo lo que es para mí, para lo que yo vivo. Y que al mismo tiempo hubiese la presencia de la realidad cotidiana, y es realmente muy difícil esa convergencia entre la información que recibes cotidianamente y el mundo de ficción en que se mueve una novela. Entonces utilicé un procedimiento que personalmente me resultó satisfactorio y que consistió en imaginar que, como la novela se desarrolla en París en medio de latinoamericanos que cotidianamente leen los periódicos, los periódicos que ellos leen en la novela son exactamente los mismos que yo estaba leyendo mientras escribía la novela. Es decir que había una contemporaneidad, una simultaneidad total.

Esa práctica conllevará sus dificultades, dado que literariamente será «una desventaja terrible porque te somete a un juego de presiones exteriores y, al mismo tiempo, tiene un valor; tiene el valor de que la historia te conduce al libro, tú estás escribiendo pero estás en contacto con lo que sucede, y entonces ese libro que comenzó de una determinada manera fue fluctuando como un río que tiene que seguir los desniveles del suelo». El experimento dio como conclusión, a juicio del escritor, unos resultados poco atractivos en el plano literario, pero muy positivos en otras cotas, ya que el impulso interno del libro tenía sobre todo un nervio ideológico que cuajará incluso en su sentido práctico, pues el dinero recaudado, como hemos señalado, servirá para ayudar a los prisioneros políticos.

«Como se dice en la nota, yo no quería ningún derecho de autor sobre ese libro. Entendía que un libro con ese tema no puede dar a ganar dinero a un escritor. Yo quería dar ese dinero a una causa útil. Una causa útil era la gente que estaba sufriendo en las prisiones argentinas. Entonces, cuando el libro salió, yo me fui a Buenos Aires para estar presente. Cuando tú escribes un libro así, no te puedes quedar fuera, tienes que ir para dar la cara, para lo bueno y para lo malo. La historia me jugó una curiosa jugarreta, y es que en ese momento hubo elecciones y triunfó Cámpora». De cualquier modo, el instante en que llegó Cortázar a la Argentina aún estaba Lanusse en el poder. El libro fue muy útil desde el punto de vista económico, pues permitió resolver problemas prácticos. Una de las cosas que más le conmovieron fue que, con el dinero recaudado, los abogados de los presos políticos pudieron alquilar autocares y así facilitar el viaje de los familiares a las cárceles de la Patagonia. «El libro continuaba en la vida, y esa era para mí la gran recompensa».

Lo hemos dicho, en el plano literario, *Libro de Manuel* dejó insatisfecho a Cortázar por las razones apuntadas, y dejó insatisfecha también a una parte muy amplia de la crítica especializada y a diversos sectores de público. Para algunos la atmósfera, que no la trama (el proyecto del secuestro de un diplomático a manos del grupo de La Joda), recordaba en exceso la de *Rayuela*, pero empobrecida, talada: latinoamericanos en París, complicidades, pláticas intelectuales. Si *Rayuela* y su ambiente eran un fogonazo en la noche, *Libro de Manuel* era solo una pequeña chispa, y a plena luz del día. El desarraigo existencial de sus personajes, la desinhibición en materia erótica (en este relato muy obvia), las conversaciones irónicas y la patafísica jarryana nos remiten a *Rayuela*, más atrás incluso, a *El examen*, pero sin la sustancia vital y energética que sí se descubre en estas. Es *Rayuela*, solo que escrita por un Cortázar que ha variado su ángulo de enfoque vital: alguien que ha pasado de la existencia a la realidad.

De cualquier manera, no podemos hablar de fracaso. La publicación de *Libro de Manuel*, que obtuvo el Premio Médicis al mejor título extranjero y cuya recompensa económica Cortázar donó a la resistencia chilena, sirvió para avanzar un paso más en su evolución. La carrera de un escritor, como en cualquier profesión, está marcada por avances y retrocesos, y Cortázar siempre se sintió ajeno a presiones editoriales y a condicionantes de modas. Hemos observado cómo cuando escribía *Rayuela* o *62. Modelo para armar* estaba lleno de dudas, en cuanto al interés de alguna editorial por ambas novelas. *Libro de Manuel* logró en gran medida los propósitos perseguidos: su conversión a un motivo pragmático y preciso. No obstante, anotemos, y quizá sea significativo hacerlo, que esta será su última novela. A partir de entonces regresará al terreno del cuento breve, género en el que siempre se sintió soberano.

Puede afirmarse que, a partir de sus sucesivas intervenciones en el Tribunal Bertrand Russell, Cortázar se convertirá de un modo automático en «persona non grata» para las autoridades argentinas. Ya en 1975, su madre, con ochenta y un años, tuvo que viajar a Sao Paulo para tener un encuentro con su hijo, a quien no veía desde hacía tres años, pues la presencia de Cortázar en Buenos Aires podría haber movilizado a la Triple A, tenebrosa organización impulsada por el no menos tenebroso ministro López Rega, con el consiguiente riesgo para su vida. La condición de Cortázar pasaba de exiliado voluntario a exiliado forzoso. Esa relación fue complicándose conforme se institucionalizaba el régimen militar, pues en Cortázar tomó cuerpo la inquietud de que pudieran presionar sobre su madre y hermana, tal como, por ejemplo, habían hecho las autoridades militares con el poeta Juan Gelman y sus hijos, desaparecidos bajo el primer gobierno de Videla, e igual que ocurrió con otras miles de familias.

La idea de que miembros de alguna facción vinculada al nuevo régimen pudiera causar algún daño a los dos miembros más cercanos de su familia, fue una de sus angustias más recurrentes. Su madre, anciana y enferma, y su hermana, sumamente débil para afrontar cambios traumáticos, eran incapaces de pretender siquiera asimilar la posibilidad de trasladarse a París. A Cortázar, en algún instante le pasó por la cabeza que su madre y hermana se cambiaran de domicilio, pero, al mismo tiempo, pensó que ese mudanza podría levantar sospechas. Al fin decidió que todo quedara como estaba, al menos por el momento. Cabía la eventualidad de que los grupos represivos ignoraran el hecho: «He hablado con muchos amigos, y recogido opiniones. En principio todos coinciden en que mi relación con mi madre parece (para ojos no demasiado informados) lejana y acaso rota; es decir que yo no viajo a B. A. desde hace casi cuatro años, etc. Por consiguiente, es posible que no se les ocurra la idea de aplicar el esquema-Gelman en mi caso», le dirá en septiembre de 1976 al poeta y dramaturgo argentino Arnaldo Calveyra.

El temor de Cortázar, a la luz de los miles de testimonios vertidos años después por argentinos, no era infundado. Las actuaciones de los escuadrones de la muerte, la permisividad

Francia, 1959. Con el escritor argentino
Arnaldo Calveyra y con Aurora.

con que operaban en plena noche o en pleno día, el grado de
impunidad de que gozaban, dado que estaban constituidos por
secciones del propio ejército, hacían presagiar lo peor para
aquel situado en su punto de mira. No olvidemos que todo rango de derecho civil (léanse asociacionismo, justicia, libertad
de expresión y movimiento, voto) quedó por completo elimina-
do, con lo que miles de ciudadanos fueron hechos presos, tor-
turados, ejecutados o «desaparecidos». La propaganda del régimen afirmaba que los «desaparecidos» eran en verdad sujetos
que se habían fugado al extranjero. La posterior evidencia de
los asesinatos en masa —y, según Horacio Verbitsky, a mediados de septiembre de 1978 ya se habían producido el noventa por ciento de las desapariciones— dejará al descubierto,
en palabras del escritor Osvaldo Bayer, «la máxima perversión
humana».

El secuestro y el internamiento en campos de concentración clandestinos se convirtieron en una práctica habitual.
Pero no solo de la persona que, por motivos específicos, obe-

decía al perfil que la autoridad consideraba razón de detención, sino que el apresamiento de este conllevaba a la vez una captura en círculos concéntricos de aquellas otras personas próximas al arrestado por su condición de sospechosas. La práctica de terrorismo de Estado que desarrolla la Junta Militar, basada en la represión secreta y en el exterminio físico de los denominados «combatientes», es sencillamente un genocidio. Videla expresará abiertamente que aquel que tuviera ideas contra la civilización occidental y cristiana, era un subversivo, de ahí que no tuviese derecho a la vida[139].

Remitiéndonos, en este sentido, a la «Comisión Nacional sobre la Desaparición de Personas» (CONADEP), extraemos:

Durante la década del 70, la Argentina fue convulsionada por un terror que provenía tanto de la extrema derecha como de la extrema izquierda, fenómeno que ha ocurrido en muchos otros países. Así aconteció en Italia, que durante largos años debió sufrir la despiadada acción de las formaciones fascistas, de las Brigadas Rojas y de grupos similares. Pero esa nación no abandonó en ningún momento los principios del derecho para combatirlo, y lo hizo con absoluta eficacia, mediante los tribunales ordinarios, ofreciendo a los acusados todas las garantías de la defensa en juicio; y en ocasión del secuestro de Aldo Moro, cuando un miembro de los servicios de seguridad le propuso al General Dalla Chiesa torturar a un detenido que parecía saber mucho, le respondió con palabras memorables: «Italia puede permitirse perder a Aldo Moro. No, en cambio, implantar la tortura».

No fue de esta manera en nuestro país: a los delitos de los terroristas, las Fuerzas Armadas respondieron con un terrorismo infinitamente peor que el combatido, porque desde el 24 de marzo de 1976 contaron con el poderío y la impunidad del Estado absoluto, secuestrando, torturando y asesinando a miles de seres humanos.

---

[139] Emilio E. Mignone, en *Contra la impunidad. En defensa de los derechos humanos* (VVAA), Icaria, Barcelona, 1998.

Nuestra Comisión no fue instituida para juzgar, pues para eso están los jueces constitucionales, sino para indagar la suerte de los desaparecidos en el curso de estos años aciagos de la vida nacional. Pero, después de haber recibido varios miles de declaraciones y testimonios, de haber verificado o determinado la existencia de cientos de lugares clandestinos de detención y de acumular más de cincuenta mil páginas documentales, tenemos la certidumbre de que la dictadura militar produjo la más grande tragedia de nuestra historia, y la más salvaje. Y, si bien debemos esperar de la justicia la palabra definitiva, no podemos callar ante lo que hemos oído, leído y registrado; todo lo cual va mucho más allá de lo que puede considerarse como delictivo para alcanzar la tenebrosa categoría de los crímenes de lesa humanidad. Con la técnica de la desaparición y sus consecuencias, todos los principios éticos que las grandes religiones y las más elevadas filosofías erigieron a lo largo de milenios de sufrimientos y calamidades fueron pisoteados y bárbaramente desconocidos. La metodología empleada fue ensayada desde antes de asumir el gobierno militar (Operativo «Independencia», en Tucumán). Se distingue de los métodos empleados en otros países por la total clandestinidad en que se obraba; la detención de personas seguida de su desaparición y la pertinaz negativa oficial a reconocer la responsabilidad de los organismos intervinientes. Su período de aplicación es prolongado, abarca a toda la Nación y no se limita a los grandes centros urbanos[140].

Ante ese escenario, es razonable que Cortázar extremara al máximo sus precauciones, siendo igualmente comprensible que su oposición a la dictadura la enfocara sin la obligación de correr riesgos innecesarios, además de gratuitos. Su utilidad como intelectual comprometido pasaba por el hecho de gozar de movilidad para así proyectar una actitud de crítica, lo que consecuentemente le exigía mantenerse al margen de

---

[140] *Nunca más,* prólogo. Edit. Eudeba, Buenos Aires, 1985.

gestos de mayor brillo, pero menos eficaces y, desde luego, más expuestos, como el que, por ejemplo, le propuso el escritor y cineasta argentino Osvaldo Bayer y que él rechazó.

La idea de Bayer, que hizo extensiva a otros escritores, periodistas e intelectuales del exilio, era la de fletar un avión e ir a Buenos Aires el día en que Videla le traspasara a Viola el poder. En el vuelo, que sería avalado por la Iglesia Evangélica Alemana, quien correría con los gastos, irían no solo escritores latinoamericanos, desde el propio Bayer hasta Osvaldo Soriano, Juan Rulfo o Carlos Gabetta, sino europeos, como Günter Grass, que ya había aceptado. La intención, pues, era la de hacer aterrizar el *charter* repleto de nombres conocidos, pero también lleno de representantes de la prensa internacional. Si lograban tomar tierra y superar el control de inmigraciones, la Iglesia Evangelista en Buenos Aires los acogería y se convertiría en un altavoz diario a base de conferencias de los autores que habrían volado. Cabía la posibilidad de que los militares clausurasen el salón o que bloquearan la calle Esmeralda, que era donde se encontraba la iglesia, pero de eso se trataba: de demostrar al mundo lo que estaba ocurriendo en el interior del país.

«Cuando terminé —comenta Osvaldo Bayer— de dar todos los detalles y de contestar las preguntas lo miramos a Cortázar esperando que nos diera su opinión y él nos respondió diciendo: "Yo no quiero que me peguen un tiro en la cabeza". Nos quedamos un poco fríos, pero después nos explicó que él ya estaba haciendo mucho por Latinoamérica, que estaba trabajando mucho en Nicaragua, Guatemala y en México, y que realmente no quería abandonar ese trabajo.»[141] Por fin, el proyecto no llegó a llevarse a cabo.

Y era verdad que Cortázar, como hemos ido citando, iba entregándose a la causa política latinoamericana desde hacía muchos años, y que esa entrega casi llegará a ser comple-

---

[141] Eduardo Montes-Bradley, *Osvaldo Soriano. Un retrato,* Norma, Buenos Aires, 2000, p. 70.

ta hasta su muerte; tanto que, de un manera gradual, en él se irá imponiendo un rechazo a invitaciones de universidades americanas y europeas, en las que su obra y análisis era el tema central, y un aumento significativo, sin embargo, de participación en foros de defensa de los derechos humanos y de denuncia de los sistemas represores estatales. En 1979, le confesará a su amigo Jaime Alazraki lo que era una obviedad desde hacía más de diez años: que la literatura pasaba momentáneamente a un segundo plano para él.

¿Cuál era, pues, el contexto creciente que iba motivando su cada vez mayor contribución? ¿Cómo canalizaba esa responsabilidad política? Al asunto chileno, al argentino y al uruguayo (este país muy convulsionado desde la presidencia de Bordaberry y la dictadura militar que se extenderá desde 1976 hasta 1984), se unirá la cuestión nicaragüense. El apoyo de Cortázar a los «nicas».

Entre 1936 y 1979, Nicaragua era un país gobernado por la familia Somoza como si se tratase de su finca privada. La dictadura frenaba con mano dura cualquier signo de oposición, al tiempo que los Somoza y grupos adheridos controlaban los recursos económicos, principalmente azúcar y café, si bien intervenían en beneficio propio parte de la industria y del transporte público, del pequeño país centroamericano. Diversas circunstancias y sucesos, desde el terremoto que asoló a Managua —que puso al descubierto cómo la corrupción de los Somoza no tenía límites, pues se apropiaron del grueso de la ayuda internacional enviada para paliar los daños del seísmo— hasta el asesinato del periodista Pedro Joaquín Chamorro, sirvieron de detonantes y determinaron la rebelión popular, la cual sería liderada por el Frente Sandinista de Liberación Nacional. Entre 1979 y 1980, las caras visibles del nuevo régimen fueron Daniel Ortega, Tomás Borge y Ernesto Cardenal, cuya práctica nacionalizadora abarcó las antiguas posesiones de los Somoza, así como la banca, e inició una acelerada reforma agraria conducente al reparto de las tierras entre las grandes masas campesinas.

Cortázar, desde el principio del movimiento revolucionario, se sintió identificado con él. Pensó que, siguiendo la inercia cubana, Nicaragua podía convertirse en un país ajeno a la explotación del hombre por el hombre y dar lugar a un definitivo estado democrático en el que las riquezas fueran compartidas por todos sus ciudadanos. Pero, especialmente, Cortázar creyó que podía colaborar a subsanar eventuales y enojosos «errores», tipo persecución de homosexuales e intelectuales desatada en La Habana, «errores» en los que había caído lamentablemente Cuba.

En este sentido, además, el modelo nicaragüense, tan próximo incluso en la pertinaz insistencia de sus representantes en vestirse en todo momento con uniforme verde olivo de cara al público, molestaba a los EE. UU., lo cual implicó la presión de Washington y la amenaza permanente de una invasión de sus marines. La apuesta, según Cortázar, pasaba una vez más por movilizar a la opinión internacional respecto a esta posibilidad, y más a partir del instante en que la Administración Reagan impulsó económicamente a la guerrilla antisandinista, «la Contra», la cual comenzó a ejercer su coacción fronteriza y el acoso incansable hasta provocar un enfrentamiento civil en todo el país.

Así, pues, Nicaragua se concretó como una de sus más importantes urgencias. Su fidelidad se convertirá de nuevo, tal como lo había sido en los casos chileno y argentino, a los que no olvidó en su batalla, en viajes y adhesiones (la propia Nicaragua, Italia, México, EE. UU., España), principalmente, como miembro del Consejo del Comité de Solidaridad con Nicaragua o como integrante del Tribunal de los Pueblos, que era una derivación del Tribunal Bertrand Russell.

Otra vía de oposición será a partir de la publicación *Sin censura*, auspiciada por el propio Cortázar, Carlos Gabetta, Hipólito Solari Yrigoyen y Osvaldo Soriano, con sede en París y difusión internacional. La intención era la de alejarse del típico panfleto y hacer en su lugar un pliego «de análisis y reflexión crítica desde el punto de vista democrático» que lograra penetrar desde EE. UU. hasta la Argentina, utilizando para su distribución canales clandestinos vinculados a los sindicatos para los países regidos por dictaduras. Los convocados fueron desde Régis Debray, Ernesto Cardenal, Günter Grass, Joan Miró, Alfred Kastler, Laurent Schwartz, Juan Bosch, Gabriel García Márquez, Olof Palme, Hortensia Buzzi de Allende hasta Noam Chomsky, entre otros. Sin embargo, a partir del tercer número, la publicación empezó a tener serios problemas de financiación, que pudieron subsanarse momentáneamente, si bien el proyecto naufragó.

Tengamos presente que el Cortázar que vive entre viajes, que arma escritos de compromiso político entre trenes para ser remitidos a revistas de varios países, el Cortázar que apenas aterriza en París debe emprender otra salida hacia Roma o hacia Barcelona, el que en su fuero interno siente nostalgia por aquel tiempo remoto en el que se podía dedicar exclusivamente a sí mismo e ir a la Bibliotheque de L'Arsenal, tiene ahora entre sesenta y cuatro y sesenta y cinco años (se ha dejado crecer la barba, desde hace seis o siete), y ese nivel de exigencia, si es cierto que no le hace desfallecer, no lo es menos que empieza a pesarle por un esfuerzo excesivo.

Con una diferencia a veces tan solo de una o dos semanas de por medio, entre mayo de 1979 y marzo de 1981, viajará a Polonia, Italia (Bolonia: Tribunal de los Pueblos), Venezuela, Cuba, EE. UU., Canadá, España, de nuevo Italia, y así un largo, zigzagueante e inacabable etcétera.

Octaedro, con ocho cuentos, fue editado en el año 1974. Meses más tarde, publicó *Fantomas contra los vampiros multinacionales* y *Silvalandia*. El primer título de estos dos últimos es un cómic, en el que se entrecruzan ficción y realidad, y en el que intervienen personajes como Octavio Paz, Susan Sontag, Alberto Moravia y el propio Cortázar. El Tribunal

Russell es el referente ético frente a la política imperialista simbolizada en los gobernantes norteamericanos, como son Nixon, Ford, Kissinger, y en los caudillos latinoamericanos del momento, con el chileno Pinochet, el paraguayo Stroessner o el boliviano Hugo Banzer en sus poltronas. *Silvalandia* es un texto que asiste a representaciones gráficas de su amigo Julio Silva.

Octaedro fue un libro muy bien recibido por la crítica y por los lectores, entre estos los españoles que, por primera vez, asistían a una edición simultánea del escritor. *Octaedro*, con cuentos significativos como «Liliana llorando», «Manuscrito hallado en un bolsillo, «Ahí pero dónde, cómo» o «Cuello de gatito negro», es una reinserción en el formato y en el esquema de la narración pura, tras *Último round*.

Los relatos comparten decididamente su propósito de indagar en lo narrativo y lo hacen a partir de presupuestos ya rastreables, por ejemplo, en el anterior libro *Todos los fuegos el fuego*: el pasaje, la búsqueda, el absurdo, el sueño y su transgresión. O lo que sería igual: desde ese caballo que intenta entrar, con Zulma y Mariano y también la nena, cerrando el portón, hasta ese mundo del *subte* de «Manuscrito hallado en un bolsillo» y «Cuello de gatito negro», este uno de los mejores del volumen; el espacio en aquel que ocupa lo imprevisible entre ese personaje que sondea sonrisas o miradas a través de los cristales de las ventanillas del vagón o ese otro cuyos dedos de la mano juegan al juego a lo largo de las estaciones (rue du Bac, Montparnasse-Bienvenüe, Falguière, Pasteur, Volontaires, Vaugirard, Convention, Porte de Versailles[142], Corentin Celton); dedos rebeldes que se entrelazan con manos ajenas y con otros dedos, los dedos de Lucho y los dedos de Dina y ahí madame Roger en ese final brillante del cuento, del mejor Cortázar.

---

[142] Cortázar no cita esta en el cuento.

Una vez más el año 1976 se fue cerrando con un viaje (Kenia), tras un período igualmente viajero (Costa Rica, Cuba, Jamaica, Guadalupe, Trinidad, Venezuela, México, Alemania...), y, como ya hemos señalado, todo ello marcado con la presencia de Cortázar en foros internacionales de contenido más político que literario. De otro lado, su relación amorosa con Karvelis, en la que se mantuvo entre ambos siempre una sólida autonomía, había entrado en una fase de acomodación, pero ya sin el brío de años atrás y sin la inicial confabulación, posiblemente a causa de la excesiva dependencia que Karvelis manifestaba en esos años por el alcohol, motivo de marcadas tensiones entre ambos, o por el alejamiento cada vez más obvio también entre los dos. Por este tiempo, Cortázar se encontraba falto de afecto y lo buscaba allá donde se le brindaba. Por esta época, por ejemplo, mantuvo sus vínculos amorosos con la fotógrafa holandesa Manja Offerhaus, en uno de cuyos libros fotográficos de ella, *Alto el Perú*[143], colaborará el escritor con un fragmentario texto.

El carácter de Karvelis encima era más bien fuerte, lo que avivaba esos desencuentros. La escritora uruguaya Cristina Peri Rossi, amiga de Cortázar, sostiene las siguientes palabras, en referencia a Karvelis: «Julio quiso que yo la conociera, aunque me advirtió: "Ugné es muy celosa. Te va a odiar. Olvídate de publicar en Francia: lo va a impedir". La velada en la que nos conocimos fue bastante penosa. Julio me había invitado a ver, en París, la representación de una de nuestras óperas favoritas, *Turandot*, realizada por una famosa compañía teatral de enanos y enanas (salvo la protagonista, de estatura normal). Apareció acompañado de Ugné Karvelis. La incomodidad de ambos era evidente, y pensé que Julio había

---

[143] El volumen se publicó en Nueva Imagen, en 1984. El texto de Cortázar no funciona en paralelo a las fotografías de Offerhaus, que muestran un recorrido por la dura vida cotidiana de la mujer peruana, sino que sigue su propio movimiento. Es el mismo tipo de colaboración que había hecho años antes para el libro de Alecio de Andrade, *París, ritmos de una ciudad,* publicado en Edhasa, en 1981.

tenido que ceder para evitar un conflicto. Intenté tranquilizar a Ugné, pero me di cuenta de que el problema venía de lejos y que yo era, en ese momento, sólo una de las manifestaciones. No hablaron una sola palabra entre ellos, ni antes, ni después de la función, ni tampoco en la cafetería adonde fuimos luego. Hacía mucho frío esa noche, en París, y los miembros de la compañía también buscaron refugio en la cafetería, lo cual animó un poco a Julio —y a mí, todo sea dicho—, porque la tensión que había entre ellos no era nada saludable. Como casi todos los depresivos, me hice la pregunta que no tenía que hacerme: ¿qué le he hecho yo a esta mujer para que me odie? La pregunta correcta debió ser: ¿qué le ocurre a esta mujer para que me odie?»[144].

La misma Cristina Peri Rossi confiesa que, en cierta ocasión, cuando tuvo que exiliarse en París, le pidió auxilio a Karvelis y esta se lo negó. «Julio estaba en Brasil, visitando a su madre de incógnito [ya hemos hecho referencia a dicho viaje de Cortázar a Sao Paulo en 1975], la llamé para que me ayudara; yo era una compañera política indocumentada, perseguida por la Policía de Extranjería de tres países. La llamé por teléfono, tal como me había indicado Julio, desde Brasil, pero Ugné fue cortante: "Si tenés problemas, arreglate sola", me dijo, y dio por finalizada la conversación.»[145] En este mismo sentido, diversas fuentes consultadas, coinciden en afirmar a Karvelis como una persona de temperamento difícil y enérgico. El propio escritor dejó constancia de este parecer en numerosas cartas a amigos.

El primer encuentro con Carol Dunlop fue en 1977 y en Montreal, donde Cortázar había acudido a una cita internacional de escritores. No hay mejor testimonio del amor que mostrará el escritor por Carol que el posfacio de *Los autonau-*

---

[144] Cristina Peri Rossi, *Julio Cortázar,* Omega, Barcelona, 2001, p. 56.
[145] Ídem., p. 57.

Julio y Carol. Carol, la Osita, *tenía treinta
y dos años menos que Julio,* el Lobo.

tas de la cosmopista. Cada palabra, cada frase, cada recuerdo
están sujetos a un ritmo de desgarramiento afectivo y de dolor
material —Dunlop no llegó a ver impreso ese libro, escrito a
cuatro manos por *la Osita* y por *el Lobo*—: proyecta la dimensión de lo que Dunlop representó en el escritor a lo largo de
los cinco años que compartieron.

Divorciada, nacida en EE. UU. en 1946, amante de la literatura (publicó la novela *Mélanie dans le miroir,* en 1980, novela que hasta el momento no ha sido editada en español) y
a la fotografía, con un hijo, Stéphane Hébert, que por entonces tenía nueve años, Carol Dunlop, físicamente distante de
Karvelis, quizá más próxima por aspecto y por carácter a Aurora, vino a cubrir el vacío que la relación entre Julio y Ugné,
nunca rota del todo, pues Ugné se había convertido en su agente literaria, lo cual exigía un trato periódico y difícil, había ido
produciendo.

El paso más decidido, tras el cruce en Canadá, lo dio el escritor al poco de regresar a París. La excusa fue un cuento que él había leído de ella en Montreal, «Espejos y reflejos». En carta escrita en francés, fechada a finales de noviembre de 1977, Cortázar le propuso trabajar en paralelo en el territorio común de no se sabe muy bien qué motivo, pero lo que sí quedaba claro en esa misiva era la invitación, más o menos tácita, para que ella se trasladara a París por un tiempo, ya que así «podríamos encontrarnos dos o tres veces por semana, elegir temas, intercambiar puntos de vista, y después escribir cada uno su o sus textos»[146], lo cual daba la posibilidad de construir un volumen bilingüe. Nadie, que no sea un ingenuo, podría dejar de observar en esas palabras algo más que un intento de confrontar estrategias literarias para obtener soluciones narrativas en vez de ver un mensaje menos subliminal de lo que parece y más expreso de lo que es en realidad.

Desde la reunión en Quebec, Cortázar sentía una fuerte atracción por ella; y ella por él. En marzo de 1978, la separación con Ugné era ya un hecho. Igual que ya era un hecho la convivencia de Cortázar con Dunlop, «una osita dulce y buena», en el departamento de Saint-Honoré.

De 1977 data *Alguien que anda por ahí*, once cuentos nuevos. «Cambio de luces», «Usted se tendió a tu lado», «Apocalipsis de Solentiname», «Reunión con un círculo rojo» o «La noche de Mantequilla», entre ellos. Digamos que el volumen representa perfectamente el Cortázar del momento. De un lado la permanencia del ideario de raíz política y de otro la vigencia de unas percepciones que escapan a la común mirada del hombre medio cuya fuga no es otra que la fantasía.

Relatos como el propio que da título al tomo, con el tema del contrarrevolucionario anticastrista que regresa de los

---

[146] A. Bernárdez, op. cit. Carta de J.C., fechada en noviembre de 1977, dirigida a Carol Dunlop, p. 1.628.

EE. UU. para perpetrar en Cuba un sabotaje, o el citado «Apocalipsis de Solentiname», con una aplicación de los resortes fantásticos activados a través de unas fotografías (inevitable la referencia de «Las babas del diablo») cuya alteridad es la hipótesis de otra realidad que aguarda, que amenaza la vida en el pequeño archipiélago nicaragüense de Solentiname. Ambos cuentos reconcilian al escritor con sus planteamientos ideológicos, le permiten la denuncia explícita sin el abandono del código cortazariano. Otros relatos, a la vez, como «Reunión con un círculo rojo» o «La noche de Mantequilla», nos devuelven al mejor escritor que trata de la vida y menos del testimonio.

En «Reunión con un círculo rojo» aviva el tema del vampirismo o el del sujeto que invade el ámbito que no le corresponde, lo que le reporta su propia situación de tragedia: un viejo argumento localizado ya desde «Casa tomada» hasta «Verano», pasando por «Ómnibus» y muchos cuentos más. Con «La noche de Mantequilla», Cortázar está de nuevo en el mundo del boxeo, pero a partir de los actores exiguos del teatro y no desde el protagonista como en «Torito», puro monologuismo interior en este y retrato mísero del trasfondo miserable de la miseria boxística en el otro. «Cambio de luces», ese encuentro y desencuentro entre Tito Balcárcel, actor de Radio Belgrano, y Luciana, oyente y admiradora suya, es un texto con latigazos epistolares cuyo argumento trata sobre la creación de un personaje y su entorno (Luciana a los ojos de Tito); el forzamiento de la realidad.

Los años que pasaron juntos Julio y Carol fue un tiempo reconfortante para ambos. Los viajes no faltaron, pero hay una menor precipitación y vértigo. Julio había decidido declinar las decenas de invitaciones que recibía al mes, para así centrarse en el trabajo propio, sin descuidar su actividad política, pero sobre todo intentando recuperar cierto pulso del quehacer literario, que tanto echaba de menos. Optó por seleccionar.

En el verano de 1979, Julio y Carol estuvieron en Deià, Palma de Mallorca, en la casa de su antigua amiga Claribel Alegría y de su marido Bud Flakoll, un peculiar norteamericano dedicado a remozar casas y antiguos molinos de la isla que luego vendía sobre todo a extranjeros.

El escritor peruano y residente en Palma de Mallorca Carlos Meneses, que, tal como ya hemos señalado, había conocido a Cortázar en París, volvió a encontrarse con él en sucesivos viajes de aquel a Deià, como nos comenta: «Empecé a conocerlo mejor cuando, ya trasladado a Mallorca, Cortázar llegó a esta isla en los años setenta. Le agradó el lugar y volvió varias veces. Tenía amigos. Prefería los pueblos a la capital, así que terminó refugiándose en Deià, donde tenía la mayor parte de sus amistades, Robert Graves, entre ellas. Sorprendía por su serenidad y su exquisita educación. No era acaparador en las charlas. Dejaba hablar y contestaba a todas las preguntas. Había amabilidad en su tono de voz y miraba con simpatía aun a las personas que acababa de conocer. No tenía reparos en tratar sobre los temas de los cuentos que le gustaría escribir. Y en comentar sus puntos de vista sobre el Mayo del 68, la revolución cubana, las posibilidades expansionistas de las ideas comunistas o el papel de ogro del tercer mundo que realizaba Estados Unidos»[147].

En esa estadía veraniega en España, Cortázar se convirtió en blanco de algunos fotógrafos provistos de teleobjetivos de una determinada revista sensacionalista, *Interviú*, lo cual le enojó por su insistencia intimidatoria, como nos dice Meneses: «La última vez que lo vi fue en 1979. Acababa de publicar *Un tal Lucas* y me interesaba conversar sobre ese libro y sobre lo que escribiría inmediatamente después. Lo encontré en casa de la poeta salvadoreña Claribel Alegría, en el simpático y cosmopolita pueblo de Deià. No sólo hablamos del libro sino también de sus experiencias mallorquinas, puesto que era la

---

[147] Entrevista directa. Palma de Mallorca, noviembre de 2000.

Con Claribel Alegría en 1979. Julio visitó varias veces
la casa mallorquina de la poeta salvadoreña
y de su marido Bud Flakoll.

cuarta o quinta vez que venía. Había tenido un disgusto porque los fotógrafos lo perseguían a él y a Carol, su esposa canadiense, y habían sido excesivamente indiscretos. Me confió que no le gustaba ser entrevistado por quienes no conocían su obra, porque era como perder el tiempo. Me prometió una colaboración para una revista que en ese tiempo yo dirigía. No la hubo, estaba demasiado atareado. Seguí su trayectoria profesional pensando en volverlo a ver en Mallorca y poder comentar sobre todo lo nuevo que había escrito, ya no fue posible. No volvió»[148].

En el siguiente febrero viajaron a Cuba, con el propósito de trasladarse luego a Nicaragua. Carol no conocía la isla y tenía muchas ganas de visitarla. Pero la intención de Julio era la de pasar algo más desapercibido que en otras ocasiones. Mostrar su solidaridad como hacía de costumbre, pero encontrar un pasillo discreto por el que salir de tanto agasajo y tanto acto público que le imponían un excesivo ritmo social agotador. Prescindir, en suma, del mismo encadenamiento de encuentros y más encuentros que se repetía en cada una de sus visitas a la isla y encontrar un estadio intermedio que respetara sus ganas de enseñar a Carol el paisaje y la vida cubanos. En este sentido, le había confesado a Haydée Santamaría[149] lo gratificante que sería contar durante esos días con una bicicleta para él y otra para Carol, para así recorrer tranquilamente los barrios de La Habana.

El viaje, en su tramo medio y último, salió muy bien; pero empezó muy mal y podría haber seguido igual de mal, si no llega a poner remedio, ya en La Habana, un neurólogo.

En el vuelo de París a Madrid a Carol se le manifestó un agudo ataque de ciática, el segundo en un breve plazo de tiempo, lo cual se convirtió en un auténtico padecimiento por el propio dolor causado, además de una gran incomodidad. Lógi-

---

[148] Ídem.
[149] Haydée Santamaría se suicidó ese mismo año, 1980.

camente, por el nervio que inervó los músculos del muslo y de la pierna, debía mantenerse lo más inmóvil posible, nada fácil ni mucho menos previsto en el proyecto original de la pareja. El resultado fue un recorrido muy molesto hasta el arribo al aeropuerto José Martí. Ya en este, tras superar escaleras, traslados y revisiones, pudo guardar reposo en el hotel, y tres días después se recuperó.

Por lo demás, la estancia de esa semana supuso que Julio y Carol pudieran gozar, con una cierta intimidad avalada por la Casa pero no siempre respetada por la enorme popularidad de que gozaba Cortázar en la isla, de tiempo libre para perderse por las calles de la ciudad, detenerse frente al Malecón y caminar frente al mar, que era uno de los lugares preferidos de Julio; llegarse por el Parque Central y seguir la estela de hoteles decimonónicos de La Habana Vieja; andar hacia el anochecer por la plaza de la Catedral con los soportales medio iluminados o hasta El Castillo del Morro, quizá hasta La Giraldilla. Tras esos días, se dirigieron a Nicaragua, donde estuvieron dos semanas. En Managua participaron en comités de organización alfabetizadora y sanitaria, recibieron información de cuál era el punto de reconstrucción nacional en que se encontraba el país tras la guerra contra Somoza y recogieron materiales (Carol hizo series fotográficas), con el objeto de, a su vuelta a París y en su nuevo domicilio, 4, rue Martel, integrarlos en el programa de solidaridad con la pequeña y necesitada nación centroamericana.

Un tal Lucas fue publicado en 1979. Estructurado en tres partes, con varias decenas de textos, a veces muy breves, es un libro de cuentos, pero no es con exactitud un libro de cuentos. Se encuentra a mitad de camino entre *Historias de cronopios y de famas* y los anteriores volúmenes de relatos del escritor, con algunas deudas muy marcadas hacia sus divertimentos *La vuelta al día en ochenta mundos* y *Último round*.

Decimos que no es con precisión un libro de cuentos —lo

cual no le resta valor ni le quita interés— porque nace con una voluntad distinta, menos definida y enjundiosa que otros títulos narrativos. Estamos ante textos concisos, en ocasiones de marcado pálpito íntimo y autobiográfico, cuando no sarcásticos, siempre con el denominador común situado en Lucas, un «otro yo» del propio Cortázar. Textos a través de los que reconocemos, más explícitamente que en otras de sus historias, cuál es esa idea particular del mundo de Cortázar, la cual tanto tiene de absurdo. *Un tal Lucas* no es más ni menos que un trayecto por la agudeza del espíritu cortazariano. El volumen, repleto de envites dirigidos de frente al lector, se detiene en el juego y en el ánimo de avivar pareceres. Pero su publicación no fue vista en esos términos. Solo parte de la crítica, sobre todo la incondicional del escritor, mostró un tibio entusiasmo. Otros sectores consideraron como mal menor que era solo, si acaso, un libro más, pero encima fallido, muy posiblemente por su carácter indeterminado. Muchos lectores coincidieron con este juicio. Digamos que, aproximándose a la naturaleza de los almanaques, el público le reprochó que careciera de la vitalidad y la dinamicidad de los otros.

Pese a esa selección viajera mencionada, los siguientes diecisiete meses, se repartieron entre Italia, EE. UU. (Nueva York, Washington y California), Montreal, México y de nuevo París. Aunque hemos señalado la permanente escalada política de Cortázar y el tiempo menor que le dedicaba a la literatura, hay que destacar cómo, de cualquier manera, la escritura de ficción fue abriéndose sitio y así, en 1980, tendrá listo, además de un texto poético-reflexivo para incluir en el libro-objeto de su amigo Luis Tomasello, *Un elogio del tres*, un nuevo volumen de relatos, *Queremos tanto a Glenda*.

El tomo consta de diez cuentos y está dividido en tres partes sin títulos, solo con numeración romana. «Queremos tanto a Glenda», «Orientación de los gatos», «Recortes de prensa», «Tango de vuelta», «Graffiti» o «Historias que me cuento», son algunos de ellos. La cartografía cortazariana invade el núcleo de todos, esa cartografía que superficialmente sería el sueño,

Año 1981, en la rue Martel, en la orilla derecha.
Fue su última vivienda.

el tiempo, la música o los gatos (Alana, Osiris, Mimosa), pero que en un dibujo de mayor calado llegaría también al enfoque crítico y al registro eticista, en el tema de la tortura en la Argentina («Recortes de prensa») y su traslación espacio-temporal a un París con reflejos de Maupassant y con un denominador fantástico: como ya hemos señalado, la macabra táctica de exterminio desarrollada por los militares de la dictadura videlista consistente en la eliminación de la víctima y sus próximos familiares o amigos.

En esta entrega, de nuevo la indagación en los intersticios de la realidad y el hecho que anula su frontera con la fantasía, lo que produce confusión y hace que se tambalee el suelo que nos sostiene: ese tipo de Walter Mitty y Dilia que se encuentran en el plano visionario de lo onírico, lo que suplanta el otro plano de lo verificable en «Historias que me cuento»; o esos seguidores de Glenda Garson que buscan perpetuar el mito de la actriz con la manipulación de sus películas en «Queremos tanto a Glenda» —a quien han de eliminar cuando esta decide regresar a la pantalla— y que tendrá su epílogo, pero ya como Glenda Jackson, en uno de los cuentos («Botella al mar») del libro inmediatamente posterior, *Deshoras*[150]. Se ha señalado de este volumen la fascinación de Cortázar por la inmovilidad, así lo subraya Malva E. Filer. El planteamiento sería la opción de Cortázar no de encontrarse a ambos lados de la vida, como hizo en el cuento «Axolotl», sino el de decantarse por la pasividad que es la muerte. De igual modo, asistimos a un Cortázar de sesgo ásperamente realista («Anillo de Moebius») cuya alternativa a la vista de los sucesos, frente a la existencia, ante el acontecimiento se resuelve precisamente por una aparente vacilación de juicio. No es que Cortázar dude contra el horror, lo que ocurre es que Cortázar duda de la actuación ontológica del hombre colocado ante ese horror y la facilidad con que se transmuta la posición de víctima a verdugo («Recortes de prensa», «Anillo de Moebius»).

Julio y Carol decidieron pasar el verano de 1981 tranquilamente, alejados de compromisos; un descanso merecido después de un duro período de trabajo. En realidad se trataba de tomar fuerzas de cara al otoño e invierno inmediatos, tiempo en que les esperaba de nuevo el circuito de Cuba y Nicaragua, circuito al que se le iba a unir en el proyecto Puerto Rico, lo que se aventuraba como algo agotador.

Para esos meses de calma y recuperación eligieron Aix-en-Provence. La casa de Saignon estaba ocupada por Ugné Karvelis, a quien Cortázar se la había cedido tras su separación, y de esta él prefería situarse alejado. «Es evidente que a pesar de mis esfuerzos por mantener una relación amisto-

---

[150] De nuevo el azar o el no-azar: Glenda Jackson trabajó en una película titulada *Hopscotch*. Es un filme de espionaje en el que Jackson tiene que matar al autor de *Hopscotch (Rayuela)*. Más aún: en una librería de Teherán, Cortázar descubrió que la novela en la que se basaba la película llevaba una faja en la que se leía «by the author of *Blow Up*».

sa que podría ser excelente, sus reacciones y su manera de ser vuelven la cosa imposible», le confesará el escritor a Eric Wolf, a quien seguirá diciendo: «He decidido no volver más a Saignon, no quiero caer en la misma ambivalencia que ella [Karvelis] trata de crear entre nosotros»[151]. De ahí que Julio optara por alquilarle la casa a un amigo en la misma zona que a él tanto le agradaba, pero conservando la distancia con su antiguo rancho.

La casa que arrendaron en cuestión se encontraba muy próxima a Aix. Un par de veces por semana se desplazaban a la ciudad con la Fafner y se abastecían de comida, paseaban por sus calles y tomaban café en alguna terraza. Aix, centro universitario aglutinante en invierno, en verano perdía gran parte de su población flotante y se convertía en un lugar apetecible para recorrerlo sin prisas. Después regresaban a la casa, rodeada de pinos, y encontraban refugio en el silencio solo roto por la competencia sobre la territorialidad surgida entre Flanelle y los otros gatos de los alrededores.

Durante el mes de julio, Stéphane, el hijo de Dunlop, estuvo con ellos. En agosto su padre, François Hébert, y su compañera lo recogieron y los tres regresaron a Montreal, con lo que Julio y Carol recuperaron el aislamiento. La nota triste de esos primeros días llegó de Centroamérica: la muerte de Omar Torrijos en un aparente accidente aéreo, que luego se confirmaría como atentado, conmovió a la pareja. Julio y Carol habían llegado a tratarlo en Panamá. En aquella ocasión, les habían robado, en pleno centro de la capital, todo cuanto llevaban, y Torrijos les invitó a permanecer en su casa hasta que se resolvió la serie de problemas derivada por la pérdida de pasaportes y demás documentación.

Fue a principios de ese agosto cuando la pareja tomó la decisión de escribir un libro que tratase de un viaje atemporal Marsella-París sin salir de la autopista. La pretensión era la

---

[151] Aurora Bernárdez, op. cit. Carta de J.C., fechada en julio de 1981, dirigida a Eric Wolf, p. 1.730.

de regresar a París deteniéndose en dos aparcamientos por día. Fafner jugaría su buen protagonismo, dado que prácticamente vivirían, cocinarían, descansarían y se desplazarían en la Volkswagen color rojo durante treinta y dos días. El libro sería escrito por ambos y en dos idiomas.

El 9 de agosto tenían trazado el plan. Una vez más la mano lúdica de Cortázar se dejaba ver en el esquema. El volumen, cuyo título en francés iba a ser *Marseille-Paris par petits parkings*, retomaría el tono del discurso de *La vuelta al día en ochenta mundos* y de *Último round*. O sea, un nuevo homenaje a aquellos almanaques de su infancia tan queridos por el escritor. No obstante, pese a tanta medición y cálculo preciso de vituallas y botellas de *butagaz* previstas, el propósito tuvo necesariamente que postergarse. De repente Julio se empezó a sentir mal. Atribuyó el malestar y cierto cansancio persistente a un resfriado padecido semanas atrás, combinado con una serie de jaquecas recurrentes, que lo mantuvo con fiebre durante varios días. Sin embargo la cosa fue a más. Molestias estomacales que lejanamente le indicaban a Cortázar que podría tratarse de un principio de úlcera. Pero el malestar fue en aumento, tanto que a mediados de agosto, a pocos días de celebrar su sesenta y siete cumpleaños, sufrió lo que en principio se pensó que era una hemorragia gástrica. El caso es que con gran sobresalto Carol lo encontró desmayado en medio de un charco de sangre. Trasladado al hospital de Aix, se determinó que cefaleas y aspirinas eran una combinación consustancial en Cortázar desde hacía años, por lo que se le achacó al consumo intensivo de estas el desencadenante de dicha hemorragia. Eso fue lo que se le dijo a él, cuando volvió a la consciencia en la cama del hospital, por decisión propia de Carol Dunlop.

El ingreso en el hospital de Aix-en-Provence fue por algo menos de un mes, entre los cinco días sometido a diversas pruebas extremas e inmediatas de atención especial y las tres semanas restantes que siguió en habitación facultativa fuera de la UCI. Durante ese período recibió una importante

transfusión de sangre, «más de treinta litros de sangre (esto
último, para alguien que frecuenta la vampirología, no estaba
nada mal, porque no creo que Drácula haya bebido la sangre
de treinta personas diferentes en cinco días, dicho sea con todo
mi respeto al Conde)»[152], le escribirá a Jaime Alazraki tras la
estancia hospitalaria, recuperado ya e instalados Julio y Carol
por unos días cerca de Aix, en Serre, en casa de Jean y Raquel
Thiercelin. Los Thiercelin, él poeta francés y ella profesora
española en la Universidad de Aix-en-Provence, eran buenos
y queridos amigos. Allí seguirían el proceso de mejoramiento
de él.

Según Aurora Bernárdez, que estuvo informada desde
el principio, esa supuesta hemorragia gástrica fue el primer
síntoma de la dolencia que lo llevará a la muerte dos años
y medio más tarde. En el hospital de Aix-en-Provence se le
diagnosticó leucemia mieloide crónica, caracterizada por una
abundancia en la sangre y en la médula ósea de granulocitos
portadores del cromosoma Filadelfia, diagnóstico que, como
hemos señalado, Dunlop prefirió ocultar al escritor. Como es
sabido, las leucemias están estrechamente vinculadas a cuadros infeccioso-hemorrágicos en los que la presencia de células anormales se extiende y multiplica en todos los órganos
y afecta a médula, ganglios y bazo, algo que en el caso de Cortázar irá registrándose tan puntual como dramáticamente a
partir de ese 1981: cansancio intenso, falta de apetito, fiebre
no elevada, sudoración nocturna, sensación de distensión ab-
dominal. La definición que argumentará Bernárdez la confir-
mará el hematólogo Dr. Chassigneux, quien seguiría en París
la enfermedad y el tratamiento a Cortázar. Del mismo modo
lo refrendaría el doctor Hervé Elmaleh, médico personal del
escritor, y el doctor Modigliani, del servicio de gastroenterología del hospital St. Lazare de París, policlínico en el que

---

[152] Ídem. Carta de J.C., fechada en septiembre de 1981, dirigida a Jaime Alazraki, p. 1.742.

Cortázar recibirá un tratamiento periódico tras su regreso de Aix[153].

En septiembre, pues, Carol y Julio volvieron a París, y Cortázar guardó forzosamente reposo. Ambos decidieron mantener lo más confidencialmente posible la enfermedad de Cortázar (una simple hemorragia gástrica) con el fin de evitar ruido periodístico, algo que, de trascender, a Julio habría molestado. Tuvieron que suspender no solo el diseñado Marsella-París sino que también tuvieron que cancelar el viaje caribeño a Cuba, Nicaragua y Puerto Rico, y aceptar la nueva situación, marcada por periódicos controles médicos de los glóbulos blancos del escritor que tendían «a multiplicarse como conejitos».

Con los días y las semanas, fue imponiéndose una rutina blanda a base de lecturas, escritura de artículos para la agencia periodística Efe y la escucha casi permanente de las noticias de radio provenientes de América Central y de Cuba. La política exterior, fuertemente agresiva, emprendida por el republicano Ronald Reagan, anunciaba malos tiempos para aquellos países, en especial los de América Latina, que habían decidido seguir sus respectivos caminos al margen del condicionante estadounidense. Cabía la posibilidad de intentos de invasión sobre todo en Nicaragua, o, al menos, se daba la probabilidad creciente de ese apoyo de cheque en blanco a grupos

---

[153] Otros investigadores biográficos sostienen que en esa transfusión de sangre se encuentra el origen de una posible contaminación de VIH de Cortázar. Así lo ha expresado recientemente Peri Rossi: «La enfermedad que padeció Julio no estaba todavía diagnosticada, no tenía nombre específico, se le llamaba: pérdida de defensas inmunológicas. (...) Se caracterizaba por un cuadro de aumento desmesurado de los glóbulos blancos, manchas en la piel, diarreas, cansancio, infecciones oportunistas y culminaba con la muerte. En noviembre de 1983, en Barceloa, Julio, muy preocupado por su enfermedad, me enseñó una placa negra en su lengua: el sarcoma de Kaposi». C. Peri Rossi, op. cit., p.13. Igualmente Goloboff se hace eco de esa posibilidad, si bien se decanta por la leucemia como la dolencia mortal de Cortázar.

paramilitares antisandinistas y anticastristas preparados y estimulados por el gobierno de EE. UU., mucho más belicista que el de su precedente Jimmy Carter.

De cualquier manera, lo subrayable de estas semanas no fue que alguien (Hélène Prouteau) le pidiera permiso a Cortázar para adaptar a un discurso teatral *Rayuela* ni que, por fin, esta novela, tras veinte años de su edición en español, apareciera traducida al alemán; o que Cortázar gozara ya de plenos derechos y obligaciones como ciudadano francés. Lo destacable del mes de diciembre, de ese diciembre en el que Cortázar esperaba pacientemente y como mal menor una posible hepatitis benigna por la transfusión recibida en el hospital de Aix, lo señalable fue la boda entre Julio y Carol, tras unos años de convivencia y a diez días de Navidad.

«A lo mejor te parece extraño», le escribirá Cortázar a su madre, «teniendo en cuenta que yo tengo el doble de la edad de Carol, pero después de casi cuatro años de vivir juntos y haber pasado por todas las pruebas que eso supone en muchos planos, estamos seguros de nuestro cariño y yo me siento muy feliz de normalizar una situación que algún día será útil para el destino de Carol»[154]. Lejos estaba de sospechar que Carol, con treinta y seis años de edad, se encontraba a veinte meses de contraer una enfermedad fulminante e irreversible que la llevaría a la muerte en noviembre de 1982.

En marzo de 1982, los Cortázar viajaron a Nicaragua y México (en Tule, Carol le fotografió junto al árbol más viejo del mundo: Julio lleva puesto un sombrero blanco, con la camisa abierta hasta medio pecho, apoya una mano en la verja y mira hacia la distancia) por mes y medio, y se despidieron de sus amigos los «nicas» bajo la promesa de regresar hacia el verano, y así continuar participando en reuniones y diálogos

---

[154] Aurora Bernárdez, op. cit. Carta de J.C., fechada en diciembre de 1981, dirigida a Herminia Descotte de Cortázar, p. 1.754.

con los que ayudar al sandinismo. Sin descuidar sus controles médicos, el escritor podía llevar una vida normal. Hasta qué punto intuía que la dolencia que lo cercaba era más grave de lo que parecía, es algo difícil de saber. De cualquier modo, por la correspondencia de esos meses se adivina una asunción en cuanto a que la enfermedad que sufre no puede reducirse simplemente a aquel accidente hemorrágico provocado por el consumo de aspirinas. Intuye que debe de haber algo más.

De otro lado, sorprende la energía con que acometerá su propia convivencia con Carol y los nuevos o revisados propósitos. De la misma manera que sorprende el idéntico ímpetu de Carol, pues recordemos que ella sí sabía el alcance de la salud quebrada de Julio. De entre estos proyectos, sobresalen el iniciado libro de cuentos *Deshoras*, que aparecerá en 1982, y la vuelta al plan del trayecto desopilante por la autopista de Marsella a París, que poco antes de su publicación tomará, tras el anteriormente citado y el siguiente *París-Marsella en pequeñas etapas*, el nombre definitivo de *Los autonautas de la cosmopista*, con el subtítulo de *Un viaje atemporal París-Marsella*. Cortázar cedió los derechos de autor de este a la causa sandinista.

El 23 de mayo, tras algunos prolegómenos, se inició la expedición París-Marsella, la cual culminó el 23 de junio. Su resultado será ese tipo de libros en los que Cortázar se sentía a gusto: el relato que rompía su rígido perímetro para tratar de ir más allá a través de la ironía. En este, en concreto, además reaparecía el niño fascinado por Jules Verne y todas sus implicaciones aventureras. Pastiche neodecimonónico y crónica de viajes, reflexiones, fotografías, informes sobre los párkings, pesquisas de explorador a lo Sir Henry M. Stanley, falsos análisis de campo. Todo ello revestido con un aire paródico con mucho también de Dr. Livingstone.

La experiencia o el experimento de pasar un tiempo determinado sin salir de un trayecto, la propia autopista, era un

Cucuron, Provenza, 1979. Casa de Jean Thiercelin.
En la fotografía, de Carol Dunlop, aparecen los Thiercelin,
la poeta Claribel Alegría, y el pintor Luis Tomasello.
Corresponde al día de la boda de Julio y Carol.

reto que en Cortázar se llamaba juego. El diario de ruta, el
intercalado de relatos, las reflexiones al hilo del propio transcurrir protegidos por el fiel Fafner, con la incidencia en el
recorrido propiciada por la llegada de amigos que los visitaban o les abastecían de verduras y frutas frescas, dan pie a
un volumen sugerente de anécdotas y fuente de información
biográfica sobre el propio escritor.

En julio partieron, tal como estaba previsto, a Nicaragua,
adonde acudió Stéphane, el hijo de Carol. Vivirían allí dos meses, luego irían a México, a un congreso, para volar después a
España, Bélgica y Suecia. A continuación, a partir de noviembre, disfrutarían de un año sabático en el que hacer lo que les
diera la real gana, como le dirá el escritor a su amigo Eduardo
Jonquières. Pero tuvieron que interrumpir su estancia americana. A Carol se le manifestó una rara afección que parecía
proveniente de un problema óseo. Al principio lo vincularon

con los ataques de ciática que recientemente había sufrido, pero el médico que la atendió sugirió que podía ser algo más profundo, por lo que, tras despedirse Julio y Carol de Stéphane, que volvió a Montreal, decidieron regresar a París, a fin de que Carol fuese diagnosticada por su médico de cabecera. Aplasia medular, fue el veredicto final.

El proceso degenerativo fue drástico. En octubre su médula espinal se bloqueó, dejó de producir células sanguíneas, con lo que su organismo se predispuso dramáticamente a infecciones y sangramientos severos, desde inmunodeficiencias hasta profundos desórdenes hematológicos. Con diversos tratamientos se intentó que tornara a producir glóbulos blancos y plaquetas, sin resultados positivos. Recibió sucesivas transfusiones de sangre, pero la cosa no mejoró. Era necesario un trasplante alogénico de médula. Pese a los ofrecimientos inmediatos de familiares, no se dio con la persona compatible. Tras poco más de dos meses de esfuerzos estériles para lograr reconducir la situación, Carol Dunlop, Carlota o Carolina, como solía llamarla el escritor, murió en su cama de hospital el día 2 de noviembre, con la mano de Julio apretando la suya.

«Carol se me fue como un hilito de agua entre los dedos», les escribirá Julio a su madre y a Memé.

Fue enterrada en el cementerio de Montparnasse, zona que mucho gustaba a Carol. Fue un día muy gris y frío. Llovía muy silenciosamente sobre París. Según nos cuenta Aurora Bernárdez, fue precisamente en este entierro cuando el doctor Hervé Elmaleh la buscó entre los asistentes y le dijo que la leucemia de Julio avanzaba, que creía que no le quedaba más de dos años y medio o tres de vida.

*Julio, ya amenazado por la enfermedad,
en una fotografía de Ulla Montan.*

CAPÍTULO 6
1982-1984

DESHORAS.
ÚLTIMO VIAJE A LA ARGENTINA.
MONTPARNASSE, 1984.
EL PORQUÉ DE UNA MUERTE FRANCESA.

Momentáneamente, tras la muerte de Carol, Aurora se instaló en el apartamento de la rue Martel y ayudó a Cortázar en esos días insoportables y tan difíciles de llevar por el vacío dejado por Carol. Compañía que Julio supo apreciar y agradecer. Los buenos amigos del escritor, como era de esperar, se volcaron en su apoyo, dentro y fuera de París. Un antídoto contra el dolor fue llenarse el tiempo de trabajo y compromisos. En este sentido aceptó participar, sobre todo, en foros en defensa de la causa sandinista. A lo que se opuso con fuerza fue a un eventual homenaje que varios amigos pretendieron organizar en su honor.

A Yurkievich, impulsor del mismo, le rogó encarecidamente que no fuese adelante esa idea. Si bien, por supuesto, reconocía que en ese proyecto solo cabía el cariño hacia su persona, objetaba que su escenificación le reportaría una gran angustia. Consideraba que se sentía incapaz de afrontar un suceso de esas características. Comprensible, de otro lado, en alguien para quien la única realidad era la tumba de Carol, frente a la cual «voy a ver pasar las nubes y el tiempo sin ánimos para nada más», seguirá confesándole a Yurkievich. Más de un amigo suyo llegó a temer que su estado depresivo lo empujara a suicidarse. Sin embargo, Cortázar amaba demasiado la vida como para cometer ese acto. Su intención era la de seguir adelante, aunque tuviera que ocultar su propia interioridad emocional e integrarse en las causas políticas de los últimos años[155].

Con el transcurso de las semanas, se readaptó a las nuevas circunstancias y se decidió a viajar. En verano aceptó la invitación de Mario Muchnik y pasó varios días en la casa de este y de su esposa Nicole en Segovia. Según cuenta el propio Muchnik fue un tiempo de sosiego, de paseos sin rumbo en coche por los pueblos de alrededor, sesiones de lectura, escritura y siesta, además de mucha conversación acompañada de cordero asado y ensalada. A este respecto, Muchnik dice: «Nuestra "colonia" de amigos de Segovia y Torrecaballeros recibió a Julio con fervor. Lo llevaron a conocer la ciudad, lo agasajaron, le dieron y le pidieron charla, le preguntaron mil cosas. Julio estaba apabullado. Una noche hubo una gran fiesta con baile en casa de los Peñalosa, y lo sacaron a bailar la jota. ¡Julio bailando la jota! Es que hay gente que lo niega, como por ejemplo Ugné Karvelis, con quien me tocó compartir una entrevista radiofónica en Buenos Aires un año más tarde. Agresiva conmigo, Ugné espetó al micrófono que yo mentía cuando contaba esa anécdota: Julio no bailaba. Estuve por decirle que no habrá bailado con ella, pero que sí bailó con nosotros. Me contuve por apocamiento»[156]. De estos días, hay

---

[155] Félix Grande, en el año 2009, en Valencia, y poco antes de publicar una serie de cartas que Cortázar le había remitido —treinta misivas en quince años—, de las que me habló a lo largo de una cena, cena compartida con su mujer, la poeta Francisca Aguirre, y con el profesor Santiago Celestino Pérez Jiménez, contó lo extremadamente roto que quedó el escritor tras la enfermedad y muerte de Dunlop. «Algunos meses después de la muerte de Carol, que era un ser encantador y que hacía a Julio profundamente feliz, él vino a Madrid. Nos telefoneó para que cenáramos juntos en casa. Julio hablaba de Carol en presente, como si ella estuviera entre nosotros tres. Incluso nos pidió que pusiéramos en la mesa un vaso, un plato y cubiertos para ella.»

[156] Mario Muchnik: *Lo peor no son los autores*, Taller de Mario Muchnik, Barcelona, 1999, p.125.

una fotografía hecha por el mismo Muchnik de Cortázar entre dos guardias civiles en el Molino del Salado. Admiradores suyos, le pidieron ser fotografiados con él. El escritor accedió. En ella aparece muy delgado, comprensivo ante la situación, pero serio. En este sentido, quizá la fotografía que muestra al Cortázar más triste es una de esa serie: sentado en un sillón de cuero, con la mirada perdida, transmite el vacío en que está inmersa su propia existencia. Es la mirada de un hombre roto.

A su vuelta a París, se concentró en las pruebas de *Los autonautas de la cosmopista*, un proyecto que llegó a ilusionarle por la carga emotiva que conllevaba. A lo largo del otoño sacó energías para afrontar el montaje definitivo del libro, que saldría impreso en noviembre de 1983, un año justo después de su conclusión. Le ayudaron en la edición Aurora, Julio Silva, Laure Bataillon y Françoise Campo, estas últimas para ajustar el texto francés escrito por Carol.

A raíz de la salida del volumen al mercado, Cortázar regresó a España a finales de noviembre y participó con el poeta, sacerdote y ministro de Cultura nicaragüense Ernesto Cardenal, en el programa televisivo *Buenas Noches*, dirigido por Mercedes Milá. El Cortázar que encontramos ante la cámara es un Cortázar cansado, sólido en sus determinaciones y razonamientos, pero golpeado. Visiblemente castigado en su conmoción. De igual modo, en ese deseo de sentirse en movimiento, en el mes de enero se desplazó a La Habana, donde estuvo hasta el día 18 del mismo mes, acompañado por los amigos de la Casa que lo rodearon de cariño y afecto, y por el propio Fidel Castro, quien se mostró solidario con la tristeza del escritor, y de quien este sintió por primera vez en más de veinte años «la amistosa confianza de Fidel, su tuteo que retribuí con tanta alegría».

Días después voló a Managua, con la intención de hacer un recorrido de campo con Sergio Ramírez, escritor y quien fuera vicepresidente del gobierno sandinista, en la frontera de Nicaragua con Honduras. Se trataba de comprobar en el terreno los algo más que rumores de apoyo a la guerrilla somozista por parte de EE. UU. y denunciarlo a través de sus colaboraciones de prensa, sobre todo con sus artículos para la agencia Efe, que recogería más tarde en el volumen *Nicaragua tan violentamente dulce*. Dado que el espacio fronterizo era sumamente peligroso, el escritor llegó a pedirle a Julio Silva que, en el caso hipotético de que pudiera ocurrirle lo peor, su deseo era el de ser enterrado en la misma tumba de Carol. También, con mucha sutileza, puesto que solo algunos amigos (el propio Silva, Tomasello y Yurkievich) iban a estar al tanto de esta incursión con los militares, días antes de su partida Cortázar notificó a Aurora que ella, según escrito testamentario en el bufete Ploquin de París, era la destinataria de sus bienes, además de seguir siendo poseedora legal de la mitad de sus derechos de autor, derechos que le cediera cuando se divorciaron antes de la boda con Carol.

Al mismo tiempo centró su respaldo en el recién publicado libro de cuentos *Deshoras*.

En *Deshoras*, compuesto por ocho relatos, de entre los cuales citamos «Segundo viaje», «La escuela de noche», «Deshoras», «Pesadillas» y «Diario de un cuento», lo fantástico reduce distancias de lo real. No hablaríamos solo de permeabilidades entre una y otra cosa, sino que nos referiríamos a unicidad. Más aún, lo fantástico se encuentra más cercano de la llamada realidad: hay un borramiento de los órdenes que intentan eliminar el efecto de extrañamiento en el lector. De cualquier modo el volumen precisa, al mismo tiempo, en determinados títulos, como es habitual en la producción última de Cortázar, una muy clara denuncia de la situación de represión que vive América Latina, en general, y particularmente la Argentina.

Del tomo, a Cortázar le gustaba en especial «Diario para un cuento», por el reto técnico que supuso su escritura, su forma experimentalista que nos recuerda la heterodoxia cortazariana, su hábil procedimiento de alteraciones y dislocaciones a través de las cuales se autointerroga hacia dónde debe abrir ventanas ese relato que crece al calor de esos mismos interrogantes metanarrativos, con el personaje de Anabel de trasfondo, pero sobre todo la figura de Bioy Casares, a quien se homenajea. Si bien los encuentros entre Cortázar y Bioy fueron más bien esporádicos (dos en Buenos Aires y otro en París), entre ambos había una marcada corriente de simpatía. En su diario, con fecha de 12 de febrero de 1984, Bioy dejó escrito, en referencia a la no escritura y, por tanto, frustrado envío de una carta de agradecimiento a Cortázar por este cuento, lo siguiente, que nunca leyó ni supo el propio Cortázar: «¿Cómo explicar, sin exageraciones, sin falsear las cosas, la afinidad que siento con él si en política muchas veces hemos estado en posiciones encontradas? Es comunista, soy liberal. Apoyó la guerrilla; la aborrezco, aunque las modalidades de la represión en nuestro país me horrorizaron. Nos hemos visto pocas veces. Me he sentido muy amigo de él. Si estuviéramos en un mundo en que la verdad se comunicara directamente, sin necesidad de las palabras, que exageran o disminuyen, le hubiera dicho que siempre lo sentí cerca y que en lo esencial estábamos de acuerdo»[157].

Cortázar también, por su eje temático, sentía una inclinación por el cuento «Pesadillas». Este representa ese enfoque de su compromiso político al que aludíamos a partir de una situación símbolo: el estado comatoso de una niña, Mecha, y su conexión con la realidad siniestra de la dictadura videlista que se materializa justo con el regreso a la consciencia de la adolescente. Ahí se pondría en entredicho el autismo de la sociedad argentina ante años de sucesos represivos. La atmósfera del relato, construida con una gran destreza, nos remite a la vez a esa anécdota tan suya de grupo familiar que vemos, solo que sin la nostalgia de otros ya enumerados o en el mismo «Deshoras», este uno de los mejores relatos del conjunto, con sus referencias a Banfield y el rescate de un mundo añorante.

---

[157] Adolfo Bioy Casares: *Descanso de caminantes*, Editorial Sudamericana, Buenos Aires, 2001, p. 292.

Cabría integrar en esta línea «La escuela de noche», solo que ahí es el descubrimiento y el ingreso en un universo deforme y disoluto: condiscípulos y profesores, hombres disfrazados de mujeres, en una fiesta de la perversión y de lo insólito, que sorprende a Nito y a Toto, tras superar a escalo el muro de la escuela normal un sábado por la noche.

Cuando se publicó *Deshoras*, algunos críticos destacaron algo que ya se hizo notar con la edición de *Queremos tanto a Glenda*: el escaso riesgo que corría Cortázar en la construcción de sus nuevos relatos. Determinados sectores de la crítica, principalmente española, indicaron que el escritor reincidía en un mismo modelo de seguridad narrativa sin apostar por la aventura de otros años y de otros libros. Es posible que, en alguna medida, eso fuese así. Si comparamos mecánicas de cuentos de sus primeros libros, entre *Bestiario* o *Final del juego* y estos otros títulos que citamos, quizá observemos cambios mínimos en la naturaleza de su discurso (un lenguaje menos condescendiente con el lector, por ejemplo, si se quiere), pero no así en los núcleos temáticos que sí muestran la gran evolución que hemos ido desgranando a lo largo de estas páginas. En este sentido, el propio escritor, en alguna de sus últimas entrevistas, reconoció su proclividad cada vez mayor hacia unas maneras expresivas menos barrocas, derivadas hacia una voz más seca. Pero nunca aceptó el término involución aplicado a su quehacer narrativo.

Mientras tanto, el momento en la Argentina se hallaba en un plano de máxima inquietud por diferentes razones. En la Argentina de 1982 el entramado dictatorial se vio forzado a cambiar. La situación interna del país, con una cada vez más expresa contestación desde dentro hacia el autoritarismo de una debilitada Junta Militar, y la presión exterior, también cada vez más creciente, forzó al régimen a un intento cohesionador y de apoyo implícito. ¿Cuál podía ser un argumento nacionalista compartido por la casi totalidad de la ciudadanía argentina? ¿Cuál podría ser un potente motivo de afinidad emocional que pudiera unir a todos, según criterios del almirante Jorge Isaac Anaya? La respuesta no era difícil de encontrar y los militares dieron con ella: las islas Malvinas. Y decidieron invadirlas, aprovechando el contencioso iniciado involuntariamente por el industrial chatarrero Constantino Davidoff, adjudicatario de la labor de desmantelamiento de las abandonadas instalaciones balleneras, desde el instante en que uno de sus cuarenta y dos operarios trasladados a las islas decide izar la bandera argentina el 19 de marzo de 1982; algo que los británicos consideraron un atentado contra su soberanía intocable.

Las Malvinas, las Falkland Islands para los británicos, era y es una de las reivindicaciones históricas de la Argentina desde 1833, fecha en la que, en nombre de la Gran Bretaña, el archipiélago que forma parte de la provincia de Tierra del Fuego, con unos dos mil quinientos habitantes dedicados a la ganadería y a la pesca, fue ocupado con el mismo descaro con que Gran Bretaña ha ocupado y se ha asentado en territorios ajenos a lo largo de la historia. La réplica de Galtieri, entonces nombre visible de la Junta Militar, fue la de tomar las dos islas principales, Gran Malvina y Soledad, y el centenar de islotes, en abril de 1982, siglo y medio después de que lo hicieran los aventureros provenientes de Londres. No obstante, lo previsible no se hizo esperar. La escuadra británica, teledirigida formalmente por Lord Carrington, navegó con timón firme hacia la defensa de lo que consideró sus súbditos. Llegó y triunfó.

La humillante derrota argentina ante la flota británica, bajo el mandato de Thatcher —y lo peor, la muerte de 750 argentinos y 236 británicos—, implicó a su vez el declive definitivo de la Junta Militar, que no acertó a imaginar una contestación tan frontal por parte del Reino Unido, pues nunca pensó que los británicos reaccionarían con tanta violencia y siempre pensó que, con la neutralidad de EE. UU., siempre estarían a tiempo de controlar la crisis. La situación obligó a que se convocaran elecciones, en las que venció Raúl Alfonsín, líder de la

Unión Cívica Radical, cuyo gobierno procesó a los responsables de la dictadura iniciada seis años atrás. Empezaba con ello el ansiado cambio.

La ciudadanía buscaba un arranque desde el que dejar atrás tanta represión y muerte. Cortázar vivió esperanzado, como cualquier argentino, el proceso hacia la transición democrática. Más de treinta años de exilio voluntario y destierro forzoso, suponía un duro aprendizaje en cuanto a percepciones del hecho argentino. Como tantos otros, aspiraba a que quedaran no solo en el recuerdo sino en el olvido bochornoso los gobiernos y los tiempos turbios de Aramburu, Frondizi, Illia, Onganía y todo lo que vino tras ellos hasta Videla, Viola y Galtieri. Esa esperanza, ese deseo de secundar una regeneración, fue lo que le impulsó a ir a Buenos Aires en noviembre de 1983 a la toma de posesión del cargo por parte de Alfonsín. Pero el nuevo presidente de la República, sorpresivamente, no quiso recibirle.

Los motivos que se impusieron para ese rechazo frontal de Raúl Alfonsín pasó por filtros de orden, sobre todo, ideológico, de consejeros próximos que buscaron desencuadrar la posibilidad de ofrecer un apretón de manos de Alfonsín y Cortázar frente a los fotógrafos de prensa o de televisión. La actitud del mandatario, mezquina y mal calculada, dejó muy en entredicho la figura de este frente a la de Cortázar y su hacer, tan batalladores, tan combativos y hostigantes durante años por lograr la normalización constitucional en la Argentina. De otro lado, algo incuestionable sería que, pese a ese proyecto político distinto que defendía Cortázar para América Latina respecto al de Alfonsín, el valor de símbolo que proyectaba el escritor estaba por encima de referentes menores y pacatos. A Cortázar le dolió mucho ese desplante. Tras la muerte del escritor, según nos cuenta Aurora Bernárdez, Alfonsín contactó con ella y le aseguró que en aquella ocasión él ignoraba que el escritor había estado en Buenos Aires. Algo difícil de creer. Osvaldo Soriano hizo alusión a estos datos a los que nos referimos: «Recuerdo la última madrugada de Julio en Buenos Aires. Esquina de San Martín y Tucumán, paraditos, la cara triste de Solari [Hipólito Solari Yrigoyen] que, abochornado, no había conseguido no solo que recibieran a Julio, sino que ni siquiera le hubiesen mandado un mensaje, alguien que le diera la mano en nombre del Presidente»[158].

De cualquier manera, una vez más Cortázar se hallaba con una mirada a 1,93 de la realidad, ésta sociopolítica o de estrategia y protocolo sociopolíticos a todas luces equivocada. Él tenía su recompensa, la popular; esa forma del calor humano que muy poco tenía que ver con los grandes acontecimientos y las celebraciones de mantel oficialista. Tenía la estimación del instante y la afección de sus lectores. El reconocimiento de la gente anónima, y eso fue el modo en que fue acompañado por los porteños, tal como le confesó a Mario Muchnik: «Te doy un ejemplo: a la salida de un cine de la calle Corrientes donde había visto la película de Soriano, *No habrá más penas ni olvidos*, me encontré con una manifestación que subía por Corrientes, dos o tres Madres y Abuelas, un par de diputados radicales, y centenares de gente joven, algunos adolescentes y hasta niños, que gritaban por los desaparecidos y el retorno a la libertad. Como era inevitable, me vieron en la vereda: la manifestación se paró en seco, y todos se precipitaron hacia mí, me envolvieron en una marea humana, me besaron y abrazaron y estuvieron a punto de arrancarme la campera, sin hablar de los centenares de autógrafos que tuve que distribuir. Bueno, te lo cuento porque te dará una idea, pero es una anécdota entre muchas: por ejemplo la del muchacho taxista que me reconoció y que después de un viaje muy largo, se negó a cobrarme y me dijo que era el día más feliz de su vida»[159].

Este fue su último recorrido por Buenos Aires. Lo cierto

---

[158] Monográfico de la revista *La Maga*, Buenos Aires, noviembre de 1994.

[159] Aurora Bernárdez, op. cit. Carta de J.C., fechada en diciembre de 1983, dirigida a Mario Muchnik, p. 1.817.

es que fue su despedida de la ciudad, de su amiga. Ya no volvió a ella. Cortázar sabía que la enfermedad lo iba reduciendo y minando, en su avance sigiloso lo iba mermando, pese a su resistencia. Se trataba del reencuentro final con la ciudad que amó y que tanto le acompañó, sobre la que tanto escribió. De nuevo Suipacha y Maipú, «el sabor del Cinzano con ginebra Gordon en el Boston de Florida», los olores de la platea del Colón, «el silencio del puerto a medianoche en verano», la acera cuadriculada y mojada de la calle Corrientes con sus cafés, librerías de lance y pizzerías, «algunas lecherías de la madrugada», los toldos tan parisinos de los cafés de Mayo esquina Bernardo de Yrigoyen, «el superpúlman del Luna Park con Carlos Beulchi y Mario Díaz», Lavalle y sus tipas de ramas rojizas y retorcidas antes de llegar a 25 de Mayo, «la fealdad de la Plaza Once»; El Abasto, Almagro, Monserrat, San Cristóbal, Caballito, Flores, Villa Crespo, Palermo, Recoleta, Belgrano, el reloj de la torre de plaza Retiro, San Telmo, Barracas, el Parque Rivadavia con sus bancos solitarios y los árboles añosos y el sonido seco y dulce de un bandoneón, los pasajes. Banfield en la retina de un niño que observa hormigas tumbado en el jardín de su casa. Su Buenos Aires de pibe, su Buenos Aires de muchacho, como escribió él mismo para el tango que compuso: «Cuénteme, cuénteme de ese Buenos Aires tan lejano ahora para mí».

Los tres meses que separarán el regreso de Buenos Aires de su muerte, fue un tiempo también de despedidas. Aquella fue una Navidad muy fría y triste, pese al apoyo de Aurora, que se trasladó a la rue Martel; pese al abrazo de los amigos. Exámenes periódicos y visitas médicas, la espera de veredictos del hospital Necker. Adelgazamiento acelerado, muy acelerado. Molestias intestinales permanentes y problemas de piel. Febrícula recurrente. Un cansancio que se convertía fácilmente en semiletargos a cada rato y le impedía escribir o leer o simplemente conversar. La evolución de la enfermedad daba paso a la fase blástica, con infiltraciones generales en el organismo. El ingreso hospitalario parecía inevitable. En ene-

La relación y la complicidad de Julio con los gatos
arrancaban de su infancia banfileña.

ro entró en el hospital de St. Lazare, muy próximo de su casa,
y en él aún escribiría los textos poemáticos para el libro de
Luis Tomasello, *Negro el 10*, compuesto por diez serigrafías de
relieves negros del pintor argentino de caracteres similares a
la citada obra *Un elogio del tres*. Aurora, Tomasello y Yurkievich fueron quienes sobrellevaron cotidianamente el peso de
la enfermedad, entre otros motivos porque Cortázar le rogó a
Aurora que se redujera al máximo el volumen de visitas. «Me
pusieron un colchón junto a la cama y dormía en él. Tomasello
le masajeaba las piernas a Julio. Cuando venía Saúl por las
mañanas con los periódicos, aprovechaba e iba a la rue Martel
a ducharme», nos cuenta Aurora Bernárdez.

La vida se desvanecía, presente y recuerdo se fundían.
Françoise Campo, que lo visitó días antes del fallecimiento,
cuenta: «Desgraciadamente, la última visión que tengo de él
es en su lecho de muerte. Tenía la cara muy enflaquecida. Y
eso hacía que resaltaran más sus ojos, aquellos ojazos inmensos, de vidente. Lo rodeábamos Saúl y Gladis Yurkievich, su
ex esposa Aurora y yo. Julio estaba muy mal. Pero, de repente,

En su casa de la rue Martel, fotografiado por carol Dunlop.

Interior del portal del 4 de la rue Martel.

Su afición por la fotografía, manifiesta en algunos de sus cuentos, le acompañó siempre.

Dando una conferencia en un aula universitaria.

su cara comenzó a apaciguarse. Levantó una de sus inmensas manos y nos preguntó: "¿Oyen esa música?". Tenía el rostro lleno de alegría y nos decía: "Qué lindo que estén aquí conmigo oyendo esa música". Yo me decía: "Dios mío, si se muriera ahora, si se muriera escuchando esa música que él dice que oye y diciéndonos 'qué lindo, qué hermoso'. Pero se murió dos días después, sin música»[160].

Presente, pasado, remoto todo, remota la primera llegada a París. Lejanísima aquella otra primera llegada a la estación de San Carlos de Bolívar, lejanísimo el agudo tableteo del despertador a las siete en punto cada mañana de cada semana de cada mes interminables en la pensión Varzilio de Chivilcoy. ¿Qué sería de Titina Varzilio, aquella niña de sonrisa fácil a quien Cortázar fotografió en varias ocasiones? ¿Y del ingeniero Pedro Sasso, que comía en la misma mesa que Julio en la pensión? Los inviernos bravos y silenciosos, aquellos inviernos bravos y terriblemente silenciosos, en los pueblos del interior; la biblioteca de la Duprat en la que leyó a Cocteau, las citas en la plaza de España con Nelly Martín, la nadadora de lujo; la sintonía de jazz en la L.R.4 justo antes de dormirse, justo antes de echar el último vistazo por la ventana a la calle Pellegrini en la que el viento azotaba las copas de los árboles y uno se preguntaba, por un segundo, si la vida era solo eso, si había algo detrás de la longitud, de la infinita longitud de la pampa.

¿Qué quedaba en su memoria de la *vice* Bianchi de la Normal de Chivilcoy, tan autoritaria, tan reaccionaria, tan asfixiante?; ¿qué quedaba del suceso del nuncio Serafini, de Ernestina Yavícoli de miradas platónicas, o de Sordelli, que dijo de él que era un lampiño repelente?; ¿qué había sido de Mecha Arias, Cócaro, Zerpa y de todos los demás? ¿Qué de la Mariano Acosta, con sus cinco peldaños de acceso hasta traspasar los arcos y perderse en los soportales, la bandera ondeando en el balcón?; ¿y de Jacinto Cúcaro y del regreso en ómnibus,

---

[160] «El París de Cortázar», op. cit.

tan lento y triste, por las tardes, hacia Villa del Parque: los vendedores de *fainá,* con la tartera ya vacía y de vuelta a sus casas a paso lento por la vereda, las fruterías mal iluminadas, los kioscos (pastillas de menta, llaveros, pegamentos, juguetes baratos, cigarrillos, peines, gaseosas), los cines de sesión continua, quizá la *garúa* monótona salpicando el vidrio? ¿Quedaba, en su memoria, algo del encierro heroico en Mendoza? ¿Qué había sido del *piantado,* del gran *piantado* Musitani, del color verde de sus días?

Fue el 12 de febrero, domingo, cuando murió. Estaban a su lado Aurora Bernárdez y Luis Tomasello, fieles de entre los fieles, además de Saúl Yurkievich. Dice Tomasello que a Cortázar no le gustaba nada aquella habitación del hospital, cuya ventana daba a un patio desnudo y a una reja perteneciente a una dependencia policial, y por eso murió con la cabeza vuelta hacia la pared opuesta[161]. Omar Prego, que lo había visitado semanas antes, cuenta que Cortázar le había confesado que de lo que tenía ganas era de ver árboles.

La muerte, no por esperada en el círculo de amigos, dejó de sorprender a muchos otros, también amigos, pero menos próximos. Igual que les ocurriría a tantos de sus lectores.

Andrés Amorós, responsable de una edición crítica de *Rayuela,* fue uno de esos amigos (amigo, sobre todo, epistolar) a quien la noticia le dejó perplejo, dado que ignoraba hasta qué punto la enfermedad en Cortázar había ido venciéndole. A este respecto, nos cuenta y nos retrotrae un par de años atrás, momento en que le propuso llevar a cabo esa edición anotada de su novela:

---

[161] Según me cuenta Aurora Bernárdez, para evitar el velatorio en la morgue municipal, cosa desabrida que ya ocurrió con Carol Dunlop, dado que las leyes francesas exigen que toda persona que fallezca en un hospital debe ajustarse a dicho protocolo, con la afortunada «complicidad» de su médico, que mucho llegó a apreciar a Julio, el cadáver fue llevado en ambulancia hasta la rue Martel, donde se firmó el acta de defunción.

Después de una larga charla sobre *Rayuela*, una mañana, se me ocurrió decirle que sería divertido hacer una edición de la novela como si se tratara de un requeteclásico, con cientos, miles de notitas a pie de página. Como siempre que se trataba de algo verdaderamente serio, hablaba yo, a la vez, en serio y en broma. Ante mi sorpresa, Julio se asustó. «Es una idea preciosa, muy propia de un cronopio, pero yo no tengo el tiempo necesario para hacer ese horrible trabajo», me dijo. Le aclaré el malentendido: no pretendía abrumarlo; si él quería, yo podría embarcarme en ese disparate. Suspiró, aliviado. «Usted es la persona más adecuada para hacerlo», me respondió. Le aclaré que no me movía ningún interés académico: no soy profesor de literatura hispanoamericana, con eso no ganaría ningún mérito y muy poco dinero. Sólo intentaría divertirme, entender mejor algunas claves de la gran novela y ayudar a algunos lectores. No hacía falta hablar más: los dos nos conocíamos de sobra. Añadí que no le molestaría —es mi norma, con los autores vivos— con consultas. Le llevaría la edición cuando estuviera publicada.

Así lo hice: trabajé mucho, consulté muchos libros de referencia, muchos callejeros, muchos diccionarios; aprendí mucho de música clásica, de jazz, de cine, de pintura, de literatura; pedí ayuda a muchos amigos. Llegué a dibujar un plano sumario del París de *Rayuela*: me divertí mucho. Las pruebas de mi edición —que publicaba Cátedra— estaban ya corregidas a comienzos del año 1984. Le escribí a Julio contándoselo y diciéndole que, en el próximo viaje a París, pensaba enseñárselas. Me extrañó su silencio: él, siempre tan puntual, tan educado.

Fui a París porque el Centro Dramático Nacional —del que yo era asesor literario— estrenaba en el Teatro de Europa *Luces de Bohemia*. Al llegar, entendí su silencio: Julio se estaba muriendo. Recibí la noticia de su muerte en los ensayos de la obra de Valle-Inclán. Después apareció la edición y tuve que hablar en bastantes sitios de Cortázar y de *Rayuela*. Alguien me acusó de oportunista, de aprovechar la ocasión para «improvisar» una edición en la que llevaba trabajando varios años; otro alguien me descalificó por no conocer el significado de algún argentinismo;

otro, me censuró que subrayara demasiado el humor de una obra «tan seria». Julio se hubiera partido de risa: seguro. A mí me quedan algunas cartas y el recuerdo de su amistad.[162]

La causa de la muerte, avalada por el doctor Modigliani, del servicio de gastroenterología de dicho policlínico, fue, como ya hemos apuntado con anterioridad, leucemia mieloide crónica. Diagnóstico que respaldarían, además de Aurora Bernárdez, íntimos amigos del escritor como Saúl Yurkievich, Luis Tomasello, Osvaldo Soriano, Julio Silva, Mario Muchnik, Omar Prego o Rosario Moreno. Por su parte, Cristina Peri Rossi, también amiga y confidente del escritor durante cierto tiempo, a quien Cortázar le dedicara una serie de poemas que aparecería en *Salvo el crepúsculo*, como también hemos señalado, sugiere que Cortázar se infectó del virus VIH en el hospital de Aix-en-Provence cuando sufrió la hemorragia gástrica dos años atrás; posibilidad de la que también se hace eco Mario Goloboff en su libro, aunque este se limita a indicar esa contingencia. Ambos proponen esa hipótesis por el hecho de que años después saltó a la prensa la noticia de que en Francia, durante el mandato de Laurent Fabius, se cometieron numerosas y trágicas deficiencias e irregularidades en el control hospitalario de sangre transferida a enfermos. El suceso tuvo lugar a mediados de los años ochenta (1984) y afectó a más de cuatro mil personas. Fabius, entonces primer ministro, y su ministra de Asuntos Sociales, Georgina Dufoix, fueron posteriormente juzgados por «homicidios y heridas involuntarias», si bien quedaron absueltos de toda responsabilidad penal (citemos también de entre los treinta procesados a Louis Schweitzer, quien fue director del gabinete de Fabius); no así el doctor Michel Garretta, que ocupó el cargo de director del Centro Nacional de Transfusiones de Sangre, sentenciado a cuatro años de prisión. No obstante, nos atrevemos a expresar que no hay fundamentos, salvo los especulativos y

---

[162] Entrevista directa. Madrid, junio de 2001.

sensacionalistas, que hagan sostener dicha eventualidad de infestación en la persona de Cortázar.

Osvaldo Soriano, que fue testigo de las horas previas del entierro y que acompañó, con otros, a su amigo hasta el cementerio de Montparnasse, dejó escrita la dura impresión de soledad y desconsuelo que supuso el tiempo desde la muerte hasta su enterramiento junto a Carol Dunlop, bajo la losa diseñada (dos páginas de un libro) por Luis Tomasello y la escultura de las nueve curvas cerradas y la sutil cara esculpida por Julio Silva.

Debe ser una ilusión mía, un punto de vista personal y persecutorio, pero era la muerte de un exiliado. El cadáver en su pieza, tapado hasta la mitad con una frazada, un ramo de flores (de las Madres de Plaza de Mayo) sobre la cama, un tomo con las poesías completas de Rubén Darío sobre la mesa de luz. Del otro lado, en la gran pieza, algunos tenían caras dolidas y otros la acomodaban; nadie era el dueño de la casa —Aurora Bernárdez asomaba como la responsable, el más deudo de los deudos, la pobre— y yo sentí que cualquier violación era posible: apoderarse de los papeles, usar su máquina de escribir, afeitarse con sus hojitas o robarle un libro.

El mismo Soriano cuenta que el gobierno de Raúl Alfonsín necesitó casi un día para reaccionar y enviar un telegrama ambiguo y en exceso desabrido: «Exprésole hondo pesar ante pérdida exponente genuino de la cultura y las letras argentinas».

El entierro fue el 14 de febrero, poco antes del mediodía. Aurora intentó retrasarlo para permitir que llegara a tiempo el comandante Tomás Borge, pero la inhumación no se pudo posponer y el séquito entró por la puerta de Edgard Quinet del cementerio a las once de la mañana, se detuvo unos minutos cumpliendo un ritual budista zen (según el periodista y

Entierro del escritor en el cementerio de Montparnasse el 14 de febrero de 1984. Aurora, que cuidó de Julio hasta su muerte, echa flores sobre su ataúd, acompañada por la viuda de Italo Calvino, Chichita, y por Luis Tomasello.

La tumba de Julio Cortázar y Carol Dunlop en el cementerio de Montparnasse, en París.

amigo del escritor Ricardo Bada) y giró hacia la derecha, yendo a la tumba de Carol Dunlop (próxima a la de Jean Paul Sartre), que ya permanecía abierta. Depositaron el ataúd y algunos de los presentes echaron flores y puñaditos de tierra sobre él. No había un exceso de personas, pero sí se encontraban los amigos. Estaban, además de Aurora y Ugné, ambas por separado, los más íntimos, desde Gladis y Saúl Yurkievich, Luis Tomasello, Julio Silva, Nicole y Mario Muchnik, Osvaldo Soriano, Omar Prego, Françoise Campo, Plinio Apuleyo Mendoza hasta Claribel Alegría, Mario Goloboff, Abel Posse o los cantautores Daniel Viglietti y Paco Ibáñez, el embajador de Cuba en Francia, Alberto Boza Hidalgo; representantes de la UNESCO y del Frente Farabundo Martí de Liberación Nacional de El Salvador, entre otros. Mezclado en el público estuvo Jack Lang, entonces ministro de Cultura de Francia. Al final, con precipitaciones, llegó Tomás Borge y se incorporó a los últimos minutos del acto, ya concluido.

Andrés Amorós también se encontraba aquel día allí.

«Estuve en el cementerio de Montparnasse aquella mañana, el 14 de febrero de 1984 —nos cuenta—, con poca gente y mucho dolor de verdad. No hubo ninguna ceremonia especial, sólo algunos amigos y unos jóvenes que, al conocer la noticia, se habían apresurado a tomar el tren: al acabar, se quedaron allí, leyendo algunos textos del escritor. Alguien sacó unas fotografías. En algunas aparezco yo, de espaldas, con mi abrigo marrón y el pelo largo de entonces. No fue alegre, desde luego, pero, en cierto modo, me gustó haber podido estar allí.»[163]

Todo el mundo coincide en manifestar que lo más impresionante del entierro fue el hondo silencio. Y la espontánea tristeza que conmocionaba a todos los reunidos. También que fue una mañana gélida. Una mañana gélida, pero muy transparente, ya que no llovía sobre París.

---

[163] Ídem.

*Aurora Bernárdez y Miguel Herráez en la
casa de la place du Général Beuret.*

EPÍLOGO

¿Qué hay del Julio Cortázar posterior? ¿Hasta dónde encontramos su huella? ¿Se ha dado en la Argentina un reconocimiento a cuanto representa su obra? Si la producción de un autor o un autor en sí se deben medir por la acumulación de determinados premios, Cortázar no los tuvo. Pero desde luego, los que tuvo fueron menos del lado de su país.

Tenía en su haber, además del citado Premio Kennedy (argentino), el Médicis de los escritores extranjeros (Francia), el Águila de Oro del Festival de Niza, La Orden de la Independencia Cultural Rubén Darío, de Nicaragua, y era miembro correspondiente de la Academia de Letras de la RDA, Miembro Honorario de la Universidad Autónoma de México, Caballero de la Orden de Mark Twain, Doctor Honoris Causa por la Universidad de Poitiers, Francia, y por la Universidad Menéndez Pelayo, de España. Ninguna avalancha. Es verdad que al propio Cortázar ese tipo de circunstancia le producía incomodidad y manifiesto desinterés.

En Cortázar, en la Argentina, se da una escasa aceptación a una obra de calidad y longitud. Hasta el momento de redactar estas líneas, lamentablemente, puede decirse que la figura de Cortázar no ha sido valorada en su país sobre todo en la dimensión que le corresponde. No hay razones que puedan justificar ni explicar por qué en algunas universidades argentinas los libros de Cortázar se escamotean y únicamente se exploran de una manera superficial —cuando se exploran—, merced a concretos motivos que escapan al criterio estrictamente literario para invadir otras parcelas de lo ideológico. He podido comprobar in situ —y me lo han confirmado colegas— cómo la ausencia de Cortázar en programas de determinados centros universitarios argentinos es una realidad. Es una auténtica paradoja cómo se le mantiene en cuarentena. Curioso, en este sentido, que en Europa, y específicamente en España, la producción cortazariana goce de plena reputación y crezca con los días en solidez y prestigio. Es la misma desproporción que se produjo con la noticia de su muerte: desde breves en la prensa argentina (*La Nación*, *La Prensa*), con alguna sabia excepción (*Clarín*), hasta titulares de portada en los medios españoles, casi en su generalidad. Por dar una mínima referencia de solo tres periódicos madrileños con presencia nacional, como eran *Diario16*, *El País* y *ABC*, digamos que los tres destacaron, bien en portada, bien en sus secciones de cultura o en sus editoriales —y con una media de seis páginas—, la noticia el día 12, y la mantuvieron los días 13 y 14, siendo algunos de los entrevistados o articulistas que expresaron la triste pérdida, Miguel Delibes, Francisco Ayala, Mario Muchnik, Octavio Paz, Cristina Peri Rossi, Ernesto Sabato, Rafael Conte, Eduardo Haro Tecglen, José María Guelbenzu, Feliciano Fidalgo, Ernesto Cardenal, Martín Prieto, Jordi Llovet, Manuel Vázquez Montalbán, J. J. Navarro Arisa, Jorge Luis Borges, Octavio Paz, Juan Carlos Onetti, Camilo José Cela, Luis Rosales, Enrique Llovet, Juan Pedro Quiñonero, Lorenzo López Sancho, Abel Posse, Ignacio Amestoy Eguiguren, Francisco J. Satué, J. J. Armas Marcelo, Mario Vargas Llosa, Félix Grande, Mauricio Wacquez, José García Nieto, Eduardo Carranza, Florencio Martínez Ruiz, Arturo Uslar Pietri y Leopoldo Azancot.

Evaluar desde lo dicho cuál va a ser el espacio que ocupe la obra de Cortázar en estos recién cambiados siglo y milenio, es algo que forma parte del conjunto de incertidumbres que acompaña al hombre. Responder qué va a ocurrir tras esa frontera sabiéndonos atenazados por los poderes mediáticos de lo audiovisual, se nos escapa de igual modo. A lo único a lo que podemos acceder es a la consideración de la vigencia o decadencia definitiva de la novela, entendida desde su modelo histórico. En este sentido no puede cabernos duda de que si la novela y el cuento sobreviven a los empujes del siglo XXI, y somos optimistas en eso, Cortázar seguirá estando ahí. Porque hablamos de una escritura tan renovada que lo único que necesita para resistir en el plano de la actualidad es sencillamente el relevo de sus propios lectores. Nada más. Ella sola va abriendo el hielo. Sus libros se venden de lector a lector, como a él le gustaba que fuese. De amigo a amigo, de cronopio a cronopio.

Tumba de Julio Cortázar en el cementerio de Montparnasse.
Es frecuente encontrar mensajes dirigidos a él
escritos en el mármol, billetes de tren
y de avión, flores, agradecimientos.

CRONOLOGÍA DE JULIO CORTÁZAR

1914. Coincidiendo con el inicio de la Gran Guerra, Julio Florencio Cortázar, de ascendencia vasca por parte de padre y franco-alemana por parte de madre, nace el día 26 de agosto en Bruselas (Bélgica), donde, por motivos laborales del padre (técnico económico integrado en el cuerpo diplomático argentino), reside la familia Cortázar-Descotte. Durante el período bélico, la familia se trasladó a Suiza (Zúrich) y a España (Barcelona).

1918-1920. Regreso a la Argentina. La familia se instala en Banfield, barrio situado en la periferia de Buenos Aires. Julio vivió en él hasta los diecisiete años. Muchos de sus cuentos, especialmente aquellos conectados con sus recuerdos de niño, toman como referencia este suburbio bonaerense. El padre abandona la familia, que queda en precaria situación económica.

1932-1937. Se titula como maestro de letras (enseñanza primaria) y como maestro de enseñanza secundaria. Ingresa en la Universidad de Buenos Aires, pero, por falta de recursos económicos de la familia, deja sus estudios y se incorpora al mundo laboral. Trabaja como docente en escuelas de San Carlos de Bolívar y Chivilcoy.

1938. Con el seudónimo de Julio Denis publica en Buenos Aires, en una edición reducidísima y semisecreta de la editorial El Bibliófilo, su primer libro. Es un conjunto de sonetos cuyo título es *Presencia*.

1944-1948. Sin título universitario, es invitado a trabajar como profesor en la joven Universidad Nacional de Cuyo (Mendoza), en donde imparte cursos de literatura inglesa y francesa. Por motivos relacionados con el peronismo, renuncia a su cátedra y vuelve a Buenos Aires, en donde comienza a trabajar en la Cámara Argentina del Libro, actividad que simultanea con su formación de traductor con vistas a profesionalizarse.

1949. Publica, en la editorial Gulab y Aldabahor de Buenos Aires, *Los Reyes*, poema dramático en torno al mito del Minotauro y el Laberinto.

1951-1954. Viaje a París becado por Francia. Publica, ya en la editorial Sudamericana, *Bestiario*. Se trata de su primer libro de cuentos, de impacto considerable en el mundo literario de habla española. Se casa con Aurora Bernárdez. Empieza a trabajar como traductor para la UNESCO.

1956. Publica, en una primera edición mexicana de nueve cuentos, *Final del juego*. Una posterior edición (1960), en Sudamericana, doblará el índice. Se traslada a Italia durante un año. Allí traduce, por encargo del escritor español Francisco Ayala, entonces vinculado a la Universidad de Puerto Rico, la obra de ficción y ensayística de Edgar Allan Poe.

1959. Publica *Las armas secretas*. Su obra va ganando adeptos.

1960. Publica *Los premios*, primera novela. Con anterioridad había escrito dos novelas, si bien una de ellas decide destruirla y la otra, *El examen*, permanecerá inédita por el momento.

1962. Publica *Historias de cronopios y de famas*, una vuelta de tuerca en el texto de perfil lúdico-sarcástico.

1963. Publica *Rayuela*. La novela sorprenderá por el carácter abierto del discurso y por el grado de complicidad que establece con el lector. Esta novela supone la consolidación definitiva de Cortázar y su poética personalista. Primera visita oficial a la Cuba castrista.

1966. Publica *Todos los fuegos el fuego*, nuevo conjunto de cuentos en los que ahonda sobre su percepción ambivalente de la realidad.

1967. Publica *La vuelta al día en ochenta mundos*, original serie de reflexiones, poemas, citas, cuentos, apuntes y sugerencias entreverados con fotografías y dibujos. En la maquetación, muy atractiva, participa Julio Silva.

1968. Publica *62. Modelo para armar*, novela que parte del capítulo 62 de *Rayuela*.

1969. Publica *Último round*, volumen en el que reincide en la fórmula de almanaque, tan del gusto de Cortázar y Julio Silva, de *La vuelta al día en ochenta mundos*.

1971-1972. Publica *Pameos y meopas* y *Prosa del observatorio*.

1973-1974. Publica *Libro de Manuel*, cuyos derechos de autor cede a las asociaciones humanitarias de los países del «Cono Sur» que luchan contra los regímenes autoritarios. Esta novela establece un giro considerable en cuanto al compromiso de Cortázar con la realidad latinoamericana. Acepta participar como jurado del Tribunal Bertrand Russell. Publica *Octaedro*, nuevo libro de cuentos.

1975-1978. Publica *Fantomas contra los vampiros multinacionales* y participa en *Silvalandia*, este volumen con Julio Silva. Viaja a Estados Unidos (Oklahoma), en donde interviene en lecturas y conferencias acerca de su obra. Publica *Alguien que anda por ahí* y *Territorios*. Durante unas conferencias que dicta en Canadá conoce a Carol Dunlop (treinta y dos años menor que él), con quien inicia una relación amorosa que durará hasta la muerte de ella.

1979. Publica *Un tal Lucas*. Apoya explícitamente la revolución sandinista de Nicaragua, entonces amenazada por las presiones que ejerce Estados Unidos sobre el país centroamericano.

1980. Publica *Queremos tanto a Glenda*, diez cuentos nuevos.

1981. Tras más de treinta años de residencia en Francia, por razones de comodidad jurídica, obtiene la nacionalidad gala, sin renunciar a la argentina. Primeros síntomas de la leucemia.

1982-1983. Publica *Deshoras*, ocho cuentos nuevos. Muere Carol Dunlop. Publica *Los autonautas de la cosmopista*, de coautoría con Dunlop.

1984. Escribe para la agencia española Efe su último artículo, «De diferentes maneras de matar», en el que alerta sobre la decisión norteamericana de invadir Nicaragua. El 12 de febrero muere en París. Es enterrado en el cementerio de Montparnasse, en la misma tumba donde yacen los restos de Carol Dunlop, su segunda mujer.

Con posterioridad. Se recuperan textos críticos, poemas, cuentos y novelas, que empiezan a ver la luz, tales como *Salvo el crepúsculo, Nicaragua tan violentamente dulce, El examen, Divertimento, Diario de Andrés Fava, Adiós, Robinson y otras piezas breves, Imagen de John Keats, Obra crítica* o *El tango de la vuelta* (cuento publicado en el libro de dibujos de Pat Andrea y que se «perdió» hasta 2001, fecha en que es recobrado).

Asimismo, aparecen *papeles inesperados* (materiales que el propio Cortázar descartó y que Aurora Bernárdez depositó en la Universidad de Princenton) y un volumen de su correspondencia con Eduardo Jonquières.

BIBLIOGRAFÍA DE JULIO CORTÁZAR

Presencia, El Bibliófilo, Buenos Aires, 1938.

Los Reyes, Edit. Daniel Devoto, Buenos Aires, 1949.

Bestiario, Edit. Sudamericana, Buenos Aires, 1951.

Final del juego, Edit. Los Presentes, 1956. Edición aumentada en Edit. Sudamericana, Buenos Aires, 1964.

Las armas secretas, Edit. Sudamericana, Buenos Aires, 1959.

Los premios, Edit. Sudamericana, Buenos Aires, 1960.

Historias de cronopios y de famas, Edit. Sudamericana, Buenos Aires, 1962.

Rayuela, Edit. Sudamericana, Buenos Aires, 1963.

Todos los fuegos el fuego, Edit. Sudamericana, Buenos Aires, 1966.

La vuelta al día en ochenta mundos, Edit. Siglo XXI, México, 1967.

Buenos Aires, Buenos Aires, Edit. Sudamericana, Buenos Aires, 1968.

62. Modelo para armar, Edit. Sudamericana, Buenos Aires, 1968.

Último round, Edit. Siglo XXI, México, 1969.

Viaje alrededor de una mesa, Cuadernos de Rayuela, Buenos Aires, 1970.

Pameos y meopas, Edit. Ocnos, Barcelona, 1971.

Prosa del observatorio, Edit. Lumen, Barcelona, 1972.

Libro de Manuel, Edit. Sudamericana, Buenos Aires, 1973.

La Casilla de los Morelli, Edit. Tusquets, Barcelona, 1973.

Octaedro, Edit. Sudamericana, Buenos Aires, 1974.

Fantomas contra los vampiros multinacionales, Ediciones de Excélsior, México, 1975.

Silvalandia, Editorial Cultura G.D.A., México, 1975.

Alguien que anda por ahí, Edit. Alfaguara, Madrid, 1977.

Un tal Lucas, Edit. Alfaguara, Madrid, 1979.

Queremos tanto a Glenda, Edit. Alfaguara, Madrid, 1980.

Deshoras, Edit. Alfaguara, Madrid, 1982.

Los autonautas de la cosmopista, Edit. Muchnik, Barcelona, 1983.

Nicaragua tan violentamente dulce, Edit. Muchnik, Barcelona, 1983.

Salvo el crepúsculo, Edit. Alfaguara, Madrid, 1984.

El examen, Edit. Alfaguara, Madrid, 1986.

Divertimento, Edit. Alfaguara, Madrid, 1988.

Obra crítica I, Edit. Alfaguara, Madrid, 1994.

Obra crítica II, Edit. Alfaguara, Madrid, 1994.

Obra crítica III, Edit. Alfaguara, Madrid, 1994.

Diario de Andrés Fava, Edit. Alfaguara, Madrid, 1995.

Adiós, Robinson y otras piezas breves, Edit. Alfaguara, Madrid, 1995.

Imagen de John Keats, Edit. Alfaguara, Madrid, 1996.

BIBLIOGRAFÍA REFERENCIAL

ALAZRAKI, JAIME y otros: *Julio Cortázar: la isla final*, Ultramar, Barcelona, 1983.

AMÍCOLA, JOSÉ: *Sobre Cortázar*, Editorial Escuela, 1969.

ARONNE AMESTOY, LIDA, *Cortázar: la novela mandala*, Fernando García Camabeiro, Buenos Aires, 1972.

AVELLANEDA, ANDRÉS: *El habla de la ideología*, Editorial Sudamericana, Buenos Aires, 1983.

BARNECHEA, ALFREDO: *Peregrinos de la lengua*, Santillana, Madrid, 1997.

BERGALLI, ROBERTO y otros: *Contra la impunidad*, Plataforma Argentina contra la Impunidad, Icaria, Barcelona, 1998.

BERNÁRDEZ, AURORA: *Julio Cortázar. Cartas*, volúmenes 1, 2, 3, Alfaguara, Buenos Aires, 2000.

BIOY CASARES, ADOLFO: *Descanso de caminantes*. Editorial Sudamericana Señales, Buenos Aires, 2001.

CÓCARO, NICOLÁS: *El joven Cortázar*, Ediciones del Saber, Buenos Aires, 1993.

DOMÍNGUEZ, MIGNON: *Cartas desconocidas de Julio Cortázar*, Editorial Sudamericana, Buenos Aires, 1992.

DONOSO, JOSÉ: *Historia personal del «boom»*, Alfaguara, Madrid, 1999.

ESCAMILLA MOLINA, ROBERTO: *Julio Cortázar, visión de conjunto*, Editorial Novaro, México, 1970.

FERNÁNDEZ CICCO, EMILIO: *El secreto de Cortázar*, Editorial de Belgrano, Buenos Aires, 1999.

FILER MALVA, E.: *Los mundos de Julio Cortázar,* Las Américas Publishing Company, Nueva York, 1970.

GENOVER, KATHLEEN: *Claves de una novelística existencia,* Playor, Madrid, 1973.

GOLOBOFF, MARIO: *Julio Cortázar. La biografía,* Seix Barral, Buenos Aires, 1998.

GONZÁLEZ BERMEJO, ERNESTO: *Conversaciones con Julio Cortázar,* Edhasa, Barcelona, 1978.

HARSS, LUIS: *Los nuestros,* Editorial Sudamericana, Buenos Aires, 1966.

LÓPEZ LAVAL, HILDA: *Autoritarismo y cultura.* Argentina 1976-1983. Fundamentos, Madrid, 1995.

LUCERO ONTIVEROS, DOLLY MARÍA: «Julio Cortázar, un mendocino ocasional (a través de su *Imagen de John Keats*)», Piedra y Canto, Universidad Nacional de Cuyo, Mendoza, 1996.

MACADAM, ALFRED: *El individuo y el otro. Crítica a los cuentos de Julio Cortázar,* Ediciones La Librería, Buenos Aires, 1971.

MONTES BRADLEY, EDUARDO: *Osvaldo Soriano. Un retrato,* Norma, Buenos Aires, 2000.

MUCHNIK, MARIO: *Lo peor no son los autores,* Taller de Mario Muchnik, Madrid, 1999.

PERI ROSSI, CRISTINA: *Julio Cortázar,* Ediciones Omega, Barcelona, 2001.

PREGO, OMAR: *La fascinación de las palabras,* Muchnik Editores, Barcelona, 1985.

REIN, MERCEDES: *Cortázar y Carpentier,* Ediciones de Crisis, Buenos Aires, 1974.

ROY, JOAQUÍN: *Julio Cortázar ante su sociedad,* Ediciones Península, Barcelona, 1974.

SEOANE, MARÍA y MULEIRO, VICENTE: *El dictador,* Editorial Sudamericana, Buenos Aires, 2001.

SOLÀ, GRACIELA DE: *Julio Cortázar y el hombre nuevo,* Editorial Sudamericana, Buenos Aires, 1968.

SORIANO, OSVALDO: *Piratas, fantasmas y dinosaurios,* Norma, Buenos Aires, 1996.

SOSNOWSKI, SAÚL: *Julio Cortázar: una búsqueda mítica*, Ediciones Noé, Buenos Aires, 1973.

VÁZQUEZ RIAL, HORACIO: *Buenos Aires 1880-1930*, Alianza Editorial Madrid, 1996.

YURKIEVICH, SAÚL: *Julio Cortázar: mundos y modos*, Anaya & Mario Muchnik, Madrid, 1994.